Esfarrapados

Cesar Calejon

Esfarrapados
Como o elitismo histórico-cultural moldou as desigualdades sociais no Brasil

2ª edição

Rio de Janeiro
2023

Copyright © Cesar Calejon, 2023

Design de capa: Túlio Cerquize
Imagem de capa: Gravura da coroa em estilo vintage europeu de Alexandre Auguste Guilmeth (1842); ilustração de grilhões em estilo vintage europeu em *The Torture of the Hungarian Nation*, de Sándor Szilágyi (1895); e coroa real em *The Torture of the Hungarian Nation*, de Sándor Szilágyi (1895).
Diagramação: Abreu's System

Todos os direitos reservados. É proibido reproduzir, armazenar ou transmitir partes deste livro, através de quaisquer meios, sem prévia autorização por escrito.

Este livro foi revisado segundo o Acordo Ortográfico da Língua Portuguesa de 1990.

Direitos desta edição adquiridos pela
EDITORA CIVILIZAÇÃO BRASILEIRA
um selo da
EDITORA JOSÉ OLYMPIO LTDA.
Rua Argentina, 171 — Rio de Janeiro, RJ — 20921-380 — Tel.: (21) 2585-2000.

Seja um leitor preferencial Record.
Cadastre-se no site www.record.com.br
e receba informações sobre nossos lançamentos e nossas promoções.

Atendimento e venda direta ao leitor:
sac@record.com.br

CIP-BRASIL. CATALOGAÇÃO NA PUBLICAÇÃO
SINDICATO NACIONAL DOS EDITORES DE LIVROS, RJ

C153e   Calejon, Cesar
　　　　　　Esfarrapados : como o elitismo histórico-cultural moldou as desigualdades sociais no Brasil / Cesar Calejon. – 2. ed. – Rio de Janeiro : Civilização Brasileira, 2023.

　　　　　　ISBN 978-65-5802-093-6

　　　　　　1. Elites (Ciências sociais) – Brasil. 2. Brasil – Condições sociais. 3. Desigualdade social – Brasil. 4. Teoria social. I. Título.

　　　　　　　　　　　　　　　　　　CDD: 305.50981
23-84332　　　　　　　　　　　　　　CDU: 316.343(81)

Meri Gleice Rodrigues de Souza – CRB-7/6439

Impresso no Brasil
2023

Para os esfarrapados do mundo e para os que com eles lutam.

Sumário

PREFÁCIO, por Alysson Leandro Mascaro   15
INTRODUÇÃO   19

CAPÍTULO 1
Entendendo a desigualdade em sociedades diferentes: digressões temporais sobre o elitismo histórico-cultural   31
    Diferentes expressões do elitismo histórico-cultural   42
    Considerações iniciais   53

CAPÍTULO 2
Por que as ciências naturais não devem ser usadas para pensar a sociedade   61
    Determinismo genético   70
    Reducionismo biológico   73
    O biologismo na organização da vida social   76
    Biologismo e desenvolvimento cultural humano   79

CAPÍTULO 3
Apoios teóricos para entendermos como o elitismo histórico-cultural funciona nas sociedades   87
    Materialismo histórico e dialético   90
    Enfoque histórico-cultural   94
    Educação libertadora   97
    Transição paradigmática: bases epistemológicas   99

CAPÍTULO 4
As versões do autoritarismo brasileiro   *105*
   Diferentes dimensões do autoritarismo brasileiro   *111*

CAPÍTULO 5
Protagonismo, hedonismo e recompensa:
três propulsores do elitismo histórico-cultural   *121*
   O fetichismo do protagonismo social   *124*
   As redes sociais digitais e a hipérbole do fetichismo do protagonismo social
      e do fetichismo do hedonismo   *129*
   O fetichismo do hedonismo   *131*
   O fetichismo das recompensas materiais/financeiras   *134*
   O exemplo do Instagram   *138*

CAPÍTULO 6
As expressões do elitismo histórico-cultural no Brasil do século XXI   *143*
   Diferentes formas de racismo no Brasil: racial, cultural, científico e
      estrutural   *146*
   Aporofobia   *150*
   LGBTQIA+fobia   *153*
   Machismo e misoginia   *156*
   Gordofobia, estaturismo e etarismo   *159*
   Eruditismo   *163*
   Etnicismo   *166*
   Capacitismo   *168*
   Chauvinismo e viralatismo   *170*
   Outras expressões   *172*

CAPÍTULO 7
O superdesenvolvimento das forças produtivas:
da luta entre as classes à luta dentro das classes   *173*
   Consenso hegemônico global   *180*

Racionalidade neoliberal: sonhos e conquistas *185*
O fim da unidade do proletariado *191*

CAPÍTULO 8
Política social x política institucional e dinâmicas sociais *197*
Discurso de ódio x liberdade de expressão *202*
O paradoxo da representatividade estética e cultural *206*
A resiliência e as capacidades adaptativas do elitismo histórico-cultural *209*
Dinâmica de cooptação do elitismo histórico-cultural *211*
Desenvolvimento moral e científico e hierarquia funcional *212*

CAPÍTULO 9
Efeitos práticos do elitismo histórico-cultural no século XXI e no futuro *215*
Pandemias e imunizações seletivas *221*
Regimes autocráticos *224*
Inteligência artificial, realidades virtuais e o desenvolvimento tecnológico sob a racionalidade neoliberal *227*
Guerra híbrida *235*

CAPÍTULO 10
Pensamento crítico e revolução *239*
As três dimensões do pensamento crítico *241*
Pensamento crítico coletivo *244*
O que é a Revolução? *248*

CAPÍTULO 11
Mudança social e novas formas de participação econômica e sociopolítica *255*
Economia política, dinâmica constitucional e geopolítica global no ensino médio? *257*

Limites à financeirização do capital *265*
O estudo de caso do Financiamento Popular da Agricultura
    Familiar (Finapop) do Movimento dos Trabalhadores Rurais
    Sem Terra (MST) *270*
Renda básica de cidadania *277*
Ativismo social e democracia participativa *280*
Mídias hegemônicas, mídias alternativas e comunicação social *285*

POSFÁCIO *289*
AGRADECIMENTOS *299*
REFERÊNCIAS BIBLIOGRÁFICAS *301*

"Eles estavam continuamente nos provocando com as falhas e desordens que observavam em nossas cidades, como sendo ocasionadas por dinheiro. Não adianta tentar repreendê-los sobre o quão útil é a distinção de propriedade para o sustento da sociedade: eles fazem piada de tudo o que você diz a esse respeito. Em suma, eles não discutem nem brigam, nem caluniam uns aos outros, eles zombam das artes e das ciências e riem da diferença de classes que se observa entre nós. Eles nos marcam como escravos e nos chamam de almas miseráveis, cuja vida não vale a pena, alegando que nos degradamos ao nos sujeitarmos a um homem (o rei) que possui todo o poder e não está sujeito a nenhuma lei, exceto a sua própria vontade."

Louis-Arnand de Lom d'Arce, barão de Lahontan, sobre os nativos ameríndios que haviam visitado a França, no livro *Mémoires de l'Amérique septentrionale* [Memórias da América setentrional], 1705

"Até que a filosofia que considera uma raça superior e outra inferior seja final e permanentemente desacreditada e abandonada, em todos os lugares há guerra, digo guerra.

Até que não haja cidadãos de primeira e segunda classe de qualquer nação. Até que a cor da pele de um homem não tenha mais importância do que a cor de seus olhos, digo guerra.

Até esse dia, o sonho de paz duradoura, a cidadania mundial e o domínio da moralidade internacional permanecerão uma ilusão fugaz a ser perseguida, mas nunca alcançada, agora em todos os lugares há guerra."

Bob Marley, "War", *Bob Marley and The Wailers*, 1976

Prefácio

Alysson Leandro Mascaro[1]

A sociabilidade contemporânea se estrutura pela diferença. O modo de produção é de exploração e, portanto, de desigualdade e verticalidade na relação entre os sujeitos econômicos. Modos de produção anteriores assim também o foram, mas o capitalismo apresenta formas sociais de distinção específicas, entremeando classe, grupo, raça, gênero, nacionalidade, religião, estética e cultura, dentre outros marcadores. A forma mercadoria é o átomo do capitalismo; a ideologia da propriedade privada e a compra e venda de bens perfazem as diferenças da acumulação.

Em face desse quadro, há, tradicionalmente, duas leituras teóricas e práticas antípodas, ambas incompletas. A primeira delas, de caráter *economicista*, reduz a diferença social à marca de classe. Se acerta no fundamental, deixa escapar a sobredeterminação e as autonomias relativas dos campos políticos, ideológicos e culturais. A segunda delas, de caráter *politicista*, reduz ou apaga a diferença de classe e joga luzes nos aspectos políticos, individuais ou microfísicos das relações de diferença social. Nas décadas de pós-fordismo e neoliberalismo, é esse campo de leitura que ganha corpo, de tal sorte que sua constatação insuficiente e parcial é também o apontamento de sua solução limitada: a ação institucional, dentro dos quadros liberais capitalistas.

Cesar Calejon, neste *Esfarrapados*, opera de modo vigoroso no sentido de superar essas duas leituras parciais do processo de distinção

---
[1] Professor da Universidade de São Paulo (USP).

social. Pelos vários capítulos desta obra, investiga teorias e legitimações do elitismo e da desigualdade, como as ideologias biologistas, para as quais as raças são elementos de diferenciação social, e trata também de reclames de elitismo advindos de pretensas evoluções históricas, como as visões de superioridade de algumas civilizações em face de outras, tendo por eixos o eurocentrismo e o colonialismo.

Calejon traz à baila, após inventariar essa longa história das justificativas da desigualdade, o conhecimento científico sobre a materialidade da sociabilidade. Se o capitalismo é posto em xeque, proposições como as de Karl Marx passam a ser decisivas para alcançar a natureza do elitismo presente. Daí, neste livro, o modo de produção, a economia e a reprodução da sociabilidade passarem a objetos de estudo, mediante várias de suas facetas, tratando, ainda, das construções teóricas e das lutas sociais atuais de combate ao elitismo e à desigualdade.

Proponho, em *Estado e forma política* e em *Crise e golpe*, que a crítica ao capitalismo deva ser feita tendo por base as formas sociais que o constituem e estruturam e, além disso, como se instituem e se reproduzem. O capitalismo tem por determinante último a valorização do valor. As formações sociais, atravessadas contraditoriamente pela ideologia, têm por dinâmica relações de exploração, dominação e opressão. Se há coesão na sociedade capitalista, jamais é de paz e inclusão. A sociedade capitalista sempre transborda em crises. Os recentes golpes de Estado no Brasil, nos últimos anos, formam mais um exemplo de um movimento que tem as mesmas bases por todo o mundo. Em minha leitura, a crise não é um elemento circunstancial ou indesejável da sociabilidade. O capitalismo porta crise. Decorre disso que a desigualdade e a diferença não são empecilhos para a reprodução social; antes, são o leito do rio do fluxo da propriedade privada e da acumulação. Do sintoma da desigualdade se chega à causa, o modo de produção.

* * *

PREFÁCIO

Em sua projeção pública, Cesar Calejon, estimado amigo, tem conjugado com grande êxito suas vertentes de intelectual e jornalista. Investiga os fatos a quente e elabora, por meio deles e em face deles, reflexões acadêmicas e teóricas de fôlego. Esta obra, que ora se publica, se inscreve numa série de livros de sua lavra que tratam diretamente dos problemas sociais, políticos e econômicos de nosso tempo. Fala de elitismo e de desigualdade a contrapelo de uma época que louva a marcação da diferença, reputando-a resultante de razões teológicas – como a da graça divina – ou como corolário da meritocracia – pleiteando pagamentos aos pretensamente mais capazes ou mais fortes. Assim sendo, navegando contra a corrente, estas páginas são testemunho de resistência e de esperança na crítica.

As formas da sociabilidade se estruturam na desigualdade e para a distinção se prestam. Somente outra sociabilidade é o horizonte possível a uma igualdade que materialmente deseja. A luta a construirá.

Introdução

O ímpeto de escrever este trabalho surgiu nos anos do governo bolsonarista no Brasil, entre 2019 e 2022. Nesse período, todos os meus esforços, enquanto jornalista e pesquisador, estiveram voltados para refletir sobre a ascensão do bolsonarismo e as suas consequências nefastas para a organização sociopolítica e econômica do país. Dediquei mais de setecentas páginas em três livros que foram publicados sobre esses temas.

Ao me debruçar sobre o bolsonarismo, contudo, percebi que, apesar de ser uma parte muito significava da própria doença que nos acometia enquanto nação naquele momento, esse movimento era o resultado muito claro de um modo de sociabilidade que vem sendo estruturado ao longo dos últimos quinhentos anos, invariavelmente, sob a égide de um princípio elitista, que organiza os arranjos sociais, tendo a competição, a distinção e a sobreposição de certos indivíduos em detrimento de outros como parâmetro primário de organização da vida social. Esse modo de sociabilidade se reproduz principalmente nos países ocidentais, com o advento do capital enquanto relação social e histórica de produção, a invasão dos países europeus nas Américas e, mais recentemente, a intensificação do ideário neoliberal desde a década de 1980.

Ao ser confrontado com a triste realidade que me indicava uma relação diretamente proporcional entre o volume de protagonismo social, acesso ao hedonismo e recursos financeiros/materiais (três chaves importantes da análise que será desenvolvida neste livro) de certo indivíduo, família ou grupo social, de forma mais ampla, e a adesão que essas pessoas apresentaram à proposta bolsonarista,[1] foi impossível desconsiderar os mecanismos de incentivo e correlação de forças que estruturam e sustentam o elitismo histórico-cultural no Brasil neste começo de século XXI.

Este livro reflete acerca do que é o elitismo histórico-cultural – suas diversas expressões ao longo de diferentes momentos da história humana até o atual modelo global de reprodução do capital – e aponta o fomento do pensamento crítico como a única via possível para superar o presente estado de coisas por meio de novas formas de participação socioeconômica e política.

O elitismo histórico-cultural é o elemento basilar que, conforme o próprio conceito expressa, se apresenta de múltiplas formas, dependendo do contexto temporal e social. Apresento neste livro como as raízes do elitismo histórico-cultural podem ser observadas desde a pré-história até os dias de hoje. Contudo, é preciso ter atenção para o fato de que desde o fim do século XV, com o início das navegações portuguesas e o subsequente processo de pilhagem que as cortes europeias impuseram a diversas partes do planeta, e o advento do capital enquanto motor da produção e cerne da sociabilidade, se aglutinou a determinação elitista tal qual essa força social se expressa no Brasil – e basicamente em todo o Ocidente – nos dias de hoje. Portanto, o elitismo histórico-cultural é a força social que organiza os arranjos sociais brasileiros com base em categorias de distinção, de forma a criar uma gramática da desigualdade e, em última instância, a hierarquia moral que orienta o atual modelo de sociabilidade no país.[2]

---

[1] Anos mais tarde, em julho de 2022, uma pesquisa realizada pelo Datafolha demonstraria essa correlação de forma empírica. Ver Felipe Bächtold, "Datafolha: voto em Lula e Bolsonaro se inverte com situação econômica do eleitor", *Folha de S.Paulo*, 8 jul. 2022.

[2] Para "gramática da desigualdade", *ver* Jessé Souza, *Como o racismo criou o Brasil*, 2021. *Ver também* Marcos Abraão Ribeiro, "O racismo multidimensional de Jessé Souza e a leitura unidimensional do Brasil", 2022. Para "hierarquia moral", *ver* Jessé Souza, *A guerra contra o Brasil*, 2020.

INTRODUÇÃO

Conceitos são importantes porque, além de ajudar na reflexão e compreensão de determinada realidade, oferecem elementos filosóficos, teóricos, metodológicos e práticos para alterá-la. Por isso, me junto ao esforço de criticar a desigualdade oferecendo o *elitismo histórico-cultural* como fio condutor da instituição da diferença política, social e econômica entre humanos. Penso que, assim, torna-se possível uma exposição objetiva e de fácil entendimento sobre a maneira pela qual as classes favorecidas surgem e dominam a sociedade. Se atingimos a compreensão sobre como essas diferenças se constituem, estaremos mais aptos a superar as expressões da desigualdade que marcam nosso convívio social. E este é o objetivo do meu trabalho.

Hoje, em praticamente todas as nações ocidentais, uma pequena parte da população, que a meu ver é mais bem descrita pelo termo *classes abastadas* ou *classes favorecidas*,[3] mantém seus privilégios políticos e econômicos e organiza os arranjos sociais com base em ideologias que foram desenhadas para criar distinções entre as pessoas – o racismo racial, o racismo cultural e o racismo científico, que conformam o racismo estrutural; o viralatismo, a misoginia, o etarismo, a LGBTQIA+fobia, o machismo, o chauvinismo, dentre outros, conforme veremos, são as expressões mais evidentes e imediatas de como o elitismo histórico-cultural se apresenta hoje.

Para os meus propósitos nesta publicação, o termo *ideologia* não representa um mero conjunto sistemático e encadeado de ideias ou uma trama simbólica de ideias e valores. Essas definições são mais adequadas, considerando os objetivos e métodos aqui propostos, para descrever o termo *narrativa*. Nesse contexto, a "ideologia é

---

[3] Esses dois termos são mais adequados do que o termo *elite*, pois ambos remetem à dimensão histórica e cultural que permite a ascensão política, econômica e social de determinados grupos. A expressão *elite*, segundo minha interpretação, avança subliminarmente uma espécie de senso meritocrático falacioso que legitima os benefícios das classes mais abastadas e privilegiadas.

um ideário histórico, social e político utilizado para ocultar a realidade material dos fatos a fim de conquistar e garantir a exploração econômica, a desigualdade social e a dominação política".[4] Ou seja, tenhamos em mente que a ideologia não é meramente um expoente que dita determinada maneira de pensar ou modo de se expressar o comportamento, mas constitui, em seu meandro, uma estratégia de dominação com vistas a manutenção desse domínio.

Nos últimos cinco séculos, esses parâmetros foram inicialmente orquestrados para determinar, primeiramente, que as comunidades ameríndias do hemisfério norte e, depois, os povos originários do hemisfério sul eram desprovidos de racionalidade e inferiores moral e eticamente, o que significava que, para seu próprio bem, eles deveriam ser colonizados pelos europeus, suas ideias (que viriam conformar os parâmetros iluministas a partir do século XVI e seus valores cristãos. Deveriam *encontrar o Norte*. Não é por acaso que o mapa-múndi está organizado como você o conhece e que, segundo esse raciocínio, a sociedade deve ser governada por homens brancos e heterossexuais, em linhas gerais, que sejam altos, magros, católicos/cristãos e não transmitam uma aparência muito idosa. Consulte a lista de bilionários da *Forbes*, por exemplo, para ver sobre o que estou falando.

É justamente por que lidamos com uma força social poderosa, abrangente e de atuação continuada, que lanço aqui propostas para superarmos o elitismo histórico-cultural. Veremos ponto a ponto como podemos, na prática, avançar na direção de uma nova sociabilidade. Ressalto, mais um vez, que esta obra tem por objetivo contribuir minimamente, com ideias e reflexões, para a melhor compreensão do estado de coisas atual, a partir de uma abordagem embasada não somente em parâmetros filosóficos e teóricos, mas também por uma série de ações práticas. Para tanto, alguns dos intelectuais mais

---

[4] Marilena Chauí, *O que é ideologia*, 2001, p. 17.

proeminentes do país – entre sociólogos, antropólogos, economistas, juristas, professores, especialistas em políticas públicas, psicólogos e políticos – foram entrevistados e contribuíram com suas reflexões, ideias e sugestões para este livro.

Obviamente, mesmo as mentes mais brilhantes atuantes nas diversas áreas da experiência humana viveram (e vivem) circunscritas pelo paradigma elitista e a forma como este se manifesta durante suas diferentes épocas. Isso ocorre devido à educação tecnicista, acrítica e não histórica, que restringe a perspectiva do indivíduo ao modelo de sociabilidade vigente durante o seu período de vida. Exatamente por esse motivo, a maior parte da população brasileira acredita que o sistema capitalista, por exemplo, é a única forma viável e possível de organização social e que outras elaborações são utópicas.

Na prática, isso significa que um engenheiro, um padeiro ou um médico, por exemplo, podem ser os melhores na sua disciplina, no sentido de construir um edifício, fazer o delicioso e nutritivo pão ou salvar uma vida. Mas ainda assim tais indivíduos são incapazes de coordenar seus esforços para promover coesamente a emancipação das camadas mais empobrecidas e menos instruídas da população.

Essa é a questão fundamental com a qual nos deparamos quando buscamos refletir sobre por quais motivos o progresso humano ainda não foi capaz de organizar um modelo de sociabilidade menos injusto e que transcenda o modo de reprodução do capital vigente.

De muitas maneiras, o elitismo histórico-cultural é um sistema filosófico que conduz a organização normativa da vida social para fazer a manutenção dos poderes dos grupos que historicamente assumiram o controle hegemônico da sociedade. Apesar disso, essa força social é proeminente e, dialeticamente, atua sobre absolutamente todas as classes sociais.

Sob o risco de ser execrado por alguns dos principais pensadores das questões sociais, atrevo-me a afirmar que o elitismo histórico-

-cultural é o ponto nevrálgico do debate porque está para a organização da vida social assim como a gravidade está para a composição do mundo físico: presente em todos os lugares. Estejamos cientes ou não de que essas forças existem mesmo ou de como atuam, ambas são inexoráveis na composição da realidade como a conhecemos. Contudo, a comparação entre as ciências naturais e as ciências humanas é complicada, principalmente porque as últimas estudam construções históricas, sociais e culturais, que caracterizam a forma como nos constituímos e não existem *a priori* da própria intervenção humana, enquanto a gravidade e as leis do movimento, por exemplo, independem da atuação dos seres vivos para exercer suas funções.

No dia a dia, o elitismo histórico-cultural se expressa quando aceitamos determinado compromisso em detrimento de outro: quando escolhemos nossos(as) parceiros(as), casas, carros, escolas para os filhos, supermercados nos quais fazemos as compras, profissões, pessoas que seguimos nas redes sociais, nas classes dos voos comerciais, nos quartinhos das "empregadas domésticas" e nos "elevadores sociais e de serviço" dos apartamentos, nas "áreas VIPs" das casas noturnas, nos títulos acadêmicos, e assim por diante. Principalmente, mas não exclusivamente, como veremos, nas sociedades nas quais reinam o modo de produção capitalista, cuja dinâmica mais ampla apresenta suas riquezas como "uma enorme coleção de mercadorias",[5] conforme notou Karl Marx, ainda durante a segunda metade do século XIX.

Desde então, o superdesenvolvimento das forças produtivas e dos meios de produção agudizaram o modo de reprodução do capital e as relações sociais de produção e troca até a racionalidade neoliberal (sistema normativo), por meio da qual o elitismo histórico-cultural se manifesta atualmente, mais de 150 anos depois. Esse culto hipercapitalista à desigualdade, à competição desenfreada e ao indi-

---

[5] Karl Marx, *O capital*, livro 1, 2013, p. 113.

INTRODUÇÃO

vidualismo por meio da troca de mercadorias exacerbou o elitismo histórico-cultural até alcançar níveis sem precedentes na história humana e segue por impedir o desenvolvimento de riquezas de caráter realmente público e social a serem usufruídas pela maior parcela da população.[6] Apesar disso, o advento do capital enquanto relação social e histórica de produção é apenas um dos meios de expressão do elitismo histórico-cultural.

Assim, para ingressar no debate aqui proposto, os capítulos iniciais trazem, de forma simples e objetiva, digressões sobre o elitismo histórico-cultural, o que são as teorias sociais e as teorias de desenvolvimento humano, e como funcionam as abordagens teóricas que este livro utiliza como bases elementares.

Quatro formulações são fundamentais nesse sentido: o enfoque histórico-cultural de Lev Vygotski, o materialismo histórico e dialético de Karl Marx, a educação libertadora de Paulo Freire e a transição paradigmática de Boaventura de Sousa Santos. Essas ideias e seus respectivos autores foram essenciais para todo o conteúdo organizado nesta publicação.

Faremos uma breve viagem de volta ao passado, com o auxílio de historiadores e antropólogos, a fim de entender a formação do elitismo histórico-cultural e como essa força se manifestava na Grécia Antiga, no Império Otomano e no feudalismo europeu, por exemplo. Apesar de não pretender detalhar extensivamente essa parte do material, destaco, assim, que a forma elitista de organização social não começou com a colonização europeia nas Américas ou com o

---

[6] Veja, por exemplo, que os elevadores sociais não podem ser usados pelos funcionários dos prédios, que devem utilizar os elevadores de serviço. Note, ainda, que os elevadores de serviço não possuem espelhos. Ou seja, a imagem dos empregados não deve ser refletida, e a própria classe trabalhadora não deve se perceber. A área vip (do inglês *very important people*, pessoas muito importantes), a primeira classe dos aviões etc. e, fundamentalmente, toda a organização da vida social seguem esta mesma lógica: as partes mais ricas que a sociedade do capital produz ficam restritas ao uso de uma minoria que detém o controle dos meios fundamentais de produção.

modo capitalista de produção, após a primeira Revolução Industrial (1789), mas foi, sim, agravada severamente por esses eventos. Desde então, para além da (e por meio da) economia política e da geopolítica global, a dimensão elitista passa a assumir um papel cada vez mais preponderante na composição de todas as relações sociais.

Após esta breve digressão histórica, voltaremos a analisar o elitismo histórico-cultural como se apresenta hoje no Ocidente, por conta dos legados do modelo de dominação e usurpação dos europeus nas Américas.

Com base nessas premissas, o capítulo 5 abordará os três propulsores do elitismo histórico-cultural no atual contexto ocidental (a busca por protagonismo social; uma vida hedonista; e recompensas materiais/financeiras) e o exemplo de como a plataforma digital e social do Instagram reflete e agudiza esses aspectos de maneira inteligível.

As expressões do elitismo histórico-cultural no Brasil do século XXI – entre elas a LGBTQIA+fobia, o machismo, a misoginia, a gordofobia, o etarismo, a aporofobia, o etnicismo, o chauvinismo, o viralatismo e as diferentes formas de racismo que organizam o racismo estrutural serão contempladas no capítulo seguinte, com a exposição de um gráfico que auxiliará a compreensão dos raciocínios apresentados.

Mais adiante, o sétimo capítulo argumenta que o superdesenvolvimento das forças produtivas e dos meios de produção resultaram em uma amplitude sem precedente, considerando o volume e a variedade de mercadorias disponíveis ao consumo, e, consequentemente, na hiperbolização do elitismo histórico-cultural por meio da racionalidade neoliberal via a contínua perseguição de *sonhos e conquistas*, que, de maneira invariável, encontram-se na dimensão individualista e resultam – para além da tradicional luta de classes que caracterizou a pesquisa e o trabalho de Marx e Engels – em uma luta dentro das próprias classes, de forma mais específica.

INTRODUÇÃO

Esse individualismo da política social se reflete no caráter e na composição da política institucional e na organização da República, em última instância. Dessa maneira, a atividade parlamentar como reflexo da vida social é o tema discutido na oitava parte deste livro.

O décimo capítulo discorre sobre o conceito de Revolução, que, neste contexto, é um processo histórico-cultural de longuíssimo prazo (séculos ou milênios a seguir) e tem por objetivo final encerrar o processo de exploração do ser humano pelo ser humano. A despeito de ser uma jornada extremamente longa, faz-se necessário caminhar nessa direção, para qual a única via possível é a fomentação do pensamento crítico para constituir um novo modelo de sociabilidade. Caso contrário, o antropoceno pode ser a última etapa geológica dos seres humanos, bem como o fim de várias outras espécies.

Por fim, abordaremos o conceito de democracia participativa, que será, de acordo com a perspectiva aqui contida, o modelo de regime social vigente no Ocidente (e em outras partes do mundo) até o fim deste século. Apesar de ser uma expressão menos aguda da democracia burguesa representativa como está organizada no começo da década de 2021–2030, essa forma de organização social ainda caracterizará apenas a transição rumo à sociedade socialista, que deverá mitigar a barbárie capitalista iniciada nos séculos passados, mas que também será apenas uma etapa transitória rumo ao modelo que encerrará os processos de exploração entre os seres humanos.

Isso não significa, conforme veremos, estabelecer um arranjo social romanticamente igualitário, o que desconsideraria a própria diversidade e riqueza (étnica, social, cultural, econômica, política, intelectual, disciplinar, física etc.) da espécie humana – isto é, de fato ser capaz de superar o elitismo histórico-cultural como cerne da organização sociopolítica das (e entre as) nações na sociedade internacional.

Para tanto, o ativismo social, proveniente das agudizações das contradições sociais, o questionamento da hegemonia midiática, sobretudo no Brasil, nação na qual a concentração da estrutura da comunicação social é uma das mais acentuadas do planeta, e a financeirização do capital são aspectos centrais nesta discussão. Atualmente, existe uma mudança intensa em curso e acelerando em progressão geométrica com uma razão que, desde a revolução digital (durante a segunda metade do século XX e o começo do século XXI), passa a multiplicar os termos com ênfase cada vez maior.

Evidentemente, as discussões propostas neste livro são extremamente densas e complexas, portanto, suscetíveis a equívocos, imprecisões e contestações. Considerando o objetivo proposto, isso caracteriza uma conquista – contanto que os leitores se engajem na discussão objetiva. O intuito dos capítulos que seguem é fomentar o debate e contribuir com a reflexão sobre, fundamentalmente, duas dimensões da vida social atual: (1) como opera o atual modelo de sociabilidade no que diz respeito especificamente ao elitismo histórico-cultural; e (2) como catalisar o processo de transição para a etapa seguinte, que deverá transformar esse paradigma.

Como seres histórico-culturais, estamos constantemente transicionando entre etapas e paradigmas de desenvolvimento. O grande desafio nesse processo é encontrar novos modelos que, com o intuito de serem eficientes no que diz respeito à emancipação das parcelas mais empobrecidas e vulneráveis da população mundial, devem ser organizados com base nos conhecimentos previamente consolidados, enquanto, ao mesmo tempo, devem ser capazes de transcender as bases epistemológicas concebidas até a presente data para criar respostas originais e realmente inovadoras.

Assim, para muito além de propor qualquer elaboração hermética, esta obra tem como objetivo primário convidar o cidadão comum – neste contexto, as pessoas que não atuam profissionalmente nas searas da sociologia, da antropologia, da psicologia, da comunicação, do direito ou da pedagogia – a refletir e a colaborar de forma

INTRODUÇÃO

crítica com a composição, por meio do entendimento de como opera o atual paradigma vigente e de qual é a sua posição/função nesse ordenamento, de uma fina equação que englobe abordagens distintas para a catalisação de um modelo de sociabilidade que seja capaz de produzir arranjos sociais mais humanistas e menos desiguais.

Capítulo 1   # Entendendo a desigualdade em sociedades diferentes: digressões temporais sobre o elitismo histórico-cultural

Os primeiros organismos vivos da Terra, criaturas unicelulares, surgiram em algum ponto cerca de 3,5 a 3,8 bilhões de anos atrás, a partir do que os cientistas modernos convencionaram chamar de "sopa primordial".[1] O próprio planeta, de acordo com as teorias mais recentes, teria algo em torno de 4,543 bilhões de anos. Esses primeiros seres atuavam com base em parâmetros elementares orientados estritamente à autopreservação e à reprodução, fundamentos que organizam a vida biológica de todos os animais.

Muitas teorias utilizam métodos distintos para entender quando e onde surgiram os nossos primeiros ancestrais, que, diferentemente dos outros animais, passaram a se constituir de forma histórica e cultural, elementos que nos caracterizam como seres humanos e nos distinguem das outras espécies. Portanto, seria razoável assumir que, desde que somos humanos, "começamos a fazer coisas humanas".[2] Naturalmente, tais teorias oferecem contribuições, críticas e contradições que devem ser igualmente consideradas. Apesar disso, existe certo consenso nas comunidades científicas atuais de que os neandertais começaram a surgir há 400 mil anos, aproximadamente. Por volta de 300 mil e 200 mil anos atrás, o *Homo sapiens* (homem moderno) aparece na região que hoje é a África. Há 40 mil anos, eles chegaram ao território que conhecemos

---

[1] Igor Zolnerkevic, "Sopa primordial: brasileiros ajudam a analisar fenômenos inexplicados em líquido criado em colisões de partículas", 2013.
[2] David Graeber e David Wengrow, *O despertar de tudo*, 2021, p. 83.

por Europa. Novos estudos indicam, contudo, que diferentes tipos de hominídeos coexistiram e interagiram de todas as formas possíveis com o *Homo sapiens*, o que desmonta a compreensão reducionista do desenvolvimento humano, que era assumida com maior ênfase até esse ponto.[3]

Apesar disso, vale ressaltar que meu propósito neste livro não é debater as teses e abordagens da biologia evolutiva, mas utilizar o mínimo consenso atingido pelos estudiosos dessa disciplina para explanar as minhas ideias e reflexões sobre o elitismo histórico-cultural.

Com essa premissa bem estabelecida, um estudo publicado pela revista *Nature* aponta o surgimento do homem moderno em uma região ao sul do rio Zambeze, no norte da atual Botsuana. "Está claro, há algum tempo, que os seres humanos anatomicamente modernos apareceram na África, cerca de 200 mil anos atrás. [...] Trata-se de uma área extremamente grande e que teria sido muito úmida e exuberante, o que realmente forneceria um hábitat propício para os seres humanos modernos e a vida selvagem viverem",[4] afirma o estudo que tem a professora Vanessa Hayes, geneticista do Instituto Garvan de Pesquisa Médica da Austrália, como uma das autoras.

Recentes descobertas arqueológicas demonstram também que as inúmeras organizações sociais humanas pré-históricas eram muito mais ricas e complexas do que se supunha até então. Para muito além da noção de que os seres humanos eram caçadores-coletores, que viviam em pequenos grupos itinerantes lutando apenas por subsistência, esses novos achados desnudam uma imensa complexidade de sociedades humanas, que eram capazes de se adaptar de acordo com as diferentes estações do ano e atuavam segundo conceitos relativamente densos de organização política, econômica, artística, cultural

---

[3] *Ibidem*.
[4] Eva K. F. Chan; Vanessa Hayes *et al.*, "Human origins in a southern African palaeo--wetland and first migrations", 28 out. 2019.

e, em última análise, hierárquica, muito antes da Revolução Neolítica e do início da prática da agricultura. Em ampla medida, a agricultura passa a ser percebida como o elemento central do desenvolvimento humano por conta do que pode ser classificado como *argumento da agricultura*, que por sua vez já trazia um elemento fortemente elitista.

Segundo David Graeber e David Wengrow,

> é importante entender um pouco da base legal para a desapropriação de pessoas que tiveram a infelicidade de já estar morando em territórios cobiçados pelos colonizadores europeus. Isso foi, quase invariavelmente, o que os juristas do século XIX passaram a chamar de "argumento agrícola", um princípio que desempenhou um papel importante na desapropriação de incontáveis milhares de povos indígenas de terras ancestrais na Austrália, Nova Zelândia, África subsaariana e nas Américas: processos tipicamente acompanhados de estupro, tortura, assassinato em massa de seres humanos e, muitas vezes, a destruição de civilizações inteiras.
>
> A apropriação colonial de terras indígenas geralmente começava com alguma afirmação geral de que os povos originais realmente viviam em um Estado de Natureza – o que significava que eles eram considerados parte da terra, *mas não tinham direitos legais para possuí-la. Toda a base da desapropriação, por sua vez, estava assentada na ideia de que os então habitantes daquelas terras não estavam realmente trabalhando.* O argumento remonta ao Segundo Tratado de Governo de John Locke (1690), *no qual ele argumentou que os direitos de propriedade são necessariamente derivados do trabalho.* [...] *Nativos preguiçosos, segundo os discípulos de Locke, não faziam isso.*[5]

---
[5] David Graeber e David Wengrow, *op. cit.* grifos meus, p. 149.

Assim, de muitas maneiras, o argumento segundo o qual o início da complexidade das organizações sociais humanas estaria, única e exclusivamente, correlacionado à agricultura pode ser compreendido como o artifício ideológico central das práticas genocidas e de pilhagem dos invasores europeus em diferentes partes do mundo a partir do século XV. De acordo com recentes achados arqueológicos, seres humanos vêm construindo suas respectivas sociedades de forma extremamente complexa muito antes de sequer praticar a agricultura (por desconhecimento ou deliberação). Ou seja, existem indícios para argumentar que, já na pré-história,[6] os arranjos sociais eram organizados com base na atuação cultural humana bem desenvolvida, o que nos indica uma avançada elaboração da linguagem. E é justamente sobre essa base que surgem as expressões mais fundamentais e incipientes do elitismo histórico-cultural.

Cabe aqui dedicarmos algum tempo para debater a complexa relação entre biologia e cultura que permeia o desenvolvimento humano. Em seu livro clássico, intitulado *A falsa medida do homem*, Stephen Jay Gould, paleontólogo e biólogo evolucionista estadunidense, endereça essa questão de forma dialética e por meio da complexidade que o debate demanda.

> Acredito que a biologia moderna fornece um modelo que se encontra entre a afirmação desesperada de que a biologia não tem nada a nos ensinar sobre o comportamento humano e a teoria determinística que especifica itens de comportamento como sendo geneticamente programados pela ação da seleção natural. [...] Se a inteligência nos separa de outros organismos,

---

[6] A pré-história é definida como o ciclo anterior ao surgimento da escrita pelos povos sumérios, por volta de 3500 a.C.

então acho provável que a seleção natural agiu para maximizar a flexibilidade de nosso comportamento. O que seria mais adaptativo para um animal que aprende e pensa: genes selecionados para agressão, rancor e xenofobia; ou seleção para aprender regras que podem gerar agressão ou paz em respectivas circunstâncias apropriadas?

Em segundo lugar, devemos ter cuidado para não conceder muito poder à seleção natural, vendo todas as capacidades básicas do nosso cérebro como adaptações diretas. Não tenho dúvida de que a seleção natural atuou na construção dos nossos cérebros superdimensionados – e estou igualmente confiante de que nossos cérebros se tornaram grandes como uma adaptação para papéis definidos (provavelmente um conjunto completo de funções de interação). Mas essas suposições não levam à noção, muitas vezes abraçadas, sem críticas, por darwinistas estritos, que todas as principais capacidades do cérebro devem surgir como produtos diretos da seleção natural. Nossos cérebros são computadores extremamente complexos. [...]

Nossos ancestrais não liam, escreviam ou se perguntavam por que a maioria das estrelas não muda suas posições relativas enquanto cinco pontos errantes de luz e dois discos maiores se movem por um caminho agora chamado de zodíaco. [...] A maioria dos "traços" comportamentais que os sociobiólogos tentam explicar podem nunca ter sido sujeitos à seleção natural direta em absoluto – e podem, portanto, exibir uma flexibilidade que apresenta características cruciais para a sobrevivência. [...] Os humanos são animais que aprendem.[7]

---

[7] Stephen Jay Gould, *A falsa medida do homem*, 2014, p. 126.

Conforme o senhor Jay Gould ressalta eloquentemente em sua obra, humanos são seres biológicos, históricos e culturais, mas essa última dimensão da forma como nos constituímos, atuamos sobre a natureza e evoluímos já era muito bem elaborada antes da Revolução Agrícola. Evidentemente, existe uma relação dialética entre os avanços socioculturais e o próprio surgimento da agricultura, mas isso não equivale a dizer que as comunidades anteriores eram formadas por pequenos bandos insossos e que atuavam de forma pouco complexa. Novas evidências arqueológicas, inclusive, apontam na direção oposta do que sugere o "paradoxo do *sapiens*",[8] conforme mencionado.

O que cabe argumentar, contudo, é que, a partir da Revolução Agrícola, a forma como o elitismo histórico-cultural estrutura os arranjos sociais passa a se desenvolver de maneira progressivamente mais aguda e acentuada com base, principalmente, na formação das estruturas familiares e os seus respectivos papéis na vida social dos grupos que, posteriormente, formariam as sociedades modernas.[9] A partir do século XV, com a expropriação das terras e o processo da "acumulação primitiva",[10] começa a desaparecer o modelo do comunismo primitivo[11] das comunidades ameríndias e de outras com-

---

[8] O "paradoxo do *sapiens*" é um termo utilizado para se referir à suposta presunção de que os *Homo sapiens* teriam ficado presos por centenas de milhares de anos – entre o seu surgimento (200 mil anos atrás) e a Revolução Neolítica (cerca de 10 mil anos atrás), quando passam a utilizar a agricultura de forma mais enfática – em um mesmo paradigma de organização social: pequenos bandos de caçadores-coletores que não atuavam de forma muito complexa para além da busca por subsistência, resumidamente. *Ver* Colin Renfrew, "Solving the 'Sapient Paradox'", 2008.
[9] Sobre "formação das estruturas familiares", *ver* Friedrich Engels, *A origem da família, da propriedade privada e do Estado*, 2019, no qual o autor trata da opressão de gênero e do papel do casamento e da autoridade masculina na constituição da sociedade moderna.
[10] Segundo Marx, "acumulação primitiva" é "o processo histórico de separação entre produtor e meio de produção". Karl Marx, "Capítulo 24: A assim chamada acumulação primitiva do capital", *O capital*, 2013, p. 786.
[11] Cf. Friedrich Engels, *op. cit.*, 2019. O debate sobre esse conceito é imenso e compreende inúmeras determinações. Para os meus propósitos neste livro, o "comunismo primitivo" significa certo nível de autonomia de que todos os membros de uma sociedade desfrutam no sentido de endereçarem as suas necessidades elementares.

posições sociais que não estivessem centradas em formas restritas de autoridade e dominação (principalmente, a masculina).[12] Tais formas caracterizam o modelo incipiente de como o elitismo histórico-cultural se expressaria na maior parte do mundo até os dias atuais.

Muitas evidências indicam que processos de estratificação e distinção social existem há milênios, muito antes do surgimento dos sistemas de irrigação e da divisão do trabalho e dos artesãos que tornaram possíveis as construções de templos e muralhas com pedras, a exemplo de Jericó, considerada uma das primeiras cidades muradas da história, 9 mil anos antes de Cristo. Jericó reunia uma população estimada em 2 mil pessoas. Pesquisas recentes indicam que, ao contrário do que se pensou por muito tempo, as muralhas da cidade foram construídas não para evitar que outras pessoas a acessassem, mas para "impressioná-las e convidá-las a entrar".[13] Supostamente, a partir desse ponto, inicia-se também o fomento de pequenas produções domiciliares de roupas feitas do couro de animais e de fibras de plantas, a possibilidade do comércio por maiores distâncias (via asnos ou bois) e a fertilização do solo com as fezes dos animais. Todas essas inovações, segundo a visão convencional do desenvolvimento humano, teriam sido responsáveis por criar relações sociais cada vez mais elaboradas e, consequentemente, cada vez mais elitistas. Contudo, conforme salientam o arqueólogo David Wengrow e o antropólogo David Graeber,

---

[12] Contudo, cabe, seguramente, o argumento de que as sociedades mais remotas eram menos complexas no que tange aos elementos societários disponíveis em seus respectivos contextos. Conciliar o desenvolvimento (tecnológico, político, econômico etc.) social humano com um modelo de sociabilidade que não seja cada vez mais elitista é o principal desafio da espécie humana. Há aproximadamente 2 mil anos, o planeta Terra abrigava cerca de 170 milhões de habitantes. Em 2022, são quase 8 bilhões, e projeções indicam um número superior a 10 bilhões até o fim do século XXI. Ver German Lopez, "How the world went from 170 million people to 7.3 billion, in one map", *Vox Media*, 30 jan. 2016.
[13] Ian Volner, "Why do people build walls? The real story of Jericho offers a surprising answer", *Time*, 30 maio 2019.

nosso mundo, como existia pouco antes do surgimento da agricultura, era tudo menos um mundo de bandos de caçadores-coletores itinerantes. Ele foi marcado, em muitos locais, por aldeias e vilas sedentárias, algumas já então antigas, bem como por monumentais santuários e riquezas acumuladas, muitas delas obras de especialistas em rituais, artesãos e arquitetos altamente qualificados. Ao considerar o amplo alcance da história, a maioria dos estudiosos acadêmicos ignora completamente esse mundo pré-agrícola ou o descarta como algum tipo de estranha anomalia (o que seria um falso começo para a civilização). *Caçadores paleolíticos e pescadores mesolíticos podem ter enterrado seus mortos como verdadeiros aristocratas, mas as "origens" da estratificação de classes ainda são procuradas em períodos muito posteriores.*[14]

Um pouco adiante no curso da história, no norte africano, por exemplo, indícios arqueológicos apontam a presença de sistemas hierárquicos complexos há milhares de anos, com uma predominância de castas sacerdotais. O primeiro sistema de representação pictográfica,[15] datado de aproximadamente 4 mil anos a.C., também nos permite especular sobre a divisão societária do trabalho e do conhecimento em uma estrutura que já atribuía funções e saberes específicos a determinados indivíduos em detrimento de outros. A escrita dos sumérios (escrita cuneiforme), provenientes da região da Mesopotâmia, constitui o primeiro exemplo considerado universalmente daquilo que se pode definir propriamente como escrita.

---

[14] David Graeber e David Wengrow, *op. cit.*, p. 164, grifo meu.
[15] Exemplares dessa escrita pictográfica foram registrados em placas de argila cozida, com um instrumento de gravação que consistia em um estilete em forma de cunha, daí a origem do termo *cuneiforme*. Ver Mirella de Menezes Migliari, "Do iconograma ao símbolo arbitrário: a evolução da escrita e a matriz visual", 2011.

Devo insistir, novamente, que meu objetivo neste capítulo não é questionar os conhecimentos consolidados nas disciplinas da história, biologia, arqueologia, antropologia ou quaisquer outras ciências nas quais não sou especialista. Como mencionado anteriormente, o intuito é utilizar os debates dessas áreas para fazer avançar meu argumento sobre como o humano, que é um ser cultural, vem se organizando com base em parâmetros elitistas, pelo menos até a quadra histórica na qual nos encontramos atualmente, e como esse processo se torna continuamente mais complexo por meio das forças históricas e culturais que atuam sobre a base elementar da biologia da espécie.

Recentes descobertas arqueológicas de grandes monumentos, sepulturas principescas e movimentados centros de comércio e produção artesanal derrubaram as suposições sobre como eram as sociedades dos caçadores-coletores e serviram de base para que a comunidade científica passasse a considerar que já havia estratificação social cerca de 30 mil anos atrás. Ou seja, podemos especular, a partir disso, que o elitismo histórico-cultural é atuante desde então.

Ainda segundo Wengrow e Graeber, "tais descobertas alteraram completamente a visão dos especialistas sobre as sociedades humanas na pré-história. O pêndulo se afastou tanto da velha noção de bandos igualitários que alguns arqueólogos agora argumentam que, milhares de anos antes da origem da agricultura, as sociedades humanas já estavam divididas em linhas de status, classe e poder herdado".[16]

Contudo, para meus propósitos neste livro, não vamos voltar tanto no tempo, porque o escopo da nossa análise tornaria esta publicação excessivamente grande e complexa. Meu único objetivo aqui é ressaltar que já existem sólidas evidências arqueológicas para argumentar

---

[16] David Graeber e David Wengrow, *op. cit.*, p. 88.

que parâmetros de distinção na organização da vida social humana vêm sendo adotados há dezenas de milhares de anos, muito antes do início das atividades agrícolas.

Três diferentes períodos da humanidade e seus respectivos modelos de sociabilidade serão brevissimamente considerados a fim de ressaltar como o elitismo histórico-cultural se apresenta de maneiras distintas ao longo da jornada humana: a Grécia Antiga, o Império Otomano e a Europa Medieval.

DIFERENTES EXPRESSÕES DO ELITISMO HISTÓRICO-CULTURAL

A Grécia Antiga, por exemplo, reunia um conjunto de cidades que compartilhavam a mesma língua, os costumes e até algumas leis. Ainda assim, muitas sustentavam animosidades e poderiam ser inimigas de fato, como era o caso de Atenas e Esparta.

A melhor forma de expressar as origens do elitismo histórico--cultural na Grécia Antiga encontra-se nas ideias de Platão, que viveu na Atenas Clássica, entre os séculos V e IV a.C. Para o filósofo, as pessoas possuíam "almas" que eram de "ouro", "prata" ou "bronze" e, de acordo com essas gradações, deveriam desenvolver funções específicas nas *polis*.[17]

As "almas de ouro" (sabedoria e virtude da "justiça") eram responsáveis pelas formulações econômicas e sociopolíticas cujo objetivo era manter as comunidades coesas e funcionais. As "almas de prata" (coragem e domínio da raiva) se encarregavam de guardar e defender a cidade, enquanto a agricultura e a subsistência de forma mais ampla, consequentemente, ficavam sob os cuidados das "almas de bronze" (controle dos ímpetos e desejos).

---

[17] Platão, *A república*, 1988. Essa questão será retomada no capítulo 2.

Na Grécia Antiga, cada *polis* tinha as suas idiossincrasias e organização social típica. Atenas, por exemplo, adotava a escravidão não com base na cor da pele, na etnia ou na raça dos indivíduos, mas como forma de quitar dívidas ou por meio de guerras. Esparta, por sua vez, contava com menos escravizados, mas possuía os servos do Estado, que eram propriedade do governo.

Outra diferença notável na maneira como o elitismo histórico-cultural estava organizado naquela ocasião pode ser observada por meio da relação dos gregos com a homossexualidade. Ao contrário do que acontece atualmente, o relacionamento entre homens do mesmo sexo, sobretudo dos jovens que compartilhavam a vida acadêmica ou prática militar, era absolutamente normal e não acarretava nenhum problema de reputação.

Segundo a professora Jeanne Reames, da Universidade do Estado da Pensilvânia, esse tipo de relação variava em pequenos detalhes nas cidades-Estado gregas. Em Atenas, a beleza física era mais valorizada, enquanto na Macedônia priorizavam-se as habilidades atléticas. Reames também afirma que Alexandre, o Grande, e Heféstio Amíntoro tiveram relações quando jovens. Com base nos valores atuais, um dos conquistadores mais temidos e ferozes da história era gay.[18]

O elitismo organizava Atenas em três classes: cidadãos (eupátridas), homens que possuíam os direitos políticos para participar da democracia (mulheres não tinham essa prerrogativa); os metecos, estrangeiros que também não contavam com direitos políticos e estavam proibidos de adquirir terras, mas podiam se dedicar ao comércio e ao artesanato pagando impostos para viver na cidade; e os escravizados, que formavam a grande maioria da população ateniense

---

[18] Jeanne Reames, "An atypical affair? Alexander the Great, Hephaistion Amyntoros and the nature of their relationship", 1999. *Ver também* Robin Lane Fox, *Alexander The Great*, 1973.

e eram considerados propriedades privadas. Voltemos um pouco mais no tempo, antes de seguirmos adiante.

Segundo Sálvio Nienkotter, editor literário e especialista em literatura grega,

> a escrita dos gregos teve três sistemas distintos, o conhecido como linear A, que só agora começa a ser decifrado, o linear B, que foi decifrado no final do século XIX, mas cujos textos pouco informam, porque são em geral listagens de bens de senhores, e o sistema vigente [grego contemporâneo]. O período arcaico foi um período ágrafo: nada restou de escritos, nem mesmo da arquitetura da época. A hipótese mais plausível é que a região toda tenha sido dominada pelos dórios, que eram analfabetos e construíam em madeira. Assim, os períodos arcaico e pré-arcaico gregos são conhecidos principalmente pelo que cantaram e foram transmitindo às gerações os poetas, além, obviamente, do que se conseguiu esclarecer pela arqueologia e demais ciências, notadamente a linguística que, inclusive, foi responsável por determinar a origem comum dos gregos com inúmeros outros povos, que envolvem todos os países europeus, a Índia e a Rússia, entre alguns outros.
>
> Daí a relativa similitude entre as línguas hindi (sânscrito), romana (latim) e grega (o próprio grego antigo, que tinha variantes bastantes dilatadas entre si nas distintas cidades, sendo que, por razões políticas, prevaleceu como língua comum o grego ático, falado em Atenas). Outro fator que evidencia a origem comum desses povos todos é a religião, daí a relação direta entre o panteão grego capitaneado por Zeus, portador do raio, com o panteão romano, encabeçado por Júpiter, o nubícogo, ou seja, o senhor das nuvens.

A cultura do povo que viveu o período arcaico grego é indissociável da religião, marcada pelo politeísmo. O panteão grego era formado por inúmeros deuses que combinavam características humanas com características divinas. A melhor fonte para se conhecer esses deuses é o livro *Teogonia*, de Hesíodo. Cada cidade-Estado do que conhecemos hoje por Grécia era governada administrativa e militarmente por algum potentado, que ocupava esse cargo por razões hereditárias (algum antepassado seu havia fundado a cidade e conseguido atrair até ela um considerável número de pessoas. Pelo aspecto rústico dessa fundação, era natural que a linhagem genética desses reis fosse de homens robustos, até porque descendiam paternal e maternalmente de grandes fundadores de cidades, já que os casamentos costumavam se dar entre pessoas da nobreza). Nessa condição ele era único, entendido como escolhido pelos deuses, e, consequentemente, amado e protegido pelos deuses, de quem supostamente descendia, em geral em terceira ou quarta geração. Alguns eram filhos diretos de deuses, como Aquiles, o príncipe de Ftia, que era filho de Tétis, uma deusa marinha.

Em Troia, por exemplo, onde houve ou teria havido uma primeira guerra entre Ocidente e Oriente, Aquiles combateu Enéas, e o venceu, pondo-o em fuga, depois de sua própria mãe, como deusa, interferir na luta, salvando o filho da morte certa. E Enéas era filho de uma deusa de grande destaque no panteão, Afrodite (a Vênus para os romanos), que havia se deitado com o mortal Anquises no cume do monte Ida (uma espécie de monte Olimpo, mas em Troia). Anquises era irmão de Príamo, o rei de Troia. Depois do fim da guerra, com a queda de Troia, Enéas se salvou e se tornou o fundador mítico de Roma; ele é antepassado de Rômulo e Remo. Sobre o que acontece a Enéas depois da queda de Troia, Virgílio escreveu a *Eneida*.

Ao tratar do período arcaico grego, Heródoto, o primeiro historiador que existiu, se valeu indiscriminadamente de documentos históricos e de mitos, uma vez que ambos eram considerados igualmente dados da realidade factual.

Fora essa casta estreitíssima de reis, havia a classe de cidadãos, que eram os homens (e só eles) nascidos na cidade e que fossem proprietários de terras cultiváveis. Considerados os homens livres pobres, todas as mulheres, escravizados e escravizadas que viviam nas cidades, vê-se que esses cidadãos representavam uma parcela ínfima da sociedade como um todo.

Uma dezena de séculos depois, em Roma, o equivalente a esse cidadão, que lá era chamado de *pater familias*, tinha poder de vida e morte sobre a esposa, sobre os seus filhos e sobre seus escravizados. Na Grécia Antiga como um todo, e na Grécia Arcaica, portanto, não havia essa instituição regulamentada, o que não significa que esse tipo de poder não fosse tolerado.

O principal que se conhece do período advém de quatro obras: A *Ilíada* e a *Odisseia*, de Homero, e *Teogonia* e *Os trabalhos* e os *dias*, de Hesíodo. Possivelmente todas, mas notadamente as obras de Homero, são reconhecidas como obras coletivas, retrabalhadas por gerações de "cantores" (*aedos*), que as recitavam em palácios em troca de víveres. Homero seria o poeta que coletou os diversos poemas e os "costurou" finalmente na forma escrita. Mesmo que isso pouco importe ao que abordamos aqui, vale lembrar que mesmo Homero pode ser lendário.

A democracia é algo que vai surgir na Grécia ática, no século V. Contudo, pode-se identificar uma protodemocracia já antes, mais especificamente nas assembleias de guerra, que eram deliberativas, e nelas, dada a importância, votavam todas as pessoas, de todas as classes. Já outros assuntos eram decididos em conselhos de potentados. Mesmo assim, como bem elucida o episódio de Tersites, descrito no segundo canto da *Ilíada*, ai daquele que votasse contra o desejo da classe dominante. Aliás, Tersites é, provavelmente, o personagem mais humano de toda a *Ilíada* – que trata principalmente de semideuses, de descendentes divinos – e é, seguramente, o personagem que opina com mais tino e lógica. Mas é apresentado fisicamente como um pequeno monstro, uma espécie de gnomo, de alma desprezível, que pelas palavras que profere acaba recebendo contra seu velho dorso o cetro implacável de Odisseu, o Ulisses.

Ao final do período arcaico, a Grécia conhece o que ficou conhecido como séculos de ouro, do período clássico grego, em que desfilam, entre geômetras e grandes matemáticos, Sócrates, Platão e Aristóteles, enquanto na política surge Péricles, principal personagem da instituição da democracia grega, que era uma democracia direta, e bastante diferente da democracia moderna. Vale dizer que a democracia grega era exercida apenas pelos cidadãos. [...]

As cidades-Estado eram muito autônomas, ainda que seguissem preceitos semelhantes. Eram também muito isoladas geograficamente, [nem] sequer havia algo que se pudesse chamar de estrada que as ligasse. Assim, cada uma delas tinha suas leis, ainda que raramente fossem leis escritas, pois prevalecia o tácito contrato social. O poder em geral era todo concentrado no rei, que só era destituído por revoluções sociais armadas, como a que destronou e ostracizou Édipo de Tebas.

Havia, contudo, uma casta religiosa, capitaneada por sacerdotes e adivinhos, que liam o futuro nas vísceras de reses sacrificadas. Por mais que os reis tivessem poder, sempre evitavam ficar mal com os sacerdotes, porque influenciavam diretamente a população, o que significava uma ameaça constante ao trono.

O sacerdote mais famoso de todo esse período foi Tirésias. Sua importância era tão alta que Odisseu desceu ao inferno para consultá-lo sobre o que deveria fazer para poder voltar para sua Ítaca, vez que Netuno impedia seu caminho. Como vemos, é tudo mítico, pela importância que o mito tinha e porque, do que nos chegou, o principal foi pela língua da poesia. Há de se interpretar os escritos e deles extrair a realidade social da época. Fácil se extrai que a divisão de classes, a distância entre as classes, era enorme, seja no poder de decidir, seja no acesso aos bens de consumo. Acresce que se ligava à classe alta o fato de ser a escolhida pelos deuses. Se sou rico, é porque os deuses gostam de mim. E ninguém queria se opor a um protegido pelos deuses eternos.

Os gregos eram basicamente piratas e pilhadores. Ser bom na arte de roubar era prova de proteção divina e de grande habilidade, que conferia honra imensa ao ladrão eficaz. A moral vigente via com excelentes olhos o ladrão de gado, por exemplo. Para a guerra de Troia embarcou Nestor, um velho incapaz para a luta, mas que tinha o papel de conselheiro. Na *Ilíada*, ele conta com grande garbo um roubo bem-sucedido, por exemplo. E, vejamos, ele estava ali na guerra como um repositório moral.

Nesse contexto, escravizado se tornava o vencido, independentemente de sua classe, raça ou qualquer outra característica fenotípica. Hécuba, rainha de Troia (e, portanto, rainha de cem cidades submetidas a ela), é escravizada por Odisseu quando sua cidade cai em mãos gregas. Esse é só mais um exemplo, e cabal, de que pessoas de qualquer raça ou casta poderiam ser escravizadas, e, claro, também sua descendência. O escravo e porqueiro Eumeu, na *Odisseia*, relata como de rei passou a escravizado, por exemplo. Ele pode estar mentindo para se colocar em grande conta, mas importa que mostra o quanto isso é natural. Tudo isso vale para Roma, quinhentos anos depois. Por Roma, desfilavam escravizados germânicos, africanos e orientais, indiscriminadamente.[19]

Já o Império Otomano foi escolhido para constar neste exemplo por dois motivos centrais: (1) a flexibilidade do elitismo histórico-cultural com a diversidade administrativa e religiosa que, em ampla medida, permitiu a sua ascensão; e (2) a dominação financeira europeia – uma das principais formas de expressão do elitismo histórico-cultural no Ocidente até a presente data –, a partir da segunda metade do século XIX, que resultou em sua derrocada.

Desenvolvido a partir do principado muçulmano do sultão Osmã (1258–1324), o Império Otomano foi um dos mais poderosos entre os islâmicos. No início do século XIV, seus exércitos começaram a lançar ataques contra o Império Bizantino, que dominava a região da atual Turquia, conhecida como Anatólia. Okhan, que era filho de Osmã, deu continuidade à expansão promovida pelo pai e reformulou seu exército, tornando-o ainda mais poderoso. A disciplina e organização do exército eram os principais trunfos do Império Otomano. Havia uma formação de guerreiros de elite, denominados janízaros (*yeniçeri*), que passaram a constituir uma das maiores máquinas de guerra do período.

O controle por parte dos otomanos expandiu-se em direção à península Arábica e à Mesopotâmia durante os duzentos anos seguintes. Em 1453, o sultão Maomé II – Fatih Sultan Mehmed – comandou a vitória sobre o Império Bizantino e reivindicou o título de califa,

---

[19] Entrevista concedida ao autor em 27 de julho de 2022.

denominação máxima de um político muçulmano, o que significou assumir o posto de soberano sobre todos os muçulmanos. Isso marcou a primeira vez que um turco-otomano, e não um árabe, recebeu tamanha honraria. Nessa ocasião, o nome Constantinopla foi alterado para Istambul, capital da Turquia até a presente data.

Apesar da organização extremamente elitista nesse sentido (califado, guerreiros de elite, domínio absoluto dos homens sobre as mulheres etc.), uma das características marcantes e explicativas da expansão do Império Otomano pode ser encontrada na sua tolerância com as tradições e as religiões dos povos dominados.

Albaneses, gregos, búlgaros, sérvios, croatas, árabes, romenos, curdos e diversas outras províncias e etnias, que tinham várias denominações religiosas (cristãos católicos, muçulmanos sunitas e xiitas, maronitas, judeus, drusos, mandeus etc.), foram capazes de chegar a um acordo com o soberano do império para manter suas estruturas administrativas e tradições religiosas. Dessa forma, com Solimão, o Magnífico, que governou entre 1520 e 1566, o Império Otomano tornou-se o ponto de contato entre o Oriente e o Ocidente até o século XIX, quando o capital financeiro europeu entrou em cena.

A dominação europeia no Império Otomano durante a segunda metade do século XIX seguiu a mesma lógica e a dinâmica aplicada até os dias atuais: sem soldados ou guerreiros de elite, o processo de invasão, dominação e destruição foi muito mais efetivo do que qualquer sultão do passado poderia sequer imaginar:

> O histórico da concessão de empréstimos por instituições governamentais e privadas francesas e britânicas [demonstram como esses] empréstimos contribuíram para o desenvolvimento de uma correlação de forças desfavorável ao governo otomano, que eventualmente foi obrigado a transferir a estrangeiros o controle direto de suas fontes de renda. [...] Esse processo

adveio não apenas da expansão planetária do modo de produção capitalista, mas também de questões internas ao Império Otomano, que recorreu aos empréstimos estrangeiros como fonte de recursos para executar projetos próprios.[20]

Algumas centenas de anos antes, nas sociedades medievais europeias, principalmente entre o começo do século XI e a segunda metade do XVIII, o elitismo histórico-cultural organizou os arranjos sociais em composições que podem ser denominadas trifuncionais:[21] clero, nobres e o terceiro estado. Naquele contexto, cada grupo exercia funções específicas, de forma a pouco interferir nas atribuições alheias, para a perpetuação do funcionamento da comunidade.

Nesse sentido, o clero, que era a classe religiosa e intelectual, era responsável pela orientação espiritual, formulação dos valores e educação da sociedade, oferecendo sentido a sua história e organizando as normas, referências intelectuais e parâmetros morais.

Em um contexto pré-republicano, no qual as contendas sociais, econômicas e políticas – entre as diferentes sociedades e dentro delas – eram resolvidas com base no uso da força bruta, fundamentalmente, a nobreza era constituída pela classe militar, que fazia uso das armas, trazia segurança e estabilidade ao grupo societário para, em alguma medida, evitar o caos generalizado.

Por fim, o terceiro estado era a classe mais numerosa e trabalhadora: camponeses, artesãos e comerciantes. Esses se encarregavam de alimentar, vestir e prover as condições necessárias para a reprodução da vida material de todo o grupo.

---

[20] Felipe Alexandre Silva de Souza, "Sultões e banqueiros: a dominação financeira europeia no Império Otomano", 2018, p. 138.
[21] Sobre as sociedades ternárias ou trifuncionais, cf. Thomas Piketty, *Capital e ideologia*, 2020.

Nessa ocasião, a ordem social se estruturava ao redor de instituições elementares, tais como a aldeia, o forte, o castelo, os produtores rurais, a igreja, o templo e o monastério de forma descentralizada e com pouca articulação entre os centros de poder, dadas as tecnologias de comunicação e de transporte disponíveis naquela época.

Essa descentralização não impedia, contudo, o abuso e a exploração, sobretudo a que era efetivada pelos dois primeiros grupos minoritários mencionados (clero e nobreza) contra a maioria (terceiro estado). Observando a materialidade histórica de como os seres humanos vêm se organizando ao longo dos séculos, esta é uma das características centrais da dinâmica de funcionamento do elitismo histórico-cultural: concentrar o poder nas mãos de parcelas minoritárias que decidem os rumos da maior parte da população, mesmo considerando os grupos que se propõem a representar as massas e lutar por emancipação popular.

Por exemplo, as investigações conduzidas por Robert Michels (1876–1936), sociólogo alemão radicado na Itália, abordam a dinâmica inerente à política democrática a partir da observação dos partidos políticos de massa.[22] Apoiado em anos de observações empíricas, ele postula que, mesmo nas composições partidárias que funcionam sobre um sistema político democrático, existem tendências fortíssimas à elitização, o que se traduz na concentração de poder em grupos específicos de indivíduos e impede o objetivo oficial da democracia representativa de eliminar um governo das elites, considerando que esse regime seria apenas uma espécie de fachada para dar legitimidade ao governo dos oligarcas.

Segundo ele, o processo de elitização ocorre até no interior das organizações humanas que buscam a igualdade, a liberdade e a democracia. Com Gaetano Mosca e Vilfredo Pareto, Michels é um dos

---

[22] Robert Michels, *Political parties*, 2001.

responsáveis pela teoria das elites. Conforme veremos no capítulo seguinte, a teoria das elites incorre em uma série de erros reducionistas e deterministas, segundo a minha perspectiva. Apesar disso, contribuições importantes e válidas dessa ordem podem ser abstraídas da produção desses autores.

CONSIDERAÇÕES INICIAIS

Apesar de o fazerem com certa frequência, acadêmicos e intelectuais tradicionalistas afirmam ser relutantes em sintetizar conceitos novos. Na avaliação contida neste livro, conforme avançamos em nossa jornada histórica, cultural e dialética de desenvolvimento humano, mais complexo tornamos o modelo de sociabilidade que rege o nosso funcionamento social e, consequentemente, maior se faz a necessidade de compor elaborações conceituais capazes de lidar com essa complexidade.

Contudo, duas questões são fundamentais nesse sentido: (1) conceitos novos devem ter um lastro sólido na realidade material da organização social que pretendem endereçar; e (2) precisam ser orientados, criticamente, de forma a transcender a mera expressão dessa materialidade com o intuito de refletir, de alguma maneira, sobre possíveis transformações.

Embasado por esses preceitos, o objetivo primário deste capítulo inicial é demonstrar, de forma sucinta, como o elitismo histórico-cultural se apresenta em diferentes sociedades e como essa força social vem se manifestando de múltiplas maneiras ao longo da história humana.

Fernando Haddad avança o seguinte argumento: "a história das sociedades tem sido a história da luta em torno da alienização e da despessoalização." E prossegue: "a Revolução Industrial põe a economia de pernas para o ar."[23] Haddad tenta demonstrar, com isso, como no capitalismo o objeto assume a posição de sujeito, e os sujeitos, a posição de objeto. Traduzindo de forma simples: a produção humana passa a objetivar o lucro e a acumulação em vez de endereçar as necessidades humanas.

Haddad salienta, ainda, que

> a cultura não evolui, ela "revolui". Esse é um neologismo usado para ressaltar o caráter dialético da dinâmica cultural, que se distingue do mundo biológico pela presença da contradição. No cerne deste processo (de revoluir da cultura), está a subjugação de seres humanos uns pelos outros, em processos de despessoalização (alienização) que não criam espécies biologicamente distintas, mas, sim, antagônicas culturalmente.[24]

Apesar de ser uma força social cujas origens mais remotas possam ser rastreadas ao primeiros hominídeos, para os meus propósitos neste livro, chamo atenção para dois eventos de extrema importância: o advento do capital (Revolução Industrial) e a invasão europeia nas Américas.

Dada a própria diversidade e a riqueza dos seres humanos, a forma como o elitismo histórico-cultural se manifesta ao longo da história varia intensamente, dependendo da época, do local e da cultura em questão, segundo salientado reiteradamente nos parágrafos anteriores. Ou seja, as construções dos arranjos sociais na pré-história eram diferentes das formações da Grécia Antiga, que eram distintas do que se observava no Império Otomano, que também diferiam da maneira

---

[23] Entrevista concedida ao autor em 23 de junho de 2022. Ver Fernando Haddad, *O terceiro excluído*, 2022.
[24] Fernando Haddad. Entrevista concedida ao autor em 23 de junho de 2022.

como se organizou o contexto medieval europeu, revisitando rapidamente os exemplos oferecidos neste capítulo. Evidentemente, essa força histórica e cultural também se apresenta com um cariz distinto e específico nos dias atuais: a forma como o elitismo histórico-cultural se materializa no Brasil, durante o começo do século XXI, resulta de uma interação hipercomplexa entre o modo de produção capitalista (e a sua subsequente evolução para a racionalidade neoliberal) e os legados das instâncias colonial e imperial, que foram desenvolvidos pelo modelo escravista europeu a partir do fim do século XV e começo do XVI.[25]

As únicas dimensões constantes dessa força social são: a determinação elitista e excludente, pelo menos em algum nível, para compor os arranjos sociais das diferentes sociedades ao longo da história; e o seu caráter progressivo correlato ao próprio progresso humano. O que significa dizer que, aparentemente, quanto mais nos desenvolvemos e avançamos nas diferentes áreas de atuação humana, mais elitistas nos tornamos, considerando a forma como organizamos a complexidade do modelo de sociabilidade que rege a composição das nossas sociedades.

Por exemplo, Luis Manuel Fonseca Pires, professor de Direito Administrativo na Pontifícia Universidade Católica de São Paulo (PUC-SP), ressalta que

> a teoria absolutista de Thomas Hobbes encontra novas versões na fala de quem usurpa o poder para exercê-lo autoritariamente. Os tiranos contemporâneos revivem a teoria absolutista conformada ao Direito. O Direito não é um impedimento, mas

---

[25] Cabe, nessa medida, dizer que o Estado brasileiro, no começo do século XXI, é uma espécie de organização sociopolítica que reflete as propriedades do capital e dos parâmetros da colonização europeia nas Américas. Essa é a forma como o elitismo histórico-cultural se apresenta no Brasil hoje, o que, consequentemente, reflete a organização do nosso atual modelo de sociabilidade e arranjo social.

recurso valioso a permitir a agentes autoritários que camuflem a evidência de suas intenções. O desejo de domínio absoluto do poder conta com o Direito para imergir suas pistas e pegadas, esconder-se nos escaninhos de regras jurídicas, travestir anseios autoritários em intenções nobre, com o uso de "técnicas hermenêuticas". [...] Se [por um lado] o Estado de Direito constituído desde a Revolução Francesa (1789) e por todo o século XX (principalmente com a Revolução de 1830, na França, que formalmente encerrou a monarquia absolutista), foi sem dúvida um avanço civilizacional em comparação ao Estado absolutista, por outro lado é preciso perceber que a ambição humana por poder encontrou no próprio Direito seu novo aliado.[26]

Gostaria de demonstrar junto com as palavras do professor Luis Manuel Fonseca Pires que mesmo as grandes mudanças históricas não significam diretamente arrefecimento da imposição do elitismo histórico-cultural. Pelo contrário, muitas delas serviram para renovar as garantias de exploração. Isso vale até mesmo quando consideramos que a escassez de recursos deixou de ser um problema correlato à condição humana. O que vemos é, na verdade, que o elitismo histórico-cultural alcançou, nos nossos tempos, uma capacidade infinita de replicação, uma situação que aparentemente está aquém dos próprios marcos sobre o avanço da tecnologia e seu poder de nos transformar culturalmente. Esse limite entre as modalidades econômicas e as mudanças culturais não é facilmente medido, mas pode ser interessante tê-lo em conta se quisermos observar com mais detalhe como a competição e a cooperação são balanceadas no seio das relações humanas, seja nas trocas comerciais, seja nas trocas culturais.

---

[26] Entrevista concedida ao autor em 27 de setembro de 2022. *Ver* Luis Manuel Fonseca Pires, *Estados de exceção*, 2021.

Para Sidarta Ribeiro, neurocientista, biólogo, professor titular e vice-diretor do Instituto do Cérebro da Universidade Federal do Rio Grande do Norte (ICe-UFRN),

> existe um problema gravíssimo acontecendo aqui, que é o da inércia evolutiva da competição. A competição foi selecionada, ao longo da evolução, porque, todos os nossos ancestrais, não somente humanos, mas mamíferos, vertebrados, enfim, que remetem à origem da vida na Terra, evoluíram com base em uma situação de escassez. Quando existe este cenário de escassez, torna-se necessário fazer a distinção entre quem eu amo e eu não amo. [...] Isso foi selecionado positivamente. Os nossos ancestrais que não tinham essa capacidade de competição pereceram. Contudo, ao mesmo tempo, evoluiu uma capacidade de cooperação muito grande, que é tão importante quanto a competição. Existem evidências que sugerem que há 40 mil anos, uma pessoa que quebrou o pé foi capaz de sobreviver, porque contou com a ajuda do grupo. Nenhuma outra espécie pode quebrar a pata e sobreviver na natureza; por mais cuidados que possam existir por parte dos outros indivíduos, eles não são suficientes para gerar a sobrevivência. Entre os seres humanos, isso é possível. Estamos falando de uma ética da competição, profundamente patriarcal, e uma ética do cuidado, do cuidado mútuo, da responsabilidade, da responsividade, da solidariedade, que é uma ética matriarcal. Evidentemente, não me refiro aqui a homens e mulheres, porque todos temos aspectos masculinos e femininos. [...] Contudo, nos últimos setenta anos, os seres humanos alcançaram a abundância. Ou seja, já existem bens materiais que permitem que todo mundo se alimente, tenha roupa e um teto, mas ainda assim temos 800 milhões de pessoas no planeta passando fome

ou em situação de insegurança alimentar, e uma quantidade imensa de pessoas vivendo do lixão, sem teto etc. Vivemos uma situação que não é mais um problema de escassez, mas de má distribuição. [...] Nesse momento, o que é adaptativo para a nossa espécie é a partilha, a solidariedade e a distribuição. Uma vez que a escassez não mais existe, precisamos pensar nas mudanças culturais que sejam capazes de alterar o atual modelo de sociabilidade.[27]

Desde o século XVI até a presente data, a ciência e a religião desenvolveram papéis importantes na forma como o elitismo histórico-cultural se consolidou nesse período e no Ocidente. Assim como os próprios grupos de elite (as elites econômicas, políticas, midiáticas etc.), que se formam por conta da ação do elitismo histórico-cultural, passam a reforçar o processo de desenvolvimento humano para assegurar os seus benefícios, a ciência e a religião seguem essa mesma dinâmica de retroalimentação: por um lado, seus modelos foram constituídos pelo elitismo histórico-cultural; por outro, consolidaram a forma como esse elitismo se apresenta nas sociedades atuais, em ampla medida.

A religião, contudo, exerce uma influência milenar e muito mais irracionalmente dogmática (em muitos casos), o que a faz ser notada, pelo menos para quem a observa de um ponto que esteja além dos seus domínios, com certa obviedade. Dessa forma, este livro, apesar de registrar tal influência, não dedicará maiores esforços analíticos para pensar a interferência da religião sobre a forma como o elitismo histórico-cultural se manifesta na sociedade brasileira contemporânea. Dada a extensão e a complexidade do tema, foi necessário delinear com precisão quais temas seriam avaliados nestas páginas.

---

[27] Entrevista concedida ao autor em 28 de junho de 2022.

Com alguma sorte, outros livros e autores se debruçarão sobre a questão das religiões nesse sentido de forma mais específica.

No caso da ciência, a influência exercida é extremamente mais tácita e capaz de avançar o seu dogma por meio de certa racionalidade que, apesar de muitas vezes positivista, organiza seus preceitos com base em abordagens teóricas e metodológicas que lhe conferem maior credibilidade, a despeito dos racismos, reducionismos, determinismos e toda a sorte de problemas aparentes nas teorias de desenvolvimento humano nos âmbitos social-individual e social-coletivo.

Capítulo 2 **Por que as ciências naturais não devem ser usadas para pensar a sociedade**

Neste capítulo, apresento exemplos fundamentais que fizeram com que as ciências naturais fossem tomadas como um primado ao qual as ciências sociais deveriam se alinhar e, a partir disso, construir seus argumentos. Esse tipo de abordagem impõe uma determinação requisitada falsamente à natureza, desconsiderando completamente que seres humanos são sujeitos formados histórica e culturalmente. Assim, leva a crer, erroneamente, que há precondições naturais que contribuem para a desigualdade social. Contudo, mesmo sabendo de antemão que tais apontamentos sobre as capacidades humanas não se sustentam cientificamente, esse tipo de defesa da natureza continua sendo utilizada por muitos intelectuais e, mais grave ainda, se espraiou pelos discursos políticos, quando, muitas vezes, pretensas ordens naturais são elencadas em desfavor de determinados grupos sociais e minorias. Vemos claramente a ocorrência dessa defesa quando há audiências públicas que discutem gênero, por exemplo. Também vemos essa defesa vir à tona em argumentos infelizes de que os habitantes do Sul do país são melhores que os do Nordeste. É justamente para desfazer essas amarras tão evidentes que impactam nossa vida pública que apresento brevemente algumas dessas abordagens científicas que se baseiam na natureza como intérprete de problemas sociais que são, bem sabemos, advindos de outros lugares. Nossos problemas sociais não têm nada a ver com os nossos tipos físicos ou com a nossa constituição genética, não têm nada a ver com o fato de que somos brasileiros, e não japoneses, como certo colunista de renome defendeu certa vez. Meu objetivo aqui é apenas demonstrar o quanto esse tipo de opinião é equivocada. É preciso estar atento a esses discursos, pois estão envoltos em premissas pseudocientíficas, que podem *convencer* um ou outro de que são verdadeiras, em detrimento de milhões de pessoas que vivem à margem do que se entende como *padrão natural*.

Assim como a física estuda a organização do mundo material e a biologia se dedica a entender a composição da forma como a vida se expressa e evolui neste planeta, existem disciplinas orientadas a refletir sobre o desenvolvimento humano nos âmbitos individual e coletivo. Ou seja, no começo do século XXI, grupos de profissionais se dedicam em áreas consolidadas como ciências (em constante transformação), por meio de abordagens teórico-metodológicas nas searas da psicologia, sociologia, antropologia, ciência política, economia, entre muitas outras, para entender como agem os processos de constituição dos indivíduos e das suas respectivas sociedades.

Invariavelmente, essas disciplinas têm as suas origens com base na filosofia, que, não por acaso, é conhecida como a mãe de todas as ciências e surgiu na Grécia Antiga, mais de 28 séculos atrás, com o fim do período homérico.

Com o desenvolvimento da filosofia, os seres humanos começaram a refletir de forma mais organizada e racional sobre a sua própria condição de existência. Contudo, foi essencialmente a partir do Iluminismo, em 1715, que surgiram as primeiras ideias voltadas a questionar os moldes do Estado e do modelo de sociabilidade a fim de buscar os ideais de progresso, liberdades civis, fraternidade, tolerância, direitos políticos e governo constitucional, em alguma medida, com a separação entre a Igreja e o Estado. Novas evidências científicas demonstram, contudo, que as próprias ideias correlatas ao Iluminismo foram, em larga medida, elaboradas com base em críticas que as comunidades ameríndias – invadidas, pilhadas e, em última instância, extintas pela invasão europeia nas Américas – teceram sobre as sociedades da própria Europa.[1]

Com esses estímulos institucionais, surgem, ao longo dos duzentos anos seguintes, as primeiras versões das disciplinas aqui já citadas, sob uma forte influência da Revolução Francesa e da Primeira Revolução Industrial, ambas ocorridas durante a segunda metade do século XVIII.

Nesse período, sobretudo entre o século XIX e o início do XX, essas tentativas humanas de compreender como atuam as bases sobre as quais nos desenvolvemos foram fortemente caracterizadas por abordagens de caráter dualista, reducionista, positivista e elitista.

Fundamentalmente – porque esses modelos epistemológicos, além de representarem os limites do que, de fato, era difundido até aquele ponto do desenvolvimento histórico humano – também eram mais adequados à manutenção de um modelo escravocrata que pretendia usurpar, sem quaisquer restrições morais ou éticas vigentes nos dias atuais, seres humanos em nome do lucro e do controle que pequenas parcelas da população exercem sobre a maior parte da humanidade.

Apoiados nessas falácias e no cego dogma do catolicismo que esteve vigente na Europa durante todo o medievo, os colonizadores europeus barbarizaram diferentes regiões do planeta, com assassinatos, pilhagem, estupros e toda sorte de violência, amparados pela convicção de que existem seres humanos e sociedades inferiores *por natureza* e que podem, consequentemente, ser utilizados como cidadãos de segunda categoria. Uma armadilha que as ciências hoje constituídas ainda não foram capazes de superar completamente.

Essa é a minha principal crítica à teoria das elites. Não por acaso, essa teoria surgiu sob forte influência positivista, reducionista e determinista do fim do século XIX. Evidentemente, Gaetano Mosca,

---

[1] David Graeber e David Wengrow, *O despertar de tudo*, 2021.

filósofo e pensador político italiano responsável por sintetizar a teoria das elites, estava observando uma sociedade mais simples e homogênea, antes do superdesenvolvimento das forças produtivas, dos meios de produção e da consequente complexificação das relações sociais. Apesar disso, algumas das suas formulações servem aos meus propósitos neste livro.

Mosca afirma que em todas as sociedades existem minorias – grupos sociais que dominam os meios de produção, as instituições financeiras e os processos hegemônicos de comunicação social – que controlam o poder para manter a maioria sob controle, o que parece, de fato, corresponder à materialidade histórica de como os seres humanos vêm se organizando.[2] Os poderes econômicos, ideológicos e políticos exercidos por esses grupos dominantes são relevantes, mas o ponto nevrálgico seria o poder político das elites.

Para Mosca, as sociedades eram separadas entre dois grupos: os governantes e os governados. Os primeiros, menos numerosos, seriam capazes de dominar as massas por sua maior organização e coesão, o que, novamente, dada a amplitude e a complexidade dos arranjos sociais atuais, é algo verdadeiro somente até certo ponto.

Sob a influência de Mosca, Vilfredo Pareto, economista e sociólogo, avalia a interação social entre as diversas elites, cujas mais importantes seriam as políticas e econômicas.[3] Para ele, os homens seriam naturalmente desiguais, o que contribuiria para a formação das elites. Pareto estava convencido de que as elites econômicas e políticas eram superiores, porque acreditava que as desigualdades sociais faziam parte de uma espécie de "ordem natural".[4]

---

[2] Gaetano Mosca, *Elementi di scienza política*, 1969.
[3] Ver Vilfredo Pareto, *Manual de economia política*, 1906, *ver também* Vilfredo Pareto, *Tratado de sociologia geral*, 1916.
[4] Em ampla medida, Pareto formulou sua teoria sobre a mudança da sociedade com base em uma visão newtoniana da ciência e um modelo de engenharia de equilíbrio social. Vilfredo Pareto, *The rise and fall of elites*, 1991.

Duas considerações merecem ser destacadas aqui: (1) tentar explicar o atual modelo de sociabilidade por meio do estudo de apenas alguns grupos, por mais fortes e influentes que possam ser, sobretudo nas searas políticas e econômicas, significa negligenciar a complexidade das questões sociais contemporâneas; e (2) assumir que existem "ordens naturais" implica uma espécie de abordagem reducionista e determinista, que desconsidera os valores históricos e culturais idiossincráticos de cada sociedade.

Dessa forma, para muito além de tentar entender os arranjos sociais por meio da atuação das elites, o conceito do elitismo histórico-cultural faz o caminho inverso: pressupõe a formação das próprias elites com base na atuação elitista, histórica e cultural que vigora em todos os grupos sociais, por diferentes razões e de múltiplas formas, dependendo da cultura e da época a ser consideradas – o que é radicalmente diferente.

No Brasil, por exemplo, ainda em 2017, Jair Bolsonaro, então deputado federal e candidato à presidência da República, afirmou que um dos seus filhos nascera mulher por conta de uma "fraquejada"[5] no momento da concepção; que quilombolas "não servem nem para procriar"[6] (fazendo uma alusão a arrobas, medida usada para pesar animais, para se referir a seres humanos); e que preferiria ver o seu próprio filho "morto em um acidente"[7] caso ele fosse gay. Bolsonaro adotou essas

---

[5] "Eu tenho cinco filhos. Foram quatro homens, aí no quinto eu dei uma fraquejada e veio uma mulher", disse Jair Bolsonaro, então deputado federal, em 4 de abril de 2017, durante palestra na sede do Clube Hebraica, uma associação cultural de pessoas da religião judaica, no Rio de Janeiro.

[6] Ainda nesse evento, Bolsonaro disse: "Fui num quilombo. O afrodescendente mais leve lá pesava sete arrobas. Não fazem nada! Eu acho que nem para procriador ele serve mais." *Ibidem*.

[7] Em entrevista à revista *Playboy*, em junho de 2011, Bolsonaro afirmou: "Seria incapaz de amar um filho homossexual. Não vou dar uma de hipócrita aqui: prefiro que um filho meu morra num acidente do que apareça com um bigodudo por aí. Para mim, ele vai ter morrido mesmo." Jair Bolsonaro. Entrevista concedida à Playboy, *Playboy*, jun. 2011.

posturas por entender que seria um ótimo caminho para conquistar a adesão das grandes massas brasileiras, não somente de alguns grupos da elite nacional. No ano seguinte, foi eleito presidente do Brasil com 57.797.464 votos. A maior votação entre todas as eleições até então.

Assim, diferentemente do que propõe a teoria das elites, o elitismo histórico-cultural parte do pressuposto de que não existe qualquer "ordem natural" preestabelecida e que as elites são o resultado de uma força histórica e cultural que, até este ponto do desenvolvimento humano, sobretudo a partir do advento do capital e da invasão europeia nas Américas, vem organizando os arranjos sociais com base em parâmetros elitistas. Evidentemente, uma vez constituídas, as elites passam a retroalimentar o elitismo histórico-cultural a fim de assegurar suas posições de poder e seus respectivos privilégios, o que caracteriza a dialética no meu argumento.

Apesar disso, o elitismo histórico-cultural – que é uma força social, e não as elites, que são apenas grupos formados pela ação dessa força – é o ponto central para refletir sobre o atual modelo de sociabilidade, de acordo com a proposição contida neste livro.

As primeiras teorias sobre o desenvolvimento humano sintetizadas formalmente entre o fim do século XIX e começo do XX estavam fortemente orientadas a observar o comportamento, a composição genética, os atributos físicos, as disposições naturais ou os processos cognitivos de forma a tentar explicar toda a complexidade e a integralidade da condição humana assumindo o todo pela parte. Via de regra, as partes mais fisiológicas e menos culturais dos indivíduos e das suas comunidades.

Da frenologia, que hoje é considerada uma pseudociência, passando pelos behavioristas e pelos cognitivistas até a epistemologia genética,[8]

---

[8] Sobre "epistemologia genética", *ver* Jean Piaget, *Genetic Epistemology*, 1981. Assim como Sigmund Freud, Piaget pode ser considerado um autor de transição entre as teorias mais reducionistas e deterministas e o enfoque histórico-cultural.

POR QUE AS CIÊNCIAS NATURAIS NÃO DEVEM SER USADAS PARA PENSAR A SOCIEDADE

o século passado esteve repleto de propostas que contribuíram com reflexões importantes, mas que, de alguma forma, não ofereciam bases teóricas e metodológicas para afirmar os humanos como seres culturais (ou pelo menos não com esse aspecto como a questão central das suas formulações) e, portanto, apresentar-nos de forma mais inteira.

Nessa mesma direção seguiram muitas das teorias sociais que pretendiam entender a composição das sociedades nesse período e deram origem aos raciocínios que sustentam as ideias do liberalismo econômico e da meritocracia, por exemplo. Essas dimensões dos estudos de raiz dualista, reducionista e predeterminista no que diz respeito ao desenvolvimento individual dos seres humanos acaba por refletir na forma como as investigações e as propostas que pretendiam avaliar a seara coletiva também foram organizadas.

Nesse sentido, não somente as pessoas, mas populações inteiras passam a ser consideradas inferiores (moralmente, eticamente, intelectualmente, enfim, em todos os sentidos), menos capazes e carentes de uma espécie de tutela formal para o bem dos seus próprios avanços e desenvolvimentos. Evidentemente, isso também significa que podem ser despojadas não somente de suas terras, propriedades e riquezas materiais, mas, em última instância, de suas ideias, experiências e da própria condição de sociedades humanas.

Para os meus propósitos neste capítulo, vou me ater às dimensões do reducionismo e do predeterminismo que, ao fim e ao cabo, terminaram por criar uma perspectiva biologista nos campos de estudos mencionados e formam uma parte muito expressiva de como o elitismo histórico-cultural é justificado nas sociedades modernas (principalmente no Ocidente), nas quais o individualismo e a competição desenfreada são os cernes da organização social.

DETERMINISMO GENÉTICO

Na década de 1980, duas tendências que ficaram conhecidas como *determinismo genético* e *reducionismo biológico* ganharam muita força entre as comunidades científicas estadunidense e britânica, e europeia, em geral.

O intuito destas linhas de investigação era tentar explicar o ser humano utilizando parâmetros exclusivamente fisiológicos (reações químicas e físicas que acontecem no organismo humano) e, supostamente, predeterminados, sem levar em conta toda a complexidade das relações humanas e a importância dos ambientes culturais e sociais nos quais os indivíduos se desenvolvem.

Dois livros se destacaram, porque suas teses transcenderam os muros das universidades e ganharam ressonância na cultura popular da época: *O gene egoísta*, do biólogo britânico Richard Dawkins, e *Sociobiology* [Sociobiologia], do entomologista estadunidense Edward Osborne Wilson.

Essencialmente, o livro de Dawkins sugere que o ser humano é meramente o produto de seus genes. Portanto, tudo o que fizermos durante a vida (e a forma como nos constituímos como indivíduos) está predeterminado no nosso material genético. O livro de Wilson, por sua vez, foi um passo à frente no determinismo. Seu autor afirma que o comportamento dos seres humanos é determinado por aspectos biológicos e universais, que incluem agressão, dominação dos homens sobre as mulheres, racismo e homofobia, entre tantos outros padrões de comportamento que estariam programados de forma irremediável nos nossos genes e não poderiam ser evitados. Ou seja, de acordo com essas propostas, os elitismos históricos e culturais seriam parte de uma espécie de "natureza humana" que estaria geneticamente preformada nas raízes da nossa espécie.

POR QUE AS CIÊNCIAS NATURAIS NÃO DEVEM SER USADAS PARA PENSAR A SOCIEDADE

Para refutar esses conceitos (reducionismo biológico e determinismo genético), o neurocientista britânico Steven Rose, em parceria com o geneticista estadunidense Richard Lewontin e o psicólogo e também estadunidense Leon Kamin, escreveu um livro intitulado *Not in our genes* [Não nos nossos genes]. Rose explica que "uma das maiores polêmicas dos Estados Unidos e da Inglaterra durante as décadas de 1970 e 1980 foi sobre o que eu chamo de racismo científico, que era, basicamente, a afirmação de que os brancos são dominantes sobre os negros porque os negros possuem uma inteligência geneticamente inferior aos brancos".[9]

Para sustentar tais falácias, testes de quociente de inteligência (QI) foram desenvolvidos (e continuam sendo utilizados) para determinar o nível de inteligência de uma pessoa, partindo do pressuposto que a inteligência é um valor genético, absoluto, predeterminado para todos os seres humanos, independentemente dos processos sociais, e que pode, portanto, ser medido em determinada escala. Isso cria sujeitos fortes ou fracos no quesito *inteligência* e agudiza severamente a organização elitista das sociedades contemporâneas. Ainda segundo Rose,

> para começar, a proposição de que você pode reduzir a definição do que é a inteligência para medir em uma escala certamente não faz o menor sentido. Contudo, estes livros venderam muitas cópias, se tornaram muito conhecidos na cultura popular, e a tese do determinismo genético, particularmente a suposição de que existe uma diferença genética considerando a inteligência de brancos e negros, tornou-se parte do discurso da extrema direita nos Estados Unidos, na Inglaterra e até na França, onde

---
[9] Entrevista concedida ao autor originalmente para o meu livro *A ascensão do bolsonarismo no Brasil do século XXI*, 2019, p. 130.

essas falsas concepções foram usadas por um movimento que ficou conhecido como Nouvelle Droite (Nova Direita), por exemplo. Eles insistiam que a sociobiologia diz que o egoísmo e o racismo estão nos nossos genes e que estas condições formam, inevitavelmente, parte do que é ser humano.[10]

No Brasil, durante o começo do século XXI, essas ideias foram fundamentais para o bolsonarismo e servem de base para diversos dogmas religiosos. Prossegue Rose:

> Segundo, o raciocínio por trás do determinismo genético para estabelecer um valor de QI também caracteriza um entendimento equivocado tendo em vista as possibilidades da própria genética enquanto disciplina. Felizmente, o mundo evoluiu e a compreensão de como a genética e as neurociências atuam no comportamento humano é muito mais ampla e integral hoje do que era há trinta anos.[11]

A questão nesse caso é que, uma vez estabelecidas, certas narrativas podem perdurar por décadas ou séculos até perderem a influência que exercem sobre a forma como populações inteiras e grupos políticos organizam suas ideias e seus discursos.

Esse tipo de raciocínio, que ataca negros, gays e mulheres, é percebido como humor, de forma natural ou como brincadeira, por boa parte da população brasileira, por conta das associações implícitas que permeiam toda a visão de como o mundo funciona (ou deve funcionar), de acordo com o determinismo genético e o reducionismo biológico.

---

[10] *Ibidem*, p. 131.
[11] *Ibidem*.

REDUCIONISMO BIOLÓGICO

Ainda de acordo com Rose, essa tendência (reducionista e determinista) de perceber a realidade está relacionada, de certa forma, com a maneira como os povos ocidentais vêm fazendo ciência nos últimos quatrocentos anos.

> Toda a história do desenvolvimento da ciência no Ocidente desde o século XVII vem sendo uma tentativa de reduzir os objetos de estudo. Isso significa reduzir o complexo para o simples. Reduzir o biológico para o químico ou o físico. Este reducionismo é um aspecto-chave da metodologia científica. Nós não podemos realizar experimentos no laboratório sem reduzir as coisas, sem remover o quanto for possível todos os elementos do ambiente externo. Então, como neurocientista, eu treino os meus animais em pequenas caixas para tentar controlar tudo e alterar uma variável por vez, para em seguida perguntar questões muito básicas sobre como reage o comportamento ou a química (presente no organismo) do animal.[12]

Contudo, a vida real não acontece dessa forma. A vida real envolve o desenvolvimento, a mudança, uma interação constante com o seu meio, seja você um rato ou um ser humano. O problema é que essa metodologia reducionista representa quase o único jeito que nós temos de perguntar e responder as questões na ciência.

O neurocientista destaca que

> essa acabou se tornando uma forma predominante de olhar também para as questões supercomplexas da psicologia, por

---
[12] *Ibidem.*

exemplo. Muitos livros foram escritos por psicólogos, filósofos e neurocientistas para tentar reduzir a complexidade da experiência humana às propriedades das células do organismo. Reduzir a consciência, reduzir tudo o que acontece dentro da mente às propriedades dos neurônios contidos no cérebro. Então, surgem livros com nomes como *The Ethical Brain* [O cérebro ético], *The Social Brain* [O cérebro social], *The Synaptic Self* [O eu sináptico], *The Tell-Tale Brain* [O cérebro que fala], como se a pessoa fosse reduzida ao cérebro que possui dentro da cabeça.[13]

Com base nesse tipo de reducionismo, o neurocientista e pesquisador de Cleveland Robert J. White chegou ao ponto extremo de sacrificar dezenas de macacos na tentativa de fazer transplantes de cabeça para verificar se seria possível transferir a consciência de um corpo para outro.[14]

White começou a se dedicar a esse projeto nas décadas de 1950 e 1960. Professor de neurocirurgia da Western Reserve University Medical (hoje conhecida como Case Western), ele criou um departamento no Cleveland Metropolitan General Hospital (hoje conhecido como MetroHealth System), porque o hospital lhe deu a oportunidade de construir um laboratório de pesquisa sobre o cérebro no qual ele poderia gastar seu tempo e energia quando não estivesse trabalhando com os pacientes.

Natural de Minnesota, White serviu como médico durante a Segunda Guerra Mundial e foi para a Harvard Medical School, onde testemunhou o primeiro transplante de rim, realizado com sucesso em 1954 pelo dr. Joseph Murray. Contudo, o homem que se tornaria mais conhecido como Dr. Butcher (Doutor Açougueiro) não

---

[13] *Ibidem.*
[14] Cf. Brandy Schillace, *Mr. Humble and Dr. Butcher*, 2021.

se contentou apenas com os rins. Ele queria realizar o que chamou de transplante de corpo total – ou o que outros podem chamar de transplante de cabeça. Para isso, ele precisava de macacos para fazer as experiências. Muitos macacos.

Por dezenas de vezes, White removeu a cabeça dos macacos e a transferiu para um corpo decapitado. Católico convicto, estava firmemente convencido de que a alma e a consciência residiam, exclusivamente, no cérebro dos animais. Rose garante que "esse reducionismo é um jeito muito poderoso de tentar explicar a condição humana. Eu tenho genes que construíram o meu cérebro de uma forma específica e venho me comportando de determinada maneira porque meu cérebro está constituído desse modo. Esse é o argumento da neurociência reducionista e da genética reducionista".[15]

Uma abordagem genética mais recente e integral ficou conhecida como revolução epigenética. Para Rose, o que a epigenética nos demonstrou, de fato, é que precisamos entender o desenvolvimento da vida como o resultado de uma interação complexa e dialética entre os genes e o ambiente:

> E organismos, não apenas os seres humanos, mas até os seres unicelulares, não são meros objetos passivos, mas fatores ativos na formação das suas próprias experiências ou destinos. Até uma simples bactéria, por exemplo. Caso você coloque-a em uma gota de água e depois adicione um pouco de açúcar, ela vai nadar em direção à parte doce da gota. Portanto, ela escolhe um ambiente e evita o outro. Ao escolher o ambiente, ela também o altera e é alterada por ele.[16]

---
[15] Entrevista concedida ao autor originalmente para o meu livro *A ascensão do bolsonarismo no Brasil do século XXI*, 2019, p. 134.
[16] *Ibidem*.

Em um nível muito básico, ao escolher um ambiente em detrimento de outro, uma bactéria ajuda a constituir e é constituída pelo novo meio que se forma a partir dessa escolha. Como disse Steven Rose, essa dinâmica se aplica a bactérias, ratos ou humanos. Apesar disso, as bactérias não têm discernimento para entender como são nocivos os reducionismos, determinismos e elitismos. Os humanos têm.

O BIOLOGISMO NA ORGANIZAÇÃO DA VIDA SOCIAL

Em ampla medida, o determinismo genético e o reducionismo biológico formam uma espécie de abordagem biologista ou darwinista social[17] que permeia todo o tecido societário e as instituições que nele estão contidas.[18] Cada palavra escrita com a adição do sufixo *ismo* é identificada como algo que exagera o significado ou recebe propriedade excessiva. Exatamente por essa razão, o biologismo refere-se à tendência de tentar, equivocadamente, explicar o desenvolvimento humano, incluindo os aspectos fundamentais e específicos dos desenvolvimentos social, cultural e psíquico, como produtos essenciais dos mecanismos biológicos – ou também intitulados *inatos*.

Em linhas gerais, são duas as principais consequências que essa forma de perceber o desenvolvimento humano, no âmbito individual ou coletivo, produz: a falaciosa concepção de que (1) existem indivíduos que são fortes ou fracos por natureza; e (2) a perigosa tentativa

---

[17] Sobre esse tema, consulte as obras de Herbert Spencer, filósofo, biólogo e antropólogo inglês, que, não por acaso, também foi um dos representantes mais notórios do liberalismo econômico clássico. *Ver também* Ernst Heinrich Philipp August Haeckel, *The pedigree of man*, 2021.

[18] Para os propósitos desta obra, fundamentalmente, a diferença entre o biologismo e o darwinismo social reside no fato de que o primeiro é capaz de avançar os seus preceitos de forma mais tácita e elaborada, enquanto o segundo apoia-se abertamente em construções da etologia e da entomologia para refletir sobre complexas questões sociais humanas, o que o torna mais suscetível a críticas e imprecisões.

de entender a complexidade dos processos (sociais e biológicos) humanos por meio do estudo da fisiologia da espécie, conforme notado anteriormente neste capítulo.

Na prática, o biologismo, somado ao legado histórico de um modelo escravocrata que vigorou por quase quatro séculos no Ocidente, oferece a plataforma ideal sobre a qual se sustentam as propostas do neoliberalismo econômico e do racismo estrutural vigentes no Brasil, dimensões socioculturais indispensáveis à ascensão de movimentos neofacistas, como o próprio bolsonarismo ou o lavajatismo.

Por exemplo, é com frequência que o neoliberalismo é reduzido, mesmo entre alguns círculos de intelectuais e economistas, a um mero conjunto de práticas macroeconômicas adotadas por um governo.

Contudo, o efeito prático do biologismo presente nas sociedades ocidentais no começo do século XXI permite ao neoliberalismo organizar-se como uma espécie de racionalidade, que, para muito além de *nortear*[19] as ações dos governos na seara macroeconômica, determina as expectativas e a conduta dos próprios governados. Segundo Pierre Dardot e Christian Laval, trata-se de "uma racionalidade e, como tal, [...] pode ser definida como o conjunto de discursos, práticas e dispositivos que determinam um novo modo de governo dos homens segundo o princípio universal da concorrência".[20] Ao naturalizar-se a concorrência, naturaliza-se também a desigualdade.

Em ampla medida e de forma extremamente complexa, esse "sistema normativo"[21] neoliberal – que busca cristalizar a competição e a desigualdade de forma generalizada como normas sociais inevitá-

---

[19] O próprio verbo "nortear" como sinônimo de "encontrar a direção certa" é uma expressão muito evidente de como o elitismo histórico-cultural está organizado no Brasil atualmente. Não por acaso, nos países de língua inglesa, usa-se a expressão "to go South" [ir ao Sul] para dizer que algo deu errado ou referir-se a uma situação que piorou.
[20] Pierre Dardot e Christian Laval *apud* Cesar Calejon, *Tempestade perfeita*, 2021, pp. 187-188.
[21] *Pierre Dardot e Christian Laval*, "Anatomia del nuevo liberalismo", 2019, p. 5

veis de conduta para os desenvolvimentos individual e coletivo dos cidadãos, impondo e ampliando a lógica do capital[22] – somente pode ser viabilizado com base nos valores apresentados pelo biologismo aqui explanado.

Para um empresário que explora a força de trabalho dos seus funcionários a fim de extrair mais-valor, é infinitamente mais conveniente acreditar que existem seres mais frágeis (intelectualmente, sobretudo) por *natureza* e que, em vez de explorá-los com base na dimensão cultural que assim lhe permite fazer, ele lhes oferece uma oportunidade de satisfazer as suas necessidades (e das suas respectivas famílias), a despeito da sua *inferioridade*.

Aos olhos desse empresário, essa perspectiva, que, de fato, é uma espécie de fetiche, transforma o processo de usurpação em um ato de nobreza benevolente. Surgem conceitos falaciosos como *meritocracia*, *empreendedorismo* e a promessa das *livres oportunidades*.[23]

Assim, os principais efeitos do biologismo na organização da vida social são extremamente amplos: variam da medicalização[24] à construção de propostas de cunho liberal que procuram manter a maior parte da população submissa às determinações das classes dominantes.

Invariavelmente, contudo, o biologismo, que vem sendo uma das principais formas de expressão do elitismo histórico-cultural ao

---

[22] Nesse contexto, assume-se por capital a definição do conceito do campo marxiano, relação histórica e social de produção, que tem por objetivo extrair mais-valor da força de trabalho ofertada pelos trabalhadores que não têm a posse ou o controle dos meios fundamentais de produção.

[23] Todos esses conceitos, considerando os sentidos que lhes são atribuídos na sociedade do capital, são simplesmente inviáveis sob o modelo de democracia liberal vigente no Ocidente no começo do século XXI.

[24] Por medicalização, entende-se o processo que reduz problemas de diferentes ordens a meras doenças, transtornos ou distúrbios, ignorando as grandes questões políticas, sociais, culturais e afetivas que afligem a vida das pessoas. Resumidamente, o resultado desse processo, que está intrinsecamente relacionado ao biologismo, é o uso excessivo e equivocado de remédios e medicações para resolver problemas complexos.

longo dos últimos séculos, apresenta-se na raiz dos estudos sobre o próprio desenvolvimento humano, produzindo uma série de implicações e adversidades.

BIOLOGISMO E DESENVOLVIMENTO CULTURAL HUMANO

Atendendo ao convite para colaborar com esta obra, considerando a influência do biologismo sobre o desenvolvimento humano no começo do século XXI, Guillhermo Arias Beatón, psicólogo e doutor em Ciências Pedagógicas pelo Instituto Central de Ciências Pedagógicas de Cuba, organizou a reflexão que reproduzo expressamente nos parágrafos a seguir.

> Um exemplo de determinismo biológico (biologismo) é o que Lombroso e K. Bühler disseram sobre a delinquência no ser humano, atribuindo-a aos mecanismos da herança genética. O livro *The Bell Curve*,[25] por exemplo, editado em 1994 – apesar de essas análises serem hoje consideradas pseudocientíficas –, revive, de forma sutil, muitas das explicações apresentadas ao analisar que as disfunções sociais e culturais, na população humana e estadunidense, eram um produto da falta de inteligência dos sujeitos, considerando a inteligência um produto dos mecanismos biológicos (genéticos ou fisiológicos), que são aqueles que definitivamente fazem com que alguns seres humanos sejam mais inteligentes que outros.
> Porém, as expressões do biologismo existem há muito tempo. Uma das primeiras expressões está referida por Platão,

---

[25] Richard J. Herrnstein e Charles Murray, *The Bell Curve*, 1994. Ver *também* Russell Jacoby e Naomi Glauberman (org.), *The Bell Curve Debate*, 1995, que traz um contraponto à publicação inicial.

quando aborda os motivos pelos quais apenas determinadas pessoas, em uma sociedade democrática como era a da Grécia, encarregavam-se de ocupar cargos políticos ou posições oficiais de proteção à população e de dedicar-se à vida comum na organização da sociedade. Sócrates, com muito pesar, explica a Glauco esse mito fenício da Grécia Antiga. No livro A *república*, de Platão, encontramos o seguinte [em tradução livre]:

— Agora, bem, como poderíamos inventar entre essas mentiras que se fazem necessárias, a que nos referimos anteriormente, uma mentira nobre, com a qual persuadiríamos melhor aos governantes mesmos, e senão, aos demais cidadãos?

— Não sei como.

— Não se trata de nada novo, senão de um relato fenício que, segundo dizem os poetas às pessoas, já aconteceu em muitas partes, porém, entre nós, não aconteceu, nem acredito que aconteça, pois é necessário muito poder de persuasão para chegar a convencer.

— Parece-me que titubeias em contá-lo.

— Depois que eu te conte, julgarás se eu não tinha as minhas razões para titubear.

— Conta-me e não temas.

— Bem, contarei. Ainda que não saiba até onde chegará minha audácia, nem a que palavras vou recorrer para me expressar e para tentar persuadir, primeiramente, aos governantes e aos militares, e depois aos demais cidadãos, de modo que acreditem que o que lhes temos ensinado e lhes temos inculcado por meio da educação eram todas coisas que imaginava. [...]

A terra, por ser sua mãe, deu-os à luz e por isso devem preocupar-se pelo território em que vivem, como por uma mãe e enfermeira, e defendê-lo se alguém o ataca, além de considerar os demais cidadãos como irmãos, como filhos da mesma terra.

— Não era em vão que tinhas escrúpulos em contar a mentira.

— E era muito natural. Entretanto, escuta o que faltou do mito para contar. Quando narrarmos a lenda aos seus destinatários, lhes diremos: todos vocês que habitam o Estado são irmãos. Porém, o Deus que os modelou colocou ouro em uma mistura que gerou uns quantos que são capazes de governar, razão pela qual são os que mais valem. Prata, ao contrário, na mistura dos guardas e ferro e bronze na dos trabalhadores e demais artesãos. Dado que todos são congêneres, na maioria das vezes engendrarão filhos semelhantes a vós mesmos, porém, pode ocorrer o caso de que um homem de ouro tenha gerado um filho de prata, ou um de prata, um de ouro, e de modo análogo entre os diversos homens.[26]

Em 1981 – ou seja, aproximadamente 2.300 anos depois do que ocorria na Grécia de Sócrates, Glauco e Platão –, quando pela primeira vez foi publicado o livro *A falsa medida do homem*, Stephan Jay Gould,[27] cientista estadunidense, biólogo e etnólogo, representante do novo darwinismo e crítico do determinismo biológico, nos diz sobre essa tendência e seus representantes que "esse mito de la Atenas de Sócrates y Paltón, hoy se sustituye con el determinismo biológico. [...] Los metales han sido reemplazados por los genes".[28]

José Martí, um pensador e poeta cubano que lutou pela independência de Cuba do colonialismo espanhol e para evitar o neocolonialismo estadunidense, nos diz, de forma literária

---

[26] Platão, *La Republica*, 1988, p. 198.
[27] Stephen J. Gould, *A falsa medida do homem*, 2014.
[28] "Este mito da Atenas de Sócrates e Palton é, hoje, substituído pelo determinismo biológico. [...] Os metais foram substituídos pelos genes." Stephen Gould, *La falsa medida del hombre*, 1997, p. 42.

e esteticamente, o seguinte, contra as tendências biologistas que definem até hoje que a inteligência humana é um produto intrínseco dos mecanismos biológicos: "Cerebro de campesino y de niño no tiene estrías. [...] Cerebro de campesino y ilustrado en la misma edad: los cerebros en la misma edad son iguales; la inteligencia de estos dos aparece distinta; luego no es el cerebro el que hace crecer la inteligência."[29] Portanto, "la inteligencia está em nosotros; pero no nos viene de nosotros mismos".[30] Por isso, Martí insiste que "cultivar la inteligencia, hacerla florecer y fructificar: ¿no es eso cumplir con uno de los grandes deberes humano cultivar?".[31]

Dessa forma, o determinismo biológico – ou a tendência de explicar todo o desenvolvimento do ser humano seguindo o modelo dos seres vivos anteriores a ele – é algo muito antigo, uma simples indução empírica de caráter aparente que não assume a dimensão nova e essencial oculta nesse processo especificamente humano, segundo as explicações materialistas, dialéticas, históricas e culturais.

O ser humano é um produto da organização incessante e complexa da matéria que já não responde apenas aos processos diretos e instintivos que caracterizaram o desenvolvimento e a atuação na natureza dos seres vivos. Trata-se de uma biologia muito flexível, porque nela influem e a modificam os processos sociais e culturais sumamente complexos que puderam produzir o ser humano.

Por essas razões, é necessário considerar os processos sociais e culturais, que são históricos, na explicação do desenvolvimento do

---

[29] José Martí, "Cuadernos de apuntes", 1975, p. 67.
[30] *Ibidem*, p. 136.
[31] *Ibidem*, p. 209. Originalmente enviado por Guillhermo Arias Beatón ao autor em espanhol, em 31 de dezembro de 2021, o texto foi traduzido por Laura Marisa Carnielo Calejon, psicóloga e doutora em Psicologia Escolar e do Desenvolvimento Humano pelo Instituto de Psicologia da Universidade de São Paulo (USP).

ser humano que, em uma unidade indivisível com os conteúdos biológicos, constitui e transforma, por exemplo, as funções psíquicas superiores, qualitativamente diferentes das funções naturais com que o sujeito nasce. Assim, as ditas funções convertem-se em qualitativamente diferentes, dado que, em seu processo de formação, o sujeito poderá dominá-las e regulá-las, progressivamente, de acordo com suas necessidades e intenções. A partir dessa análise, Vygotski, segundo seus fundamentos de base materialista, dialética e histórica, nos oferece a seguinte explicação essencial:

> A profunda diferença entre problemas psíquicos e fisiológicos é totalmente intransponível para o pensamento metafísico, enquanto a irredutibilidade de um ao outro não é obstáculo para o pensamento dialético, acostumado a analisar os processos de desenvolvimento, por um lado, como processos contínuos e, por outro, como processos que são acompanhados por saltos, pelo aparecimento de novas qualidades. [...] A *psicologia dialética* parte, sobretudo, da unidade dos processos psíquicos e fisiológicos. Para a psicologia dialética, a psique não é, como dizia Spinoza, algo que está além da natureza, um Estado dentro do outro, mas uma parte da própria natureza, diretamente ligada às funções da matéria altamente organizada de nosso cérebro. Como tudo na natureza, essa dimensão não foi criada, mas surgiu em um processo de desenvolvimento. Suas formas embrionárias estão presentes desde o início: na própria célula viva as propriedades de mudar sob a influência de ações externas e de reagir a elas são mantidas..[32]

---

[32] Lev Vygotski, *Obras escogidas*, 1991, pp. 99-100, tradução minha.

Ainda segundo Vygotski,

> a cultura origina formas especiais de comportamento, modifica a atividade das funções psíquicas, constrói novos níveis no sistema de desenvolvimento do comportamento humano. É um fato fundamental, e cada página da psicologia do homem primitivo que estuda o desenvolvimento psicológico cultural em sua forma pura e isolada nos convence disso. No processo de desenvolvimento histórico, o homem social modifica os modos e procedimentos de sua conduta, transforma suas inclinações e funções naturais, elabora e cria novas formas de comportamento especificamente culturais. [...] A cultura não cria nada, apenas modifica as aptidões naturais de acordo com os objetivos do homem.[33]

Como podemos observar, perduram até nossos dias, de uma forma ou outra, as explicações diversas e contraditórias sobre o processo de chegar a conhecer um desenvolvimento humano tão oculto, as complexidades do seu funcionamento, sobre como se produz o desenvolvimento do ser vivo humano. A dificuldade parece resultar de duas razões: (1) o grau de complexidade do processo e seus mecanismos, que, no entanto, parecem influir também, e de forma decisiva, (2) nas implicações sociais e políticas que tais processos envolvem e que são produzidas pela organização social, a produção e a vida dos seres humanos, segundo as formas de exploração de alguns seres humanos por outros, como demonstrado por Platão.

Faz tanto tempo que esses fatos ocorreram que essa tendência do ser humano à exploração de seus conterrâneos também se considera particular dos mecanismos genéticos ou inatos dos seres humanos, tal

---

[33] Lev Vygotski, *A formação social da mente*, 1995, pp. 34, 152.

como Stephen Jay Gould aponta. Essa influência ideológica tem um viés deformador do que pode ocorrer e explicar o desenvolvimento psíquico, social, cultural e biológico humano.[34]

Entretanto, todos esses desafios que sofremos até hoje como consequência dessas crenças, primeiro de natureza criacionista e depois legitimadas pelas ciências biológicas, que não são genuinamente científicas, continuam produzindo-se como resíduos ou definições abstratas. Fazem crer que o desenvolvimento do ser humano é de natureza biológica e que, no melhor dos casos, os processos sociais e culturais que o ser humano vive apenas inibem ou facilitam esse desenvolvimento. É este o principal alerta que faço aqui, precisamos entender de uma vez por todas por que não devemos usar as ciências naturais para pensar a sociedade.

Vejamos um problema mais específico que ilustra bem o que estou criticando neste capítulo. Um dos fatos mais legitimados com as explicações dessas concepções biologistas é o problema da dificuldade de aprendizagem, que ainda se produz por um modelo de escola organizado na maioria dos países do mundo, apesar de declarar-se a qualidade da educação também como um propósito das políticas escritas.

Em resumo, há quem defenda que a causa da dificuldade de aprendizado está atribuída às condições biológicas do discente, não aos problemas sociais e culturais que não são assegurados e que poderiam melhorar o desempenho escolar.

Paradoxalmente, está declarado e demonstrado, prática e cientificamente, pelos promotores da educação e do trabalho pedagógico desde a época de Quintiliano, e ratificado por João Luís Vives, Juan Ponce de León, Comênio, Jean-Jacques Rousseau, Johann Heinrich

---

[34] Essa discussão é extremamente ampla e inconclusiva. Contudo, *ver* Fernando Haddad, *O terceiro excluído*, 2022.

Pestalozzi, Konstantin Ushinsky, José de la Luz y Caballero e muitos outros pensadores até os nossos dias, que todos os meninos e todas as meninas podem aprender, incluindo portadores de algum déficit biológico que, em geral, são muito mais complicados e severos que os déficits funcionais declarados como dificuldades de aprendizagem.

Um exemplo é o papel que o sistema Braille tem na aprendizagem de pessoas cegas, o uso da linguagem de sinais no desenvolvimento da linguagem nos surdos ou as distintas formas de ajudas pedagógicas específicas para aqueles que demonstram lentidão para aprender.

Portanto, qualquer funcionamento biológico e psíquico no ser humano é suscetível a mudanças e transformações por meio de uma organização adequada e correspondente de tarefas e procedimentos sociais e culturais. Cumprindo com as leis desse mecanismo, contribuem para produzir as correções e compensações necessárias para que, por outras vias e reforços, seja possível o desenvolvimento e a formação dos processos psíquicos necessários e correspondentes.

Capítulo 3 Apoios teóricos para entendermos como o elitismo histórico-cultural funciona nas sociedades

A despeito das evidentes diferenças entre a prática científica nas intituladas ciências naturais (matemática, física, química etc.) e considerando o estudo das disciplinas das humanidades (sociologia, comunicação, antropologia etc.), percebemos o quanto teorias e métodos são de suma importância em todas as áreas da atividade humana. O livro que se encontra em suas mãos, bem como, fundamentalmente, todas as dimensões do ambiente que o cercam enquanto você o lê, podem ser compreendidos através de abordagens científicas teórico-metodológicas. Toda teoria ou metodologia surge, inicialmente, de uma indicação filosófica que é desdobrada em hipóteses. Como vimos no capítulo 2, destaco que teorias e métodos não são neutros politicamente. Observamos anteriormente o quanto ramos da ciência podem ser usados, e manipulados, para que convençam as pessoas de que suas premissas são verdadeiras. Uma vez avisados sobre os cuidados que precisamos ter em conta para verificar se uma teoria corresponde aos nossos anseios políticos, podemos avançar o debate sobre os métodos que nos interessam e impactam diretamente na abordagem sobre o elitismo histórico-cultural.

Por mais dura, rígida e assertiva que sejam, construções teóricas e metodológicas sempre possuem um preceito filosófico. Contudo, como são feitas as indicações filosóficas nas diferentes ciências? Um matemático, por exemplo, ao elaborar determinada fórmula, tem como objetivo precípuo não a equação em si, mas sim utilizá-la para compreender algo ou resolver um problema. Do mesmo modo, me pauto na filosofia para alcançar objetivos práticos que possam transformar nossa realidade. Para isso, apresento aqui as hipóteses que fundamentam minha argumentação sobre o que é o elitismo histórico-cultural e, consequentemente, as estratégias que ofereço para que a diferença entre humanos seja repensada de forma crítica.

De acordo com a proposta contida nesta obra, quatro formulações filosóficas foram bastante proveitosas para que eu tenha conseguido elaborar esse problema de maneira mais bem estruturada. São teorias e metodologias indispensáveis ao enfrentamento do biologismo justamente porque colocam as questões socioculturais como fomentadoras da interpretação sobre como nos organizamos em sociedade.

Evidentemente, o objetivo aqui proposto não é aprofundar essas ideias e construções em qualquer direção para além da necessária, mas sim oferecer o apoio de um conjunto de estudos que podem revelar o mundo em que vivemos bem diante de nossos olhos. Se esses estudos forem considerados conjuntamente, estaremos bem próximos de alcançar um arcabouço teórico que dá sustentação à minha crítica às classes abastadas e aos rumos para superação da desigualdade. Por esse motivo, tais teorias e métodos serão considerados de forma brevíssima, clara e objetiva.

MATERIALISMO HISTÓRICO E DIALÉTICO

Precisamos observar com atenção como a materialidade está histórica e culturalmente organizada para compreender quais forças se escondem por trás da sua composição. São muitas as correntes filosóficas calcadas na materialidade, porém, aqui nos concentraremos na abordagem proposta por Karl Marx e Friedrich Engels sobre o materialismo histórico e o materialismo dialético. Para esse fim e para nos aproximarmos desses conceitos, devemos compreender que a *materialidade* resume, portanto, todas as coisas que constituem o mundo fisicamente, que são palpáveis e assumem valor social. Podemos falar, inclusive, em termos da *materialidade dos corpos*, como faz a filósofa Judith Butler para criticar como nosso corpo é reconhecido e organizado em uma comunidade. Em suma, a materialidade diz sobre as coisas que são concretas, que são vistas, tocadas e reconhecidas. É importante tratarmos nossas questões políticas em termos materiais, em contraponto às abstrações, ao misticismo e à metafísica, pois é nesse plano materialista que as disputas econômicas são travadas. Quando lutamos por pautas importantes, por exemplo, quando nos opomos à reforma trabalhista que retirou direitos dos trabalhadores, quando protestamos para que o Sistema Único de Saúde distribua vacinas para todos, quando reivindicamos a ampliação de cotas raciais e sociais nas universidades públicas, estamos lutando por *melhores condições materiais* para a população. Este é o ponto que nos interessa. É assim que o materialismo histórico nos ajuda a interpretar o mundo social.

Dessa forma, ofereço neste livro uma maneira de se entender como a materialidade se liga às ideias correlatas ao funcionamento do elitismo histórico-cultural. Essas ideias correlatas foram elaboradas com base em observações empíricas de como as relações sociais estão materializadas e o que elas produzem.

Para bem nos acercar sobre o que é o elitismo histórico-cultural, não podemos prescindir das explicações que Marx e Engels ofereceram sobre o materialismo histórico. Essas explicações apareceram em várias obras desses sociólogos, como em A ideologia alemã, e tinham como premissa observar como as diferentes sociedades se organizavam e se desenvolviam em torno dos modos de produção. Ou seja, em torno da maneira com o trabalho é sistematizado. O desenvolvimento dessa filosofia, encampada para lidar com os problemas típicos das ciências humanas do século XIX, culminou no método inovador de análise econômica apresentado por Karl Marx em O *capital*. A partir dessa concepção materialista, Marx e Engels intuíram que a organização econômica de uma comunidade definia, por fim, a organização social. Portanto, para termos uma noção inicial de como o materialismo histórico ajuda a entender o mundo em que vivemos, precisamos considerar como a finalidade de se produzir o conjunto de necessidades que sustenta a vida em sociedade está diretamente associada à provisão de todas as demais instituições criadas a partir dessa interação. A consequência disso é desdobrada nas relações de poder criadas a partir dessas relações econômicas que formam as classes sociais, sistematizam a exploração dos trabalhadores e fazem com que as pessoas sejam diferenciadas de acordo com essa lógica.

A partir dessa dimensão da organização do trabalho, podemos passar para o próximo ponto. Se assumimos que a finalidade econômica define a disposição social, como nos ensinaram Marx e Engels, podemos dizer que os sistemas de produção e de criação de valor impactam diretamente a vida de cada um de nós. No entanto, essa relação individuada não se dá em uma via de mão única e de modo passivo. Para Marx e Engels, a compreensão das dinâmicas econômicas das relações sociais visa a romper, em períodos cíclicos, com os sistemas de reprodução dessas mesmas dinâmicas. Para aprofundar essa questão, os sociólogos alemães incentivaram a ideia de que cada um de nós pode se relacionar com o mundo de forma dialética – pois podemos nos ver, ao mesmo tempo, como pilares que sustentam o sistema econômico e sujeitos capazes de romper definitivamente com as relações que nos são impostas. Essa dubiedade, a capacidade humana de influenciar o meio e de, ao mesmo tempo, ser influenciado pelo meio, nos coloca decisivamente no modo de ver o mundo através do materialismo dialético. É por isso que estamos sempre vivendo em *contradição*. Para avançarmos nisso, precisamos ser impelidos a enfrentar o mundo diante de sua própria realidade, sem subterfúgios mágicos que forneçam explicações sobre as coisas sem base material, compreendendo que o mundo físico e nosso *mundo interior* (nossa psique, nossos costumes, nossos comportamentos) existem de uma maneira que está sempre implicada na materialidade. Uma definição breve sobre o que é o materialismo dialético poderia ser oferecida se compreendêssemos que, por meio da produção do trabalho, nós transformamos a natureza da mesma maneira com que somos transformados pelas mudanças que criamos ao longo da história. Esse sistema de forças sociais se resume em ações e recepções que estão implicadas no indivíduo no decorrer de sua vida social – este, por sua vez, também age e reage em medida equivalente.

Por isso, o conceito de dialética é um apoio importante para entendermos como o elitismo histórico-cultural é uma força social formada pela atuação humana, enquanto, dialeticamente, influencia a maneira como os próprios seres humanos atuam.

Lidamos com essas questões no primeiro capítulo desta obra, que aborda como o elitismo histórico-cultural orienta a formação de grupos restritos (elites) que assumem o controle de searas fulcrais da vida social, sobretudo nas áreas da economia e da política, e que, uma vez constituídos, tais grupos passam a reforçar os parâmetros elitistas para assegurar seus poderes e privilégios. É justamente aí que a dimensão do materialismo histórico e dialético se faz presente na minha teoria. Apresento aqui as ideias originais marxianas, porém há muitos outros autores que reelaboraram esse pensamento e as realidades sociais que Marx e Engels descrevem em novas proposições. Faço lembrar que, para Marx, "um conhecimento novo surge do ato de tomar blocos conceituais radicalmente diferentes e friccioná-los uns contra os outros para fazer arder o fogo revolucionário. [...] Combinam-se tradições intelectuais divergentes para criar uma estrutura completamente nova e revolucionária para o conhecimento".[1] Por último, destaco que os conceitos de capital autômato, mais-valor, forças produtivas, meios de produção, relações sociais de produção, reserva industrial de mercado, proletário, queda tendencial da taxa de lucro, entre outros, são fundamentais aos raciocínios empregados neste livro.

ENFOQUE HISTÓRICO-CULTURAL

Fundamentalmente, o enfoque histórico-cultural, do psicólogo Lev Semionovitch Vygotski, propõe que o humano é um ser de natureza cultural. Para endereçar a integralidade dos processos que desembocam no desenvolvimento humano, Vygotski aponta como as funções psíquicas superiores[2] se formam com base em uma complexa interação do sujeito com o seu ambiente histórico e cultural por meio da apropriação de instrumentos da cultura.

Para o psicólogo Guillermo Arias Beatón, "o enfoque histórico-cultural considera o desenvolvimento psicológico como um processo complexo, tendo sua fonte nas condições e organização do contexto social e cultural em que o sujeito está inserido, mas que se produz

---

[1] David Harvey, *Para entender O capital*, Livro 1, 2010, p. 10.
[2] Segundo Vygotski, "o conceito de desenvolvimento das funções psíquicas superiores e o objeto da nossa investigação envolvem dois grupos de fenômenos que, à primeira vista, parecem absolutamente heterogêneos e que, na realidade, são as duas linhas fundamentais, os dois cursos do desenvolvimento das formas superiores de comportamento, indissoluvelmente unidas, mas que não se fundem entre si jamais. Trata-se, em primeiro lugar, dos processos pelos quais se dominam os meios externos do desenvolvimento cultural e do pensamento: a linguagem, a escrita, o cálculo, o desenho. Em segundo lugar, são os processos de desenvolvimento das funções psíquicas superiores especiais que não foram delimitadas nem definidas de maneira exata e que, na psicologia tradicional, chamam-se 'atenção voluntária', 'memória lógica' e 'formação de conceitos'. Tais processos, tomados juntos, formam o que nós chamamos, convencionalmente, de processos do desenvolvimento das formas superiores de comportamento da criança". Lev Vygotski, *Obras escogidas*, 1991, p. 89, tradução minha.

como resultado do acúmulo da experiência individual, a partir de suas vivências e atribuições de sentidos".[3]

Assim, de acordo com o enfoque histórico-cultural, a vivência possui uma orientação biossocial: o sujeito é constituído através da interação entre a personalidade e o meio (ambientes sociais, históricos e culturais). É essa interação que revela para o sujeito os significados socioculturais oferecidos pelo meio em interação com cada personalidade. Ou seja, o essencial não é a situação em si, no seu valor absoluto, mas como o indivíduo experimenta as ocorrências e os sentidos que a elas atribui.

Tal enfoque é fundamental para o conceito do elitismo histórico-cultural, porque os parâmetros elitistas que organizam os arranjos sociais se apresentam de múltiplas formas, dependendo da época e da cultura a ser avaliadas, e são internalizados (e reforçados, dialeticamente) de distintas maneiras, considerando as idiossincrasias de cada personalidade. Desse aspecto, deriva-se a imensa complexidade psíquica de como o elitismo histórico-cultural organiza os desejos que propulsionam a vida social.

É importante observarmos como isso se insere no desenvolvimento da própria personalidade, que se define da seguinte forma:

> A personalidade é um conceito histórico. A criança não é um adulto em miniatura. (O desenvolvimento da personalidade define-se, em grande medida, pela potencialidade do sujeito para a realização próxima[4] das capacidades com ajuda das atitudes em relação aos demais, em relação à cultura, à natureza e a si

---

[3] Entrevista concedida ao autor em 4 de maio de 2022.
[4] Sobre "realização próxima", pesquise o conceito de Vygotski "zona de desenvolvimento proximal". Segundo Guillermo Arias Beatón, o "desenvolvimento proximal é a zona na qual encontram-se os processos de constituição dos conteúdos do desenvolvimento psíquico. Resumidamente, trata-se de perceber o desenvolvimento (humano) como um processo". Entrevista concedida ao autor em 7 de fevereiro de 2022.

mesmo, identificando-se um estilo próprio em condições que também são históricas). *Trata-se do movimento prospectivo do sujeito em desenvolvimento no movimento prospectivo sociocultural do bem comum. Trate-se também do enlace dinâmico do tempo autobiográfico com o histórico-geracional.*[5]

Dessa forma,

o desenvolvimento ontogenético é um enraizamento cultural que resulta na individuação, ou seja, na expressão particular do processo de subjetivação. Os conteúdos da cultura não são universais, diversificam-se nos diferentes grupos humanos, o desenvolvimento ontogenético é um resultado das condições de produção da vida material e são historicamente construídos.[6]

Portanto, considerar a cultura uma condição relevante do desenvolvimento obriga, invariavelmente, a se levar em conta a diversidade humana. Fundamentar o processo de desenvolvimento nos mecanismos de socialização caracteriza um caminho distinto daquele que resulta quando o desenvolvimento é fundamentado e compreendido como um processo de subjetivação.

Possivelmente, essas diferenças não são facilmente perceptíveis, mas, seguramente, suas respectivas compreensões são fundamentais para a produção de abordagens mais integrais, considerando a forma como os seres humanos e, consequentemente, as suas sociedades se desenvolvem. Esses elementos são pontos fulcrais para a composição de uma educação de caráter emancipatório: a educação libertadora.

---

[5] Glória Fariñas, *A interdisciplinaridade nas ciências sociais*, 2010, p. 78, grifo meu.
[6] Laura Marisa Calejon, *Temas contemporâneos em psicologia do desenvolvimento*, 2012, p. 213, grifo meu.

EDUCAÇÃO LIBERTADORA

Paulo Freire, patrono da educação brasileira, é considerado um dos pensadores mais notáveis na história da pedagogia mundial. Paulo Freire nos lega que a educação é o processo constante de criação do conhecimento e do ato de buscar a transformação-reinvenção da realidade por meio da ação-reflexão dos seres humanos.

Em seus textos, Freire – que faleceu em 1997 e, portanto, nem sequer acompanhou o empobrecimento e a simplificação das subjetividades que o advento da internet e dos smartphones, em ampla medida, pode produzir – já criticava o que ele chamou de "educação bancária", na qual os professores atuam como se os discentes fossem meros recipientes que devem receber cargas de conhecimento.[7]

Essa unidimensionalidade vai ao encontro da estrutura de raciocínio segundo a qual operam milhões de brasileiros: uma forma mais polarizada, reducionista e estrita de perceber o mundo, forjada de muitas maneiras pela televisão e quase nenhum incentivo à leitura – o que serve sob medida aos propósitos de como o elitismo histórico-cultural se expressa no Brasil no começo do século XXI.

Em linhas gerais, os brasileiros passaram a segunda metade do século passado assistindo às telenovelas noturnas, aos programas de auditório e aos jogos de futebol. Organizando a construção da sua realidade de forma concreta, por meio de imagens e representações gráficas definidas que deixam pouquíssima margem para o pensamento crítico, o debate e a livre elaboração.

Esse processo criou a fragilidade ideal para a proliferação da linguagem que o WhatsApp, os pastores evangélicos e o bolsonarismo avançariam décadas mais tarde, por exemplo. Todos esses movimentos sociopolíticos e essas novas estratégias e ferramentas de

---
[7] Sobre "educação bancária", *ver* Paulo Freire, *Educação como prática da liberdade*, 2019.

comunicação podem aprofundar ainda mais a unidimensionalidade social do povo brasileiro.[8]

Exatamente por esse motivo, Jair Bolsonaro combateu de forma tão veemente não somente a literatura, os debates públicos, o jornalismo profissional e as universidades, por exemplo – que são as dimensões da vida social que mais estimulam o pensamento crítico abstrato[9] por meio da constituição do conhecimento, da troca de ideias e da aquisição de cultura –, mas também a própria imagem e memória de Paulo Freire, tentando caracterizá-lo como "energúmeno".[10]

Contrapondo esse paradigma, o método de Freire sugere a vigência de uma educação libertadora. Em sua obra clássica, intitulada *Pedagogia do oprimido*, ele explica que a educação é libertadora quando o oprimido aprende a identificar e a questionar a sua relação com o seu opressor para ser capaz de utilizar essa educação como instrumento de mudança e justiça social.[11]

Seu método trabalha com o que chama de "temas geradores": estratégias metodológicas para desenvolver a conscientização da realidade opressora, histórica e cultural vivida nas sociedades con-

---

[8] Os aplicativos e as redes sociais, por conta do imediatismo inerente às suas dinâmicas de funcionamento, que utilizam emojis e textos reduzidos de até 280 caracteres, tendem a aprofundar essa característica unidimensional e maniqueísta de perceber a realidade.

[9] "Tipicamente, a guerra cultural do bolsonarismo é travada por meio de narrativas que reduzem e polarizam o debate entre anjos e demônios, certo e errado, família tradicional e promiscuidade etc. [...] Por exemplo: por meio desse tipo de pensamento concreto, uma pessoa pode concluir que uma carroça e uma bicicleta são a mesma coisa, porque ambas possuem rodas. [Com] um tipo de pensamento mais elaborado, que os psicólogos intitularam pensamento abstrato generalizador, o sujeito é capaz de entender as similaridades e as diferenças entre esses dois veículos para abstrair o que lhe for útil para compreender a complexidade da questão: neste caso, as diferenças entre a bicicleta e a carroça, apesar de as duas apresentarem rodas. Em última análise e na prática, significa ser capaz de perceber a vida de uma maneira mais integral e elaborada." Cesar Calejon, *Tempestade perfeita*, 2021, p. 187.

[10] Entre 2019 e 2022, diversos membros do governo bolsonarista fizeram ataques contra Paulo Freire e as suas ideias. Guilherme Mazui, "Bolsonaro chama Paulo Freire de 'energúmeno' e diz que TV Escola 'deseduca'", *G1*, 16 dez. 2019.

[11] Ver Paulo Freire, *op. cit.*, 2019.

temporâneas.¹² Ou seja, a forma como o elitismo histórico-cultural organiza os arranjos sociais nos dias atuais. Esses temas oferecem a fundação para a construção de um conhecimento legítimo, que surge do saber popular e usa como base as vivências dos próprios indivíduos, por serem extraídos das suas práticas de vida.

As ideias freireanas foram fundamentais à formulação do conceito do elitismo histórico-cultural, sobretudo no que diz respeito ao caráter da educação emancipatória que o autor propõe e à necessária compreensão das idiossincrasias das camadas mais empobrecidas da população brasileira. O objetivo é ser capaz de utilizar esse conhecimento na construção de uma sociedade menos desigual e violenta,¹³ o que pode caracterizar uma transição de paradigma, considerando o atual modelo de sociabilidade vigente no país.

TRANSIÇÃO PARADIGMÁTICA: BASES EPISTEMOLÓGICAS

O sociólogo português Boaventura de Sousa Santos é um dos intelectuais mais proeminentes e prolíficos do mundo. Suas pesquisas abordam publicações nas áreas da epistemologia, sociologia jurídica, movimentos sociais, direitos humanos, teorias pós-coloniais, democracia, interculturalidade, globalização, entre outros temas.

Em ampla medida, suas teses, sobretudo na seara da epistemologia, da pesquisa e da docência, conversam diretamente com a produção intelectual dos demais pensadores citados neste capítulo e foram essenciais às ideias e reflexões contidas na proposição do conceito do elitismo histórico-cultural.

---

[12] Sobre "temas geradores", *ver* Jaime J. Zitkoski e Raquel K. Lemes, "O tema gerador segundo Freire: base para a interdisciplinaridade", 2015.
[13] Sobre "sociedade menos desigual e violenta", *ver* Paulo Freire, *Education for critical consciousness*, 2013.

Em seus trabalhos, Boaventura discorre sobre a "transição paradigmática"[14] atualmente em curso e a necessidade de considerar as experiências subjetivas de pessoas comuns na produção científica das ciências sociais.[15] Ele vislumbra as nuances e as complexidades de um possível modelo de sociabilidade que supere o modo corrente organizado pelo capital para a construção de um mundo menos desigual.

A transição paradigmática é a ideia de que o nosso tempo se traduz numa época de transição entre o paradigma da modernidade,[16] que parece ter exaurido suas capacidades regenerativas, e outro, ainda emergente, do qual fomos capazes de vislumbrar apenas alguns sinais.[17] Essa dinâmica, prevalecente desde o século XVI, inclinou-se a favor da regulação em detrimento da emancipação, no começo do século XXI. Um exemplo de como o colapso da emancipação na regulação se manifesta no nosso cotidiano, por exemplo, em reformas que tiram direitos e garantias dos trabalhadores e da população mais pobre e que, portanto, são impossibilitados de pensar a emancipação social de forma consistente. Trata-se aqui, da regulação imposta aos estados nacionais pelo neoliberalismo, que, sobretudo a partir da década de 1980, se torna a versão dominante do capitalismo global.

Assim, possivelmente desde o fim dos anos 1980, estamos entrando em um período de transição paradigmática do modelo de sociabilidade

---

[14] Além do conceito da transição paradigmática, essa obra explora a construção das quatro dimensões do consenso hegemônico global, conforme será explanado no capítulo 7.
[15] Sobre esse tema, consulte o conceito de "epistemicídio", termo cunhado por Boaventura de Sousa Santos para argumentar que a produção do "conhecimento científico" vem sendo construída com base em um único modelo epistemológico. De acordo com a interpretação contida no conceito abordado nessa obra, esse modelo apresenta relação direta com a forma como o elitismo histórico-cultural vem se materializando no Ocidente ao longo dos últimos cinco séculos.
[16] Nesse contexto, entende-se a modernidade como um paradigma sociocultural ambicioso e revolucionário baseado na tensão dinâmica entre regulação e emancipação social.
[17] A fim de evitar reducionismos e estigmatizações, esta obra não assume qualquer nome para o paradigma que se desenha a seguir. Sobre os paradigmas atual e anteriores, *ver* Thomas Khun, *A estrutura das revoluções científicas*, 2017.

estabelecido pela modernidade para um novo paradigma. Trata-se de um longuíssimo processo caracterizado por uma suspensão anormal das determinações sociais, o que dá margem para o surgimento de novos riscos, perigos e inseguranças, mas também aumenta as oportunidades para a inovação, a criatividade e as escolhas morais. Esses são os aspectos centrais do conceito de transição paradigmática que interessam aos objetivos deste livro, conforme explica Boaventura:

> Na minha definição, a transição paradigmática tem duas dimensões principais: uma dimensão epistemológica e uma dimensão sociopolítica. A transição epistemológica ocorre entre o paradigma dominante da ciência moderna e um paradigma emergente que chamo *de paradigma de um conhecimento prudente para uma vida decente*. A transição sociopolítica ocorre entre o paradigma do capitalismo global – amplamente concebido como um modo de produção, um sistema de normas e instituições, um modelo de consumo e estilos de vida, um universo cultural, um regime de subjetividades – e os sinais de um futuro diferente contidos nas alternativas a este paradigma, que estão emergindo de várias formas em vários campos da atividade social.[18]

Reafirmo aqui que humanos são seres que se constituem e se desenvolvem no mundo tendo como alicerces o tempo histórico e o ambiente cultural. Isso equivale dizer que todos os modelos de sociabilidade – incluindo os paradigmas científicos, modelos econômicos, relações interpessoais e cada pequeno aspecto da quase infinita teia de ideias, arranjos, princípios e instituições que os compõem – são construções coletivas que reproduzem modos diversos dessa constitui-

---

[18] Boaventura de Sousa Santos, *Toward a new legal common sense*, 2020, p. 22, tradução e grifo meus.

ção. Portanto, humanos são sempre passíveis de alterações simbólicas que modificam as relações que são configuradas a partir do *ser* e do *estar*. A cultura é moldável.

Para pensarmos melhor como as dinâmicas de identificação podem sofrer interferências de outras ordens culturais, como foi observado na citação anterior, Boaventura ressalta dois aspectos fundamentais que arregimentam esse debate: as dimensões epistemológica e sociopolítica. Sobre a primeira, Boaventura explica:

> Conduzi projetos de pesquisa em vários países e continentes e troquei ideias com pessoas das mais diversas culturas, profissões e estilos de vida, sejam intelectuais, ativistas de movimentos sociais ou simplesmente pessoas comuns. *Nunca pretendi transformar essa ampla experiência em um "experimento controlado" que pudesse me dar acesso a um conhecimento privilegiado*. Mas minha experiência sempre esteve ao meu lado quando, na solidão de meu escritório, desenvolvi as teorias que apresento neste livro. Em uma palavra, o que eu aqui ofereço e um tipo de conhecimento que é feito de experiência, embora não inteiramente baseado apenas na experiência.[19]

Evidentemente, como seres históricos e culturais, humanos moldam as suas instituições a sua imagem e semelhança. Ou seja, não somente universidades, escolas, institutos de pesquisa ou centros de ensino, responsáveis diretos pelo modelo epistemológico acadêmico formal vigente nos dias atuais, mas todas as instituições humanas são capazes de produzir modelos epistemológicos. Nesse sentido, também podemos postular como a dimensão sociopolítica interfere na dimensão epistemológica, uma vez que, atualmente, o cariz capitalista

---

[19] *Ibidem*, 2020, p. 25, tradução e grifo meus.

neoliberal dita as regras comerciais no mundo e impõe, com cada vez mais eficiência, seu modelo de regulação econômica nos Estados periféricos e em desenvolvimento. Desse modo, percebemos, com a ajuda do sociólogo português, que a intuição subjetiva pode ser uma boa saída epistemológica para problemas que sofrem, junto a forças coercitivas que crescem em ordens exponenciais, encurtamento de seu espaço de fruição de pensamento porque são sobrepostos pela ordem econômica.

Existe, portanto, uma correlação intrínseca entre os dois aspectos (epistemológico e sociopolítico) salientados pelo professor Boaventura. Em suma: a forma como se constrói o conhecimento, no Brasil e durante o começo do século XXI, além de ainda ser altamente influenciada por modelos reducionistas, deterministas e positivistas, traz também traços do legado de um regime escravocrata que vigorou no Ocidente por quase quatrocentos anos.

Exatamente por esse motivo, qualquer luta que tenha como objetivo avançar conquistas legitimamente emancipatórias – do movimento antirracista ao feminismo, do combate dos indígenas por preservar a natureza ao embate da comunidade LGBTQIA+ por respeito e inclusão, e assim por diante – deve estar unida para superar o modo de reprodução do capital. Tal modo, não por acaso, começa com a expropriação dos trabalhadores e a apropriação dos meios fundamentais de produção pela burguesia,[20] que promoveu o processo de revolução e a transição do feudalismo europeu para o capitalismo.

---

[20] Sobre "acumulação primitiva", *ver* Karl Marx, "Capítulo 24: A assim chamada acumulação primitiva", *O capital*, livro 1, 2013.

Capítulo 4 As versões do autoritarismo brasileiro

Entre 1525 e 1866, aproximadamente 12 milhões de seres humanos africanos foram escravizados e traficados de suas respectivas terras natais pelos europeus para exercer trabalhos forçados nas Américas. Desse total, estima-se que 1.736.309 foram embarcados para a Bahia e 1.550.355 chegaram vivos ao fim da viagem. Outros 960.475 foram enviados para Pernambuco e apenas 853.833 sobreviveram. Para o Sudeste do Brasil, mais 2.672.635 pessoas foram despachadas como mercadorias e 2.317.955 completaram o percurso para engordar o capital dos traficantes europeus. Por fim, 64.063 escravizados foram remetidos a regiões não especificadas do país, dos quais 54.041 não faleceram no caminho. Ao todo, foram sequestrados e mandados 5.369.419 escravizados ao Brasil, dos quais 4.722.143 chegaram ao país, efetivamente.[1]

Mais de 647.276 morreram na travessia do Atlântico. A quantidade de corpos dispensados em alto-mar pelos navios assassinos era tão acentuada que fazia com que grupos de tubarões se formassem em seu rastro.[2] Assim, sobre o sangue, a morte, o estupro, o horror e a violência absoluta dos escravizados africanos e dos originários da terra brasileira igualmente massacrados, iniciou-se a invasão (colonização) europeia e o modo de reprodução do capital vigente até os dias atuais. Ou seja, de forma incipiente naquela ocasião, foi originado o modelo de sociabilidade que vigora até os dias atuais no país.

---

[1] Dados estimados pelo site *Slave Voyages*.
[2] Cf. Laurentino Gomes, *Escravidão*, livro 1, 2019.

ESFARRAPADOS

Eis uma demonstração do nível de agressões e barbaridades sobre o qual o Brasil foi fundado em perspectiva:

> Antes de partir, os africanos eram marcados com ferro em brasa. Em geral, recebiam sobre a pele quatro diferentes sinais. Os que vinham do interior já chegavam com a identificação do comerciante responsável pelo seu envio ao litoral. Em seguida, o selo da coroa portuguesa era gravado sobre o peito direito, indicação de que todos os impostos e taxas haviam sido devidamente recolhidos. Uma terceira marca, em forma de cruz, indicava que o cativo já estava batizado. A quarta e última, que poderia ser feita sobre o peito ou nos braços, identificava o nome do traficante que estava despachando a carga. Ao chegar ao Brasil, poderia ainda receber uma quinta marca, do seu novo dono – o fazendeiro, minerador ou senhor de engenho para o qual trabalharia até o fim da vida. Os fugitivos contumazes teriam, ainda, um "F" maiúsculo (de "fuga" ou "fujão") gravado a ferro quente no rosto. Em Angola, o trabalho de marcação dos escravizados chamava-se "carimbar" (de *carimbo*, palavra que, em idioma quimbundo, significa "marca"). Era executado por um funcionário do governo conhecido como "marcador de negros" e supervisionado por outro chamado de "capitão das marcas". O ritual de marcação era assustador. Primeiramente, o "marcador de negros" colocava o carimbo de metal, com uma longa haste de madeira, sobre carvão em brasas até que ficasse incandescente. Em seguida, com a ajuda de vários assistentes, imobilizava o escravo. O local a ser marcado era então coberto com cera e um pedaço de papel lubrificado com óleo. Desse modo, evitava-se que a pele grudasse ao ferro quente e fosse arrancada durante a operação. A dor da queimadura era excruciante. Os cativos urravam e se debatiam ao sentir a

aproximação do metal em brasas e precisavam ser fortemente contidos pelos assistentes do "marcador", que lhes seguravam as pernas e os braços. Nos dias seguintes, enquanto as feridas cicatrizavam, as marcas de sua nova identidade iam ficando cada vez mais visíveis.[3]

As marcas do elitismo colonial tornavam-se cada vez mais visíveis não somente em seus corpos, mas, sobretudo, em suas organizações psíquicas: no cerne de suas emoções e almas. Nas almas de todos os futuros brasileiros, portanto.

Até o século XVIII, o Brasil era um país que, fundamentalmente, produzia o café e a cana-de-açúcar em engenhos localizados próximo ao litoral, para facilitar a escoação da produção. No limite, quanto maior era o consumo do açúcar nos salões e casas europeias, mais os chicotes dos feitores estralavam sobre as costas dos escravizados no Brasil.

Contudo, com a descoberta que foi feita nessa época, considerando as primeiras jazidas de ouro e diamantes na região que, não por acaso, até hoje é conhecida como o estado de Minas Gerais, mas também no Mato Grosso e em Goiás, a população cresceu e se expandiu para o interior do Brasil.

Fundamentais no processo de extração dos minerais, os escravizados construíam as máquinas e conduziam as atividades mineradoras. Essa busca pelas riquezas da natureza promoveu um verdadeiro frenesi e milhares deixaram suas cidades, até líderes religiosos e portugueses. O êxodo desordenado e a ausência da infraestrutura adequada para receber grandes volumes populacionais geraram violência, miséria e fome, o que fez com que as forças coloniais agissem com mais violência e barbárie para tentar controlar a situação.

---

[3] *Ibidem*, 2019, p. 237.

No livro *Escravidão* (livro 2), Laurentino Gomes pondera que o século XVIII mostra como a escravidão foi importante na construção da identidade brasileira, porque a nação era pouco populosa e concentrada no litoral até então. Contudo, com a mineração, centenas de milhares de pessoas se mudaram para o interior e transformando as fronteiras até o desenho que conhecemos hoje. Além disso, com a chegada dos escravizados, a população brasileira se multiplicou, e em apenas cem anos, experimentou esse período marcado pela construção de uma espécie de grande África brasileira.

A imigração dos escravizados causou mudanças significativas em todas as dimensões da vida social e jurídica do país.

> A escravidão se tornou banal, corriqueira no Brasil daquela época. Até mesmo negros alforriados eram donos de escravos. [...] Novos estudos têm levado a um entendimento mais complexo e diversificado do sistema escravista, marcado por nuances até pouco tempo atrás ignoradas ou subestimadas, nas quais os cativos se envolviam em processos contínuos e sutis de negociação e barganha, sempre testando os limites do sistema escravista em busca de ampliar seus espaços e oportunidades. Os escravos lutavam por coisas concretas como o direito de constituir e manter famílias, cultivar suas próprias hortas e pomares e vender seus produtos nas feiras livres, dançar ao som do batuque nas horas de folga e praticar seus cultos religiosos, muitos deles de matriz africana. [...] Criamos mitos de democracia racial, quando ainda persiste a ideologia do negro inferior que justificou a escravidão, as redes sociais são inundadas por linguagem preconceituosa. No Brasil de hoje, o racismo é explícito, mas também silencioso.[4]

---

[4] Laurentino Gomes, *Roda viva*, entrevista para Vera Magalhães *et al.*, TV Cultura, 11 jul. 2022.

Assim, como veremos, a forma como o elitismo histórico-cultural organizou o atual modelo de sociabilidade por meio do regime escravocrata que vigorou por séculos no Brasil dividiu-se em distintas dimensões autoritárias.

DIFERENTES DIMENSÕES DO AUTORITARISMO BRASILEIRO

Coronelismo, mandonismo, corrupção normativa, clientelismo e patrimonialismo são algumas das expressões que foram organizadas pelo elitismo histórico-cultural com base na herança do sistema escravista europeu e regem o funcionamento das relações sociais brasileiras até os dias atuais. Ou seja, em ampla medida, os legados do Brasil colonial e imperial foram fundamentais à composição da atual República brasileira, tanto para o desenvolvimento individual como para o desenvolvimento coletivo dos seres humanos, conforme explanado no capítulo 2.

Nesse contexto, o coronelismo é

> um sistema político, uma complexa rede de relações que vai desde o coronel até o presidente da República, envolvendo compromissos recíprocos. O coronelismo, além disso, é datado historicamente. Na visão de Victor Nunes Leal, ele surge na confluência de um fato político com uma conjuntura econômica. O fato político é o federalismo implantado pela República em substituição ao centralismo imperial. O federalismo criou um novo ator político com amplos poderes, o governador de estado. O antigo presidente de Província, durante o Império, era um homem de confiança do Ministério, não tinha poder próprio, podia a qualquer momento ser removido, não tinha condições de construir suas bases de poder na Província à qual

era, muitas vezes, alheio. No máximo, podia preparar sua própria eleição para deputado ou para senador. [...] A conjuntura econômica, segundo Leal, era a decadência econômica dos fazendeiros. Esta decadência acarretava enfraquecimento do poder político dos coronéis em face de seus dependentes e rivais. A manutenção desse poder passava, então, a exigir a presença do Estado, que expandia sua influência na proporção em que diminuía a dos donos de terra. O coronelismo era fruto da alteração na relação de forças entre os proprietários rurais e o governo e significava o fortalecimento do poder do Estado antes que o predomínio do coronel. O momento histórico em que se deu essa transformação foi a Primeira República, que durou de 1889 até 1930. [...] o coronelismo é, então, um sistema político nacional, baseado em barganhas entre o governo e os coronéis. O governo estadual garante, para baixo, o poder do coronel sobre seus dependentes e seus rivais, sobretudo cedendo-lhe o controle dos cargos públicos, desde o delegado de polícia até a professora primária. O coronel hipoteca seu apoio ao governo, sobretudo na forma de votos. Para cima, os governadores dão seu apoio ao presidente da República em troca do reconhecimento deste de seu domínio no estado. O coronelismo é fase de processo mais longo de relacionamento entre os fazendeiros e o governo.[5]

Extensões contemporâneas desse processo podem ser observadas, por exemplo, avaliando as relações entre a indústria do agronegócio e o governo Bolsonaro.

O mandonismo, por sua vez,

---

[5] José Murilo de Carvalho, "Mandonismo, coronelismo, clientelismo: uma discussão conceitual", 1997, s/p.

refere-se à existência local de estruturas oligárquicas e personalizadas de poder. O mandão, o potentado, o chefe, ou mesmo o coronel como indivíduo, é aquele que, em função do controle de algum recurso estratégico, em geral a posse da terra, exerce sobre a população um domínio pessoal e arbitrário que a impede de ter livre acesso ao mercado e à sociedade política. O mandonismo não é um sistema, é uma característica da política tradicional. Existe desde o início da colonização e sobrevive ainda hoje em regiões isoladas. A tendência é que desapareça completamente à medida que os direitos civis e políticos alcancem todos os cidadãos. A história do mandonismo confunde-se com a história da formação da cidadania.[6]

Cabe aqui definir o que são as "regiões isoladas". Em um mundo no qual a internet e o acesso à cultura e à infraestrutura civil (escolas, hospitais, creches, mercados, açougues, bibliotecas, atividades de lazer etc.) definem, em ampla medida, o nível de cidadania de determinado grupo, existem regiões completamente isoladas até dentro dos principais centros urbanos, nos quais quem manda, de fato, são grupos milicianos, por exemplo. Em vários locais da cidade do Rio de Janeiro, ou no Norte do Brasil, o poder público simplesmente perdeu a autonomia decisória para facções criminosas.

O próximo termo a ser aqui avaliado é a corrupção normativa. O bolsonarismo, por exemplo, ascendeu na esteira da Operação Lava Jato, o conluio jurídico-midiático e parlamentar que avançou a falácia do combate à corrupção no Brasil, sobretudo, entre 2016 e 2018, quando Jair Bolsonaro foi eleito à chefia do Executivo e Sergio Moro assumiu como seu ministro da Justiça. Para os mais incautos, Moro e Bolsonaro traziam um ar de esperança considerando o fim da cor-

---

[6] *Ibidem.*

rupção no país, como se não fosse uma dimensão endêmica do nosso desenvolvimento enquanto nação, que vem sendo concretizada desde os primórdios da nossa formação societária, e pudesse ser alterada por apenas duas pessoas em um período curtíssimo.

Três anos depois da eleição de 2018, o deputado federal Waldir Soares de Oliveira, então do PSL, que prometera "implodir o governo" e chamou o presidente de "vagabundo", trouxe ao escrutínio público a corrupção normativa que regeu não somente o funcionamento do governo Bolsonaro como também de toda a estrutura parlamentar do Congresso Nacional sob o bolsonarismo, movimento que, ironicamente, surgiu amplamente escorado na esperança ingênua de parte da população brasileira que desejava o fim da corrupção.[7]

Para Guilherme Howes, antropólogo e professor universitário que cunhou o termo que define o conceito de corrupção normativa,

> o discurso anticorrupção é, historicamente, uma pauta política constante. Por diferentes vieses, está mais ou menos presente em praticamente todos os matizes ideológicos: no discurso moralista anticorrupção e do restabelecimento higienista da ordem da Alemanha de Hitler, na expressão "mar de lama" utilizada pelos opositores do presidente Getúlio Vargas, com Jânio Quadros distribuindo vassourinhas para seus eleitores durante a campanha presidencial de 1960, com a eleição de Collor, o "Caçador de Marajás", entre outros.[8]

---

[7] Estratégias similares foram utilizadas pelo Departamento de Justiça dos EUA (DOJ) e outras instituições estadunidenses em várias partes do mundo para desestabilizar governos e destruir ou incorporar rivais empresariais das empresas norte-americanas. Ver Cristiano Zanin, Rafael Valim e Valeska Martin, *Lawfare*, 2019, *ver também* Frédéric Pierucci e Matthieu Aron, *Arapuca estadunidense*, 2021.

[8] Entrevista concedida ao autor em 21 de novembro de 2021.

Ainda segundo o antropólogo, é preciso ressaltar que a ideia de corrupção só é inteligível dentro de um contexto republicano, porque a noção de público é nevrálgica nesse contexto, e a percepção das "coisas" (do latim *rés*) como pertencentes a um todo abstrato, isto é, o público, é a ideia central:

> Em nosso tempo, estou convencido de que passamos qualitativamente a um certo "outro estágio" de agenda anticorrupção. É um salto qualitativo na medida que passa do discurso à prática, do nível retórico ao nível da ação. A síntese acabada dessa hipótese de trabalho é o que Bolsonaro declarou no dia 7 de outubro de 2020, dizendo que acabou "com a Lava Jato porque não havia mais corrupção no governo". Somente era considerado corrupção aquilo que os adversários, no caso do governo Bolsonaro, os inimigos, faziam. E como isso acontece? Eu explico. É tão simples quanto óbvio. Contemporaneamente, a corrupção se torna normativa e assim deixa de ser combatida. Ela é transformada na própria regra. O crime se institucionaliza, em vez de ser combatido.

Trata-se da corrupção enquanto norma, conceito ao qual o professor Howes se refere e que o deputado federal Waldir Soares de Oliveira demonstrou minuciosamente ao site *The Intercept Brasil* na prática: R$ 10 milhões em emendas do orçamento secreto para cada deputado que votasse em Arthur Lira para a presidência da Câmara dos Deputados. O Bolsolão, como foi intitulado esse esquema de compra de votos do governo Bolsonaro, também se aplicou em outras ocasiões, como na reforma da Previdência, segundo o próprio deputado.[9]

---

[9] Contudo, a corrupção normativa se expressa via mecanismos mais sutis e "legítimos", como a própria Lei Complementar nº 101, de 4 de maio de 2000 (Lei da Responsabilidade Fiscal), por exemplo, que prioriza o rentismo nacional em detrimento dos trabalhadores (professores, brigadistas etc.).

Em uma confissão estarrecedora ao *The Intercept Brasil*, o bolsonarista diz "ter recebido a oferta de R$ 10 milhões em emendas em troca do voto em Lira. Pode ter sido até mais. Waldir, em dado momento da conversa, disse que outros R$ 10 milhões foram acordados no mesmo período, mas ele não soube precisar se também em troca do voto em Lira ou da aprovação de algum outro projeto à época". Ele, por fim, afirma, categoricamente, que "quem manda no governo hoje é o [Arthur] Lira. Não é o Bolsonaro, é o Lira".[10] Nos anos seguintes, esse processo evoluiu para o que se tornou as emendas de relator e o orçamento secreto.

Evidentemente, a corrupção normativa não se aplica somente à vida parlamentar do Brasil, mas encontra-se disseminada de forma endêmica em todas as relações sociais da nação. Conforme veremos adiante neste livro, a política institucional reflete o caráter da política social. Hipocritamente, por exemplo, empresários acostumados a burlar as licitações públicas e a pagar propinas de todas as ordens bradaram o fim da corrupção para exigir o impedimento da ex-presidenta Dilma Rousseff, em 2016.

Portanto, considerando a vigência dos parâmetros preconizados pelo regime republicano (Constituição Federal de 1988), a corrupção normativa é, sem dúvida, a base elementar de todos os outros "ismos" aqui ressaltados, tais como o próprio clientelismo, segundo José Murilo de Carvalho, é

> muito usado, sobretudo por autores estrangeiros escrevendo sobre o Brasil, desde o trabalho pioneiro de Benno Galjart, [...] o conceito de clientelismo foi sempre empregado de maneira frouxa. De modo geral, indica um tipo de relação entre

---

[10] Guilherme Mazieiro, "Exclusivo: 'R$ 10 milhões para todo parlamentar'. Deputado bolsonarista revela o preço da eleição de Lira." *The Intercept Brasil*, 20 nov. 2021.

atores políticos que envolve concessão de benefícios públicos, na forma de empregos, benefícios fiscais, isenções, em troca de apoio político, sobretudo na forma de voto. Este é um dos sentidos em que o conceito é usado na literatura internacional. Clientelismo seria um atributo variável de sistemas políticos macro que podem conter maior ou menor dose de clientelismo nas relações entre atores políticos. Não há dúvida de que o coronelismo, no sentido sistêmico aqui proposto, envolve relações de troca de natureza clientelística. Mas, de novo, ele não pode ser identificado ao clientelismo, que é um fenômeno muito mais amplo. Clientelismo assemelha-se, na amplitude de seu uso, ao conceito de mandonismo. Ele é o mandonismo visto do ponto de vista bilateral. Seu conteúdo também varia ao longo do tempo, de acordo com os recursos controlados pelos atores políticos, em nosso caso pelos mandões e pelo governo. De algum modo, como o mandonismo, o clientelismo perpassa toda a história política do país. Sua trajetória, no entanto, é diferente da do primeiro. Na medida em que o clientelismo pode mudar de parceiros, ele pode aumentar e diminuir ao longo da história, em vez de percorrer uma trajetória sistematicamente decrescente como o mandonismo. Os autores que veem coronelismo no meio urbano e em fases recentes da história do país estão falando simplesmente de clientelismo. As relações clientelísticas, nesse caso, dispensam a presença do coronel, pois ela se dá entre o governo, ou políticos, e setores pobres da população. Deputados trocam votos por empregos e serviços públicos que conseguem graças à sua capacidade de influir sobre o Poder Executivo. Nesse sentido, é possível mesmo dizer que o clientelismo se ampliou com o fim do coronelismo e que ele aumenta com o decréscimo do mandonismo. À medida que os chefes políticos locais perdem a capacidade de controlar os votos da população, eles deixam de ser parceiros interessantes para o governo, que passa a tratar com os eleitores, transferindo para estes a relação clientelística.[11]

Por fim, o conceito de patrimonialismo tem por definição a mistura fácil entre os bens públicos e privados por parte dos governantes:

> No Império, a Guarda Nacional foi a grande instituição patrimonial que ligou proprietários rurais ao governo. Ela não foi criada por proprietários, nem era uma associação que os representasse. Foi criada pelo governo durante a Regência, inicialmente para fazer face aos distúrbios urbanos desencadeados após a abdicação do imperador, e sua inspiração era a guarda francesa, uma organização burguesa. Posteriormente é que foi sendo transformada no grande mecanismo patrimonial de cooptação dos proprietários rurais. Daí os muitos conflitos entre seus oficiais e outras autoridades do governo ou eletivas, como juízes municipais, juízes de paz e padres, conflitos estes analisados por Thomas Flory. Os oficiais da Guarda não apenas serviam gratuitamente como pagavam pelas patentes e frequentemente fardavam as tropas com recursos do próprio bolso. A escolha democrática dos oficiais, por eleição, foi aos poucos sendo eliminada para que a distribuição de patentes de oficiais correspondesse o melhor possível à hierarquia social e econômica. Em contrapartida, a Guarda colocava nas mãos do senhoriato o controle da população local. Não se resumia à Guarda Nacional o ingrediente patrimonial do sistema imperial. Os delegados, delegados substitutos, subdelegados e subdelegados substitutos de polícia, criados em 1841, eram

---
[11] José Murilo de Carvalho, *op. cit.*, 1997, s/p.

também autoridades patrimoniais, uma vez que exerciam serviços públicos gratuitamente. O mesmo pode ser dito dos inspetores de quarteirão, que eram nomeados pelos delegados. Praticamente toda tarefa coercitiva do Estado no nível local era delegada aos proprietários. Algumas tarefas extrativas, como a coleta de certos impostos, eram também contratadas com particulares. O patrimonialismo gerava situações extremas como a de um município de Minas Gerais, onde os serviços patrimoniais, assim como os cargos eletivos de juiz de paz, vereador e senador, estavam nas mãos de uma só família. Treze pessoas ligadas por laços de parentesco ocupavam quase todos os postos, algumas acumulavam cargos eletivos e patrimoniais, como o de vereador e os de comandante da Guarda Nacional e subdelegado. O Estado utilizava ainda os serviços da Igreja para executar suas tarefas: todos os registros de nascimento, de casamento, de morte eram feitos pelo clero e reconhecidos pelo Estado. Durante boa parte do período imperial, os padres tinham também papel importante nas eleições, que eram realizadas dentro das igrejas. Eles foram também encarregados de informar ao governo sobre a existência de terras públicas nos municípios, quando da aplicação da lei de terras de 1850.[12]

Vale ressaltar que os conceitos aqui brevemente abordados são extremamente complexos e foram, de alguma forma, sintetizados para o efeito de simplificar a compreensão por parte de leitores que não são estudiosos acadêmicos de sociologia, antropologia, ciência política ou história. Existem inúmeros autores que possuem as suas próprias ideias, teses, estudos e reflexões sobre os termos aqui citados. O debate é imenso.

---

[12] *Ibidem.*

Capítulo 5 **Protagonismo, hedonismo e recompensa: três propulsores do elitismo histórico-cultural**

Apesar da vastidão da discussão que cerca o tema do autoritarismo no Brasil – forma primária como o elitismo histórico-cultural vem se expressando na nação desde a colonização europeia –, existem três grandes propulsores através dos quais o elitismo histórico-cultural organiza o atual modelo de sociabilidade e, consequentemente, os arranjos sociais atuais: (1) a busca por protagonismo social; (2) por hedonismo e (3) por recompensas materiais/financeiras.

Importante ressaltar novamente que, enquanto força social, o elitismo histórico-cultural, por meio desses três propulsores, age tanto nas classes mais abastadas, que controlam os meios fundamentais de produção e as dimensões política (institucional e midiática) e econômica da vida social, como nas camadas mais empobrecidas, que vendem a sua força de trabalho, considerando o modelo de sociabilidade que os próprios parâmetros elitistas formam, em última instância.

Apesar da complexidade e das idiossincrasias de cada indivíduo, esses três propulsores são absolutamente cruciais para entender a macrodinâmica de funcionamento do elitismo histórico-cultural expresso sob a lógica do modelo neoliberal de reprodução do capital no Brasil durante o começo do século XXI.

Com essa premissa bem estabelecida, naturalmente, torna-se óbvia a conclusão de que o que significa a busca por protagonismo social, por exemplo, para uma auxiliar de limpeza não equivale à mesma busca por protagonismo social para uma CEO de grande empresa.

Assim como a busca por hedonismo e recompensas financeiras/materiais (para utilizar exemplos que são citados neste livro) também não implica as mesmas atitudes, ou seja, as mesmas concretudes materiais, para um advogado ou para um motoboy.

Contudo, a despeito das peculiaridades de como esses três propulsores se manifestam na prática, a observação empírica de como os membros de diferentes classes socioeconômicas se comportam na vida social parece indicar que eles estão sempre presentes propalando o elitismo histórico-cultural. Socialmente, existem indivíduos que atuam de forma genuinamente altruísta e transcendem essas características, sem dúvida. Apesar disso, esses cidadãos são as exceções que justificam a dinâmica aqui proposta.

Via de regra, mas não invariavelmente, os três propulsores do elitismo histórico-cultural atuam dialética e conjuntamente. Assim, podem existir determinações de comportamentos sociais que visam ao protagonismo social e não a recompensas materiais/financeiras ou outras cujo objetivo é o hedonismo, não necessariamente o protagonismo social. Esses fatores dependem, especificamente, de cada personalidade, como o enraizamento cultural que resulta na individuação, ou seja, na expressão particular do processo de subjetivação. Apesar disso, esses propulsores atuam de forma concomitante, em geral criando uma espécie de ilusão fetichista que conduz os cidadãos a agirem de forma individualista, competitiva e agressiva nas searas sociais.

O FETICHISMO DO PROTAGONISMO SOCIAL

Ao longo do século XX, a busca por protagonismo social foi institucionalizada a ponto de criar mercados de agências de marketing e comunicação corporativa, assessores de imprensa e múltiplas métricas para aferir seus respectivos resultados, tendo como objetivo primordial a divulgação de empresas, produtos, serviços ou personalidades.

Das métricas como a centimetragem, que foi muito adotada no contexto dos veículos analógicos, passando à valoração, ao compartilhamento de voz, à classificação das publicações e ao índice de promoção, que estão vigentes para os veículos digitais, por exemplo, o objetivo segue sendo o mesmo: avaliar o nível de protagonismo social de quem ou o que se pretende promover. Existem dezenas, talvez centenas de métricas de marketing e comunicação corporativa desenvolvidas única e exclusivamente com esse propósito. Explorando o fascínio que o fetichismo do protagonismo social exerce nas pessoas, também foram criadas algumas das principais atrações televisivas que vão ao ar todas as noites ao longo das últimas duas décadas no Brasil. Ou seja, o fetichismo do protagonismo social permeia, fundamentalmente, todas as searas coletivas humanas atuais: da atividade parlamentar ao mercado corporativo, da vida acadêmica às prosaicas atividades meramente cotidianas de entretenimento.

Em 2022, o programa *Big Brother Brasil* (*BBB*) chegou a sua vigésima segunda edição – são 22 anos consecutivos sendo veiculado pela Rede Globo, a maior e mais influente rede de televisão do país. Nessa ocasião, o vencedor do *reality show*[1] recebeu R$ 1,5 milhão. Muito além dessa premiação em dinheiro, o que todos os participantes buscam ao aceitar um confinamento de três meses – com todos os tipos de intrigas, testes físicos e atritos sendo deliberadamente

---

[1] É extremamente sintomático que o *Big Brother Brasil*, programa definido como *reality show*, termo que significa, literalmente, a exposição da realidade, assuma uma dinâmica que estimula os participantes a se enfrentar durante uma convivência social forçada ao confinamento em busca do maior nível possível de protagonismo social.

estimulados pela produção do programa sob o escrutínio da nação – é o protagonismo social, que pode render muito mais do que esse montante financeiro.[2] Na madrugada do dia 10 de março de 2022, por exemplo, o participante Lucas, após submeter-se a uma prova de resistência, na qual esteve amarrado a uma espécie de carrossel humano giratório por mais de quatorze horas, começou a apresentar sinais de alucinação e a falar sozinho, muito provavelmente por conta dos processos de desidratação, hipoglicemia e estresse psicológico. Inacreditavelmente, em vez de questionar os métodos do programa, a ampla maioria da população viralizou o vídeo da atividade de tortura voluntária via redes sociais e milhares de memes surgiram na internet.

O fetichismo do protagonismo social também é a principal força que mantém os telespectadores sintonizados na atração em busca da transparência total, considerando os parâmetros que lhes servem para se inserir, ainda que de forma meramente representativa, nas primeiras posições da sociedade do capital.

Durante a disputa final da edição anterior, por exemplo, o programa registrou 34,1 pontos de audiência. Durante os cem dias em que foi ao ar, registrou, em média, 24,3 pontos, o que, segundo dados do Painel Nacional da Televisão, significa aproximadamente 40 milhões de espectadores ao vivo.[3]

---

[2] Juliette e Gil do Vigor, duas figuras que se destacaram nessa ocasião, por exemplo, firmaram contratos com algumas das maiores empresas do país. A primeira emplacou uma carreira de cantora e o segundo chegou a ser cogitado, por boa parte da imprensa nacional, até para assumir o Ministério da Economia. Efetivamente, ambos lucraram milhões de reais com base no protagonismo social que ganharam durante o programa.

[3] Apesar disso, o Kantar Ibope Media afirmava, em 2022, que cada ponto no Ibope significava a visualização de 258.821 domicílios e 713.821 indivíduos. De qualquer maneira, as edições do programa alcançam as casas das dezenas de milhões de brasileiros assistindo ao vivo, porque, considerando o volume de atenção midiática que envolve revistas, jornais, sites etc., o número de pessoas impactadas atinge a casa da centena de milhões, seguramente.

A sociedade do espetáculo de Debord é a que investe em ser cada vez mais transparente no sentido dado por Byuon-Chul Han. Valoriza-se cada vez mais que as coisas e situações tornem-se transparentes quando são positivas, quando conseguem se encaixar sem quaisquer entraves à superficialidade do capital, da informação e da comunicação, tornando-se, dessa forma, operacionais. Não por coincidência, o filósofo afirma que "hoje o sistema social submete todos os seus processos a uma coação por transparência, para operacionalizar e acelerar os processos" (sociais de igualamento por meio do dinheiro). Essa transparência acarreta, em situações mais extremas, no apagamento do outro,[4] quiçá, de ver o outro, abrindo espaço para um crescente totalitarismo exposto nos discursos, sejam sociais, sejam de agentes governamentais. *O encontro dessas duas formas sociais anuncia, quiçá, uma sociedade do ultraespetáculo.*[5]

Nessa sociedade do ultraespetáculo, na qual todas as dimensões sociais são transformadas em shows midiáticos,[6] o dinheiro, no sentido de equivalente geral que lhe é empregado para compreender a circulação das mercadorias, pode ser medido em protagonismo social: seguidores de redes sociais, número de curtidas, comentários

---

[4] Entre todos os participantes que ingressam no *BBB*, somente uma ou duas figuras de cada edição são lembradas pela população de forma mais ampla alguns anos depois.
[5] Maria Eliza M. Bernardes *et al.*, *Drama humano na sociedade do espetáculo*, 2021, grifo meu.
[6] Do combate à corrupção, por exemplo, na seara sociopolítica, às relações interpessoais, que precisam ser registradas e eternizadas por meio de textos, fotos e vídeos "perfeitos" que são postados nas redes sociais. Conforme demonstra o jurista Walfrido Jorge Warde Jr., o próprio combate à corrupção foi elevado à condição de alta dramaturgia pelo conluio jurídico e midiático que orientou a formação da Operação Lava Jato e terminou por opor as instituições do Estado nacional. Ver Walfrido Jorge Warde Jr., *O espetáculo da corrupção*, 2018.

nas postagens e assim por diante. Muitos influenciadores, de fato, utilizam sua fama nas redes digitais para pagar pelos produtos e serviços que consomem, assim como as próprias redes sociais toleram a venda de seguidores falsos,[7] curtidas nas postagens etc. para insuflar artificialmente os capitais de determinada figura, conforme veremos a seguir.

Utilizar os capitais econômico, cultural, social e simbólico como fontes de poder e recursos para ascensão social não é novidade correlata às redes sociais digitais.[8] Já na segunda metade do século passado, Pierre Bourdieu elaborou a sua teoria dos capitais. Segundo Bourdieu, o capital econômico diz respeito à renda, aos salários, imóveis etc.; o capital cultural é formado pelos saberes e conhecimentos reconhecidos por diplomas e títulos; o capital social é composto pelas relações sociais; e o capital simbólico trata do prestígio e da honra.[9]

O que o sociólogo francês, que faleceu em janeiro de 2002, não viveu para presenciar foi a forma como as redes sociais digitais seriam capazes de agudizar a atuação dos capitais para níveis inéditos até a presente data. O Facebook, por exemplo, foi fundado em fevereiro de 2004. As consequências mais nefastas do fetichismo

---

[7] Scripts, programas de computadores que geram contas falsas de usuários das redes sociais a serem comercializadas financeiramente.

[8] Fundamentalmente, existem duas diferenças entre as redes sociais analógicas (rádio, jornal, televisão e revistas) e as digitais (aplicativos e redes sociais via internet): as primeiras são uníssonas, o que significa que todos os seus usuários recebem exatamente as mesmas mensagens, e unidimensionais, ou seja, simplesmente emitem as mensagens e não oferecem aos usuários a possibilidade de responder diretamente pela mesma via. No entanto, as redes sociais digitais funcionam por meio de algoritmos que, dependendo do rastro neural que as pessoas deixam ao utilizá-las, passam a customizar as mensagens, o que tende a isolar os usuários em *bolhas digitais*. Outra diferença encontra-se no fato de que, com as redes sociais digitais, as pessoas podem comentar, curtir e postar seus próprios conteúdos, o que oferece um estímulo infinitamente mais exacerbado na busca pela *viralização* e pelo protagonismo social.

[9] Pierre Bourdieu, *Sociologia geral vol. 3: As formas do capital*, 2023.

do protagonismo social (ou seja, da busca desenfreada por protagonismo a qualquer custo sob a ilusão de que essa propriedade deve ser, naturalmente, o objetivo primário da atuação humana em sociedade) na organização da vida social das sociedades contemporâneas são a hipérbole do individualismo e da digitalização dos seres humanos.

Em linhas gerais, a condução da própria vida passa a ser organizada por meio da lógica do protagonismo social aplicado às redes sociais, o que implica uma forma de competição irrestrita por seguidores, curtidas, filtros que deixem os rostos e corpos perfeitos, a fotografia perfeita, o texto exato etc. A lógica neoliberal de reprodução do capital ganha dimensões ainda mais profundas e agressivas por meio das plataformas digitais e da consequente busca frenética por protagonismo que estimulam. Isso agudiza ainda mais as disputas internas dentro das próprias classes sociais.

AS REDES SOCIAIS DIGITAIS E A HIPÉRBOLE DO FETICHISMO DO PROTAGONISMO SOCIAL E DO FETICHISMO DO HEDONISMO

Sob essa lógica, em um mundo hiperconectado, no qual as pessoas podem passar horas e horas olhando para telas de aparelhos eletrônicos, a atenção humana se torna uma força inexorável, que precisa ser explorada de qualquer forma e a qualquer custo.

Por exemplo, a brasileira Stephanie Mecco, autointitulada influenciadora, de apenas 19 anos, gravou no começo de 2022 uma dancinha de celebração pelo engajamento social conquistado na rede social TikTok no leito de morte da própria mãe. "Obrigada, mãe, nosso último vídeo juntas está batendo quase 7 milhões de visualizações, mais de 600 mil curtidas. Esse foi sem dúvida o seu presente para realizar o nosso sonho", escreveu ela um dia antes do falecimento de sua progenitora.[10] Outro caso dramático envolvendo as redes sociais digitais aconteceu na segunda semana de maio de 2022, quando um franco-atirador, que abriu fogo contra clientes de um supermercado localizado na cidade de Buffalo, em Nova York, nos Estados Unidos, transmitiu o ataque em tempo real pela rede Twitch, uma plataforma de streaming. As imagens gravadas mostram o homem no estacionamento momentos antes de atirar contra os clientes. Dez pessoas morreram.[11]

Esses casos são apenas exemplos drásticos e sintomáticos de como as redes sociais digitais potencializam a busca desenfreada por atenção e sucesso a qualquer custo, ampliando a racionalidade neoliberal por meio da qual se expressa o elitismo histórico-cultural no começo do século XXI.

Infelizmente, ocorrências fatais desse tipo são cada vez mais comuns. Pessoas que cometem assassinatos, caem de prédios, são atropeladas, se afogam, são atingidas por raios etc. são exemplos do que a busca pelo protagonismo social hiperbolizado pelas redes sociais digitais pode causar, em última instância.

Um estudo da Fundação iO revela que pelo menos 379 pessoas morreram se arriscando em busca da *selfie* perfeita, entre janeiro de 2008 e julho de 2021. O problema agravou-se de forma a chamar a atenção de epidemiologistas.

Evidentemente, os casos mais extremos que resultam em mortes não são as únicas fontes de preocupação nessa medida. No limite, as redes sociais avançam rígidos padrões hedonistas e estéticos que estimulam, de forma enfática, a disseminação de conteúdos pornográ-

---

[10] Cecília Sóter, "Tiktoker celebra engajamento após mãe falecer e gera polêmica: 'internet é cruel'", *Correio Braziliense*, 6 jan. 2022.
[11] Veja a matéria de Manoela Alcântara, "Atirador que abriu fogo em mercado de NY transmitiu ataque pela Twitch", *Metrópoles*, 14 maio 2022.

ficos de forma a potencializar uma série de deformidades e distúrbios mentais. Muitas vezes, esse cenário leva adolescentes ao suicídio[12] e impede que casais tenham relações conjugais saudáveis,[13] por exemplo.

O FETICHISMO DO HEDONISMO

O hedonismo, ou seja, a determinação do prazer como o bem supremo, finalidade e fundamento da vida moral, remete aos primórdios da Grécia Antiga. O termo "hedonismo" provém da palavra grega *hedonê*, que significa "prazer e vontade". Aristipo de Cirene e Epicuro de Samos são os filósofos mais frequentemente associados à origem dessa filosofia, que assume duas concepções fundamentais de prazer: como parâmetro para as ações dos seres humanos e como o único valor supremo a ser perseguido.

Resumidamente, Aristipo afirmava que o prazer é o único caminho para a conquista da felicidade e que o prazer do corpo é o sentido da vida. Epicuro refletia sobre o verdadeiro prazer não estar na busca da satisfação do corpo, mas na libertação dos sofrimentos e dores, o que, segundo ele, requereria equilíbrio e serenidade em vez da busca incansável por bens e prazeres corporais. Na sociedade do capital, prevaleceu a perspectiva aristipiana.

---

[12] Em 2021, a campanha Setembro Amarelo, de prevenção ao suicídio, ressaltou enfaticamente que as redes sociais potencializam os suicídios entre os jovens. Segundo a Organização Mundial da Saúde (OMS), no mundo inteiro o suicídio é a segunda causa de morte entre jovens que têm entre 15 e 29 anos, atrás somente de acidentes de trânsito. No Brasil, os suicídios ficam atrás apenas dos acidentes e dos homicídios. Ver Hugo Monteiro Ferreira, *A geração do quarto*, 2022.
[13] Segundo a neurocientista Anne Barr, "a longo prazo, a pornografia parece criar disfunções sexuais, especialmente a incapacidade de atingir uma ereção ou orgasmo com um parceiro na vida real. A qualidade conjugal e o compromisso com o parceiro romântico também parecem estar comprometidos". Anne Barr, "Como ver pornografia faz cérebro voltar a estado juvenil", *BBC News Brasil*, 2021.

Contudo, seres humanos, criaturas complexas e contraditórias, têm no sofrimento um papel nevrálgico, segundo Nietzsche, por exemplo:

> Você quer, se possível – e não há "se possível" mais louco –, abolir o sofrimento? Prazer como você o entende – isso não é o objetivo, é para nós o nosso fim. Um estado que logo torna o homem ridículo e desprezível – o que torna desejável que ele pereça. A disciplina do sofrimento, do grande sofrimento – você não sabe que é somente essa disciplina que criou toda a exaltação da humanidade até agora? Essa tensão da alma no infortúnio que cultiva a força é o terror à vista da grande destruição, é a inventividade e bravura em sofrer, suportar, interpretar, e o que de profundidade, mistério, máscara, espírito, astúcia e grandeza foi concedido sobre ele – não foi concedido através do sofrimento, através da disciplina do grande sofrimento? No homem, criatura e criador estão unidos: no homem há matéria, fragmento, excesso, barro, lama, loucura, caos; mas no homem há também o criador, o escultor, a dureza do martelo, o espectador divino e o sétimo dia – você entende essa antítese? O que é formado, quebrado, forjado, rasgado, queimado, recozido, refinado – o que tem que sofrer e deve sofrer? Existem problemas maiores do que os problemas da dor e do prazer, e toda filosofia que trata apenas desses é uma ingenuidade.[14]

Ou ainda, conforme salienta o psicanalista Wilfred Bion, ser capaz de tolerar a frustração ao fracasso, ou seja, lidar com o sofrimento, com a perda etc., constitui etapa fundamental para crescer, aprender e evoluir com base na própria experiência.[15]

---

[14] Friedrich Nietzsche, *Beyond Good and Evil*, 2003, tradução minha.
[15] Wilfred R. Bion, *Aprender da experiência*, 2021.

Assim como acontece atualmente com a busca pelo protagonismo social, a busca pelo hedonismo também foi fortemente hiperbolizada em virtude da racionalidade neoliberal, que expressa a forma como o elitismo histórico-cultural se apresenta nos dias atuais, com redes sociais digitais, câmeras presentes em todos os aparelhos celulares[16] e o funcionamento de uma sociedade ultraespetacularizada.

Os *feeds* das redes sociais precisam sempre estar repletos de postagens que demonstrem somente os melhores aspectos possíveis de cada indivíduo. Praias, coquetéis, festas, esportes, corpos bem torneados e momentos vitoriosos de todas as ordens. Contudo, a vida humana não funciona dessa maneira. Evidentemente, ela é contraditória, complexa e cheia de desafios e momentos de derrota, que, geralmente, causam inflexões necessárias à aprendizagem e ao próprio progresso. Essa dinâmica cria uma espécie do que neste livro eu classifico como "toxicidade hedonista" e de positividade a ser seguida, sob pena de ser percebido como fracassado ou derrotista pelos outros membros da sociedade.

Nesse modelo de sociabilidade, o ato de sofrer – ou ter que lidar com as fragilidades, as frustrações etc. – passa a ser percebido como inaceitável, o que nega a complexidade intrínseca à espécie humana e dificulta o desenvolvimento dos indivíduos com base no uso da própria experiência. Ao negar a possibilidade de elaborar a derrota e o sofrimento por conta do fetichismo do hedonismo, cria-se, para muito além das derrotas e dos sofrimentos, a impossibilidade de evoluir com base nessas ocorrências inerentes à vida.

---

[16] De acordo com pesquisa da Fundação Getulio Vargas (FGV), existiam, até o fim de 2022, 242 milhões de smartphones em uso no Brasil, o que significa que há mais smartphones do que habitantes no país.

O FETICHISMO DAS RECOMPENSAS MATERIAIS/FINANCEIRAS

Nas sociedades que se relacionam sob a lógica do capital, por meio de mercadorias, e que, em ampla medida, transformam os próprios seres humanos e suas relações sociais em mercadorias a ser comercializadas, compreender o funcionamento do fetichismo das recompensas materiais e financeiras é relativamente simples.

> A mercadoria que funciona como medida de valor e, desse modo, também como meio de circulação, seja em seu próprio corpo ou por meio de um representante, é dinheiro. O ouro (ou a prata) é, portanto, dinheiro. Ele funciona como dinheiro, por um lado, quando tem de aparecer em sua própria corporeidade dourada (ou prateada), isto é, como mercadoria-dinheiro, nem de modo meramente ideal, como em sua função de medida de valor, nem como capaz de ser representado, como em sua função de meio de circulação; por outro lado, quando, em virtude de sua função, seja ela realizada em sua própria pessoa, seja por meio de um representante, ele se fixa exclusivamente na figura de valor, a única forma adequada de existência do valor de troca, em oposição a todas as outras mercadorias com meros valores de uso. [...]
> O que o sistema capitalista exigia [...] era uma posição servil das massas populares, a transformação destas em trabalhadores mercenários e a de seus meios de trabalho em capital.[17]

A despeito da complexidade das organizações sociais no começo do século XXI, sob a qual a busca pelo protagonismo social e pelo

---

[17] Karl Marx, *O capital*, livro I, 2013, pp. 203, 792.

hedonismo[18] desenvolve papel de equivalente geral de troca, conforme previamente abordado, o ouro e a prata, ou, melhor dito, o dinheiro e as posses materiais, continuam sendo os principais ativos que orientam a conduta social de forma institucionalizada. Sobretudo porque os ativos materiais e financeiros podem ser trocados, de forma imediata e com maior liquidez, por protagonismo social e hedonismo, que nesse contexto assumem múltiplas formas.

Toda a organização da vida social no começo do século XXI e sob a égide da racionalidade neoliberal aponta para essa direção. Desde que nascem, os brasileiros são compelidos a organizar sua existência com base na maior probabilidade de conquistar recompensas financeiras/materiais. Conforme explicam Simone Deos, Adriana Nunes Ferreira e Alex Wilhans Antonio Palludeto no meu livro *Tempestade perfeita,*

> segundo [William] Davies, a despeito da diversidade de definições de neoliberalismo na literatura, é possível identificar quatro atributos que tendem a ser compartilhados pelas distintas abordagens. O primeiro é que o liberalismo vitoriano (clássico) é apenas uma inspiração para o neoliberalismo, mas não o seu modelo. *O neoliberalismo, assim, deve ser apreendido como uma força criadora e modernizadora.* Como consequência – e esse é o segundo atributo –, *o objeto da política neoliberal, por excelência, são as instituições e atividades que se situam às margens do mercado: as famílias, as universidades, as administrações públicas e os sindicatos. O objetivo é ou introduzi-las*

---

[18] Em dezembro de 2021, por exemplo, o Tribunal Constitucional da Espanha decidiu que o pagamento de uma dívida poderia ser efetuado legalmente, segundo o ordenamento jurídico daquele país, em troca de sexo oral, conforme decisão publicada no fim daquele mesmo mês. "Tribunal constitucional espanhol decide que pagamento de dívida pode ser feito em troca de sexo oral", *G1*, 7 jan. 2022.

no mercado, ou reinventá-las, ou mesmo neutralizá-las e desmobilizá-las. O terceiro atributo diz respeito ao Estado como uma força ativa indispensável para produzir, reproduzir e impor as novas regras e normas, tornando-as compatíveis com uma cosmovisão ética e política. Essa cosmovisão, por sua vez, tem como eixo central a concorrência – quarto atributo –, que significa produção de desigualdade. Desse modo, concorrência e desigualdade são louvadas sob o neoliberalismo.

E prosseguem os acadêmicos:

O neoliberalismo é, antes de mais nada, um sistema normativo, que, ao buscar generalizar a concorrência como norma de conduta para a sociedade como um todo, com vistas a forjar um novo sujeito e uma nova sociedade, impõe e estende a lógica do capital. O início da história intelectual do neoliberalismo pode ser localizado em reflexões e debates feitos por intelectuais formados na tradição liberal, ao longo das décadas de 1920-1930, sobre os rumos das sociedades capitalistas ocidentais. Nessas discussões colocava-se abertamente a necessidade de refundar a tradição, distanciando-a do liberalismo clássico, em particular de sua versão *laissez-faire* e, ao mesmo tempo, das perspectivas socialistas, associadas indistintamente à "coletivização" e ao "totalitarismo". Os fundamentos intelectuais do neoliberalismo originam-se, portanto, em resposta às transformações do capitalismo mundial e ao acúmulo de tensões a ele associadas desde a virada do século XIX, as quais puseram em xeque o liberalismo clássico. Desde então, passando pelo Colóquio Walter Lippmann (1938), pela fundação da Sociedade Mont Pèlerin (1947) e seus encontros regulares, pela Escola de Chicago e sua influência no debate político e econômico nas décadas de 1970 e 1980, entre outros eventos não menos relevantes, o pensamento neoliberal foi sendo forjado ao longo dos séculos XX e XXI. Não como um corpo homogêneo de ideias ou de receitas prontas e articuladas de política econômica, mas como um conjunto aberto de questões e problemas concretos relacionados à estruturação, preservação e aperfeiçoamento de uma ordem social capitalista competitiva. Esse longo processo de efervescência e decantação de ideias formou o substrato intelectual mobilizado, adaptado e difundido por redes de think-tanks e de associações empresariais diversas, em geral com amplo financiamento privado e participação ativa de pesquisadores, assim como de governos e organizações multilaterais, em uma contínua "guerra de posição" na disputa por "corações e mentes". É nesse contexto que o balanço das forças políticas frente à instabilidade social e econômica das décadas de 1960, 1970 e 1980, que pôs fim à conhecida "Era de Ouro" do capitalismo, contribuiu para a difusão dos discursos neoliberais e, em última instância, para a consolidação de uma "hegemonia neoliberal" ou, mais amplamente, de "constelações hegemônicas neoliberais".[19]

Assim, desde pequenos, os cidadãos brasileiros hoje na fase adulta de suas vidas foram estimulados a estudar, seja idiomas, ciências naturais, das humanidades, sociais, esportes etc., invariavelmente, para "conquistar um bom lugar no mercado de trabalho" a fim de garantir as recompensas materiais/financeiras – fetichismo que, de acordo com essa lógica, seria capaz de sanar todos os desejos, necessidades e carências humanas.

---

[19] Simone Deos, Adriana Nunes Ferreira e Alex Wilhans Antonio Palludeto *apud* Cesar Calejon, *Tempestade perfeita*, 2021, pp. 187-189, grifos meus.

Desde a década de 1980, essa racionalidade vem se agudizando em progressão geométrica por conta do processo de financeirização do capital e de novas tecnologias em diferentes áreas da atuação humana. Aliada ao paradigma digital, que surge com a internet, mas se intensifica drasticamente a partir da popularização dos smartphones,[20] no início da década de 2010, a proposta neoliberal ganha novas roupagens e mais vigor do que em qualquer outro momento histórico do desenvolvimento humano, o que traduz a forma mais agressiva e segregatória pela qual o elitismo histórico-cultural se apresenta até a presente data.

O EXEMPLO DO INSTAGRAM

Desde o começo da década de 2010, as redes sociais, como o Instagram, oferecem ou, no limite, pelo menos toleram que seguidores, curtidas e visualizações sejam abertamente comercializados como produtos em suas plataformas. De muitas formas, as novas tecnologias digitais vêm alterando drasticamente, nem sempre de maneira saudável ou positiva, o próprio modelo de sociabilidade no começo do século XXI. Conforme explica a pesquisadora Carissa Vélis,

> atualmente, ferramentas de busca e redes sociais são técnicas culturais que criam novas formas de mediatização da experiência humana, trazendo ganhos e, ao mesmo tempo, perigos inerentes. A fabricação do direito nesses contextos

---

[20] Com o advento dos smartphones, as pessoas ganham mais protagonismo e passam a ser ainda mais freneticamente impulsionadas pelos três propulsores do elitismo histórico-cultural, para muito além de questionar o modelo prévio de elaboração social no que diz respeito à comunicação social e à formulação da vida pública.

está muito mais ligada, em um primeiro plano, à "materialidade da comunicação" propriamente dita e às suas externalidades do que a efeitos normativos decorrentes de textos da tradição da hermenêutica ou de uma essencialidade imutável de direitos.[21]

No começo de 2022, cem seguidores no Instagram custavam R$ 10; trezentos custavam R$ 20; 3 mil custavam R$ 110; e 30 mil custavam R$ 800. Cem curtidas saíam por R$ 10; trezentas, por R$ 20; e mil por R$ 45. Quinhentas visualizações valiam R$ 10; 2 mil valiam R$ 30; e 3 mil, R$ 45.[22]

Sob essa lógica, os contratos de atores e atrizes, artistas, desportistas e fundamentalmente de todos e quaisquer profissionais que lidem com o público passam a ser balizados pelo número de seguidores, engajamento e ressonância das suas respectivas redes sociais.

Surgem, no Instagram, por exemplo, além de selos de verificação[23] – explícitos marcadores sociais, que até o começo de 2022 eram comercializados por um valor que variava entre R$ 5 mil e R$ 35 mil (e era preciso que a pessoa tivesse matérias publicadas em seu nome ou outra forma verificável de protagonismo social)[24] –, dinâmicas de conduta na rede social.

Pretende-se seguir um número restrito de pessoas e ser seguido pelo maior número possível de indivíduos (ou robôs, contanto que o

---

[21] Entrevista concedida ao autor em 15 de maio de 2022. Cf. Ricardo Campos (prefácio) *apud* Carissa Vélis, *Privacidade é poder*, 2021.
[22] Cotação realizada em 28 de janeiro de 2022 no site *Comprar Seguidor*.
[23] Especificamente no Instagram, esse selo é um símbolo azul que fica localizado ao lado do nome do usuário e serve para verificar a veracidade da conta, mas, consequentemente, também atribui um caráter de importância à pessoa. No primeiro trimestre de 2023, o bilionário Elon Musk, proprietário da rede social Twitter, passou a cobrar pelo selo azul no perfil dos usuários sob o modelo de negócios intitulado Twitter Blue.
[24] Ver Leo Dias, "A máfia do 'selo azul' do Instagram: quanto custa e quem cobra", *Metrópoles*, 6 jul 2021.

número de fato seja expressivo),²⁵ o que, sob a lógica do fetichismo do protagonismo social, demonstra o *valor* de cada personalidade.

Os conteúdos mais *descartáveis*, ou seja, cujos potenciais de engajamento e status social são menores, são postados somente nos *stories*, publicações que demonstram quem as visualizou e somem automaticamente após 24 horas. As postagens que são mais relevantes no sentido de angariar reações e seguidores são postadas no *feed* e não somem após determinado período.

Via de regra, os usuários avaliam uns aos outros com base em quem segue determinada pessoa, no selo de verificação, na quantidade de seguidores, nos comentários, curtidas, nível de hedonismo (drinques, carros, mansões, jatinhos, celebridades, helicópteros etc.) e assim por diante. Existe uma complexa gramática digital que posiciona os indivíduos em determinado ponto da escala que o elitismo histórico-cultural cria no começo do século XXI por meio da interface das plataformas oferecidas pelas redes sociais digitais.

Apesar disso, os reflexos sociais não ficam restritos ao âmbito digital e permeiam todo o funcionamento da vida cotidiana na sociedade de forma mais ampla. Alguns influenciadores chegam a cobrar R$ 400 mil por uma única postagem no *feed* e três *stories*,²⁶ 330 vezes mais do que o salário mínimo mensal recebido pela maior parte da população brasileira em 2022,²⁷ por uma tarefa que pode ser realizada, literalmente, em trinta segundos enquanto se bebe dois goles de café confortavelmente sentado.

Evidentemente, essa busca desmedida por protagonismo, hedonismo e recompensas financeiras/materiais aplicada às redes sociais

---

²⁵ Contudo, os robôs que aumentam o número de seguidores falsos não geram engajamento, como comentários reais nas fotos e nos vídeos, o que costuma criar uma incongruência entre o número geral de seguidores e a quantidade de reações que cada publicação produz.
²⁶ Veja, por exemplo, a reportagem de Júlia Moura, "Juliette cobra até R$ 400 mil por publicidade no Instagram", *Folha de S.Paulo*, 5 jun. 2021.
²⁷ No dia 21 de janeiro de 2022, o salário mínimo no Brasil era de R$ 1.212.

digitais compele os indivíduos a postarem somente as melhores versões das suas vidas perfeitas, conforme argumentado anteriormente. Criam-se expectativas fetichistas sobre a vida e as experiências reais dos seres humanos, que são complexas, ricas e contraditórias.

Existem estudos que demonstram o Instagram como a pior plataforma digital para a saúde mental,[28] principalmente dos jovens,[29] ao redor do mundo. Duas ou mais horas diárias conectado à rede social podem significar um aumento considerável nos níveis de depressão, angústia e ansiedade. Além disso, o nível de tolerância à frustração e à derrota, condições que se apresentam inexoravelmente durante a vida humana, fica extremamente reduzido.

Assim, os indivíduos passam a questionar seus próprios corpos, suas falhas, suas carreiras, seus casamentos e todas as dimensões de suas vidas sociais com base nos parâmetros irreais determinados pelo elitismo histórico-cultural do começo do século XXI, agudizado pelas redes sociais digitais. E o problema se apresenta em escala planetária: em 2022, o Instagram já possuía mais de 2 bilhões de contas ativas.[30]

---

[28] *Ver* Royal Society for Public Health, *Instagram Ranked Worst for Young People's Mental Health*, 19 maio 2017.
[29] *Ver* Aaron Smith e Monica Anderson, "Social media use in 2018", *Pew Research Center*, 1º mar. 2018.
[30] "No mundo, até o último trimestre de 2022, o Instagram, que pertence à empresa Meta, já tinha mais de 2 bilhões de usuários ativos", *O Globo/Bloomberg*, 26 out. 2022.

Capítulo 6   As expressões do elitismo
histórico-cultural no Brasil
do século XXI

Os três atuais propulsores do elitismo histórico-cultural – os fetichismos do protagonismo social, do hedonismo e da busca por recompensas materiais/financeiras – criam diversas expressões comportamentais na vida social cotidiana no Brasil do século XXI e, em última instância, conformam o modelo de sociabilidade vigente no país. Dialeticamente, tais expressões provêm dos (e somam-se aos) legados históricos e culturais das instâncias colonial e imperial brasileiras no que diz respeito ao racismo, à misoginia, à LGBTQIA+fobia e a todas as formas de diversidade humana não alinhadas com o estigma do homem viril, provedor, branco e de ascendência europeia.

Este capítulo analisa algumas dessas expressões,[1] tais como os racismos (racial, cultural, científico e estrutural), a aporofobia, a LGBTQIA+fobia, o machismo, a misoginia, a gordofobia, o etarismo, o estaturismo, o eruditismo, o etnicismo, o chauvinismo e o viralatismo.

Evidentemente, o modelo de sociabilidade atual transcende a segregação, o uso da violência e da humilhação com base nas questões raciais, exclusivamente. Devido ao superdesenvolvimento das forças produtivas e dos meios de produção, que agudizaram o elitismo histórico-cultural, bem como do legado histórico e cultural da invasão europeia nas Américas, essas construções elitistas se expressam, no

---

[1] Algumas expressões cotidianas são tão evidentes que os exemplos de casos diários não são necessários para esclarecer os conceitos. Para as demais, exemplos de atitudes e falas serão ilustrados.

Brasil do começo do século XXI, para muito além de marcadores correlatos somente à raça. Isso ocorre por meio de parâmetros relacionados ao gênero, às condições socioeconômica e sociocultural e aos fenótipos, de forma mais ampla.

DIFERENTES FORMAS DE RACISMO NO BRASIL: RACIAL, CULTURAL, CIENTÍFICO E ESTRUTURAL

Inúmeros estudos e debates já demostraram que, biologicamente, considerando os aspectos genéticos e fisiológicos, não existem diferenças significativas que justifiquem as distinções de *raças* como vigoram nas sociedades contemporâneas.[2] O debate é surrado. A diversidade fenotípica da espécie, além de não servir como parâmetro para essa segregação, caracteriza, certamente, a principal riqueza da raça humana.

O racismo é, invariavelmente, uma construção social, histórica e cultural. Como todas as construções narrativas humanas, o racismo precisa ser elaborado e mantido de acordo com valores histórico--geracionais vigentes em determinada sociedade por certo período.[3]

Ao longo dos últimos cinco séculos, essas construções narrativas foram orquestradas de diferentes formas: do uso de argumentos que utilizam a mera força bruta,[4] passando por falaciosos estudos cien-

---

[2] Veja, por exemplo, a matéria de Lorenza Coppola Bove, "Racismo: como a ciência desmantelou a teoria de que existem diferentes raças humanas", *BBC News Brasil*, 12 jul. 2020.
[3] Segundo o sociólogo Stuart Hall, a "raça" é uma espécie de "categoria discursiva" em torno da qual se organizam sistemas de dominação e exercício de poder nas searas política, social e econômica, fundamentalmente.
[4] Racismo racial, uma construção narrativa típica das épocas colonial e imperial do Brasil e que pouco se preocupa em justificar o racismo com base no uso de argumentos. Segundo esse raciocínio, os grupos usurpados eram inferiores, questão que nem sequer exigia ou permitia debate.

tíficos (sociológicos, antropológicos, genéticos, fisiológicos etc.)[5] até as elaborações culturais mais complexas.[6]

O racismo estrutural brasileiro, durante o começo do século XXI, é a soma de todas essas dimensões e construções sociais. As consequências práticas são trágicas para a população negra, que forma a maioria do povo brasileiro (56% de toda a população). Em 2019, dos 657,8 mil presos sobre os quais havia informações de cor da pele disponíveis, 438,7 mil eram negros (ou 66,7%), o que significa que, a cada três pessoas detidas, duas eram negras. Nesse mesmo ano, 74,4% das 39.561 vítimas de homicídio eram negras. Esse índice subia para 79,1% quando o autor do assassinato era um policial. Estudo realizado em julho de 2022 também apontou que negros eram a maioria das vítimas de outros crimes violentos: homicídios dolosos, latrocínios, lesões corporais seguidas de morte e mortes por intervenção policial: 78% sofridos por negros e 21,7% por brancos.[7]

Contudo, o racismo estrutural afeta toda a população brasileira de forma deletéria, porque, em ampla medida, impede o desenvolvimento pleno das potencialidades nacionais e oferece os elementos necessários para a ascensão de regimes distópicos e despóticos, como o bolsonarismo.

Segundo Silvio Almeida, filósofo, advogado, professor universitário e ministro de Estado dos Direitos Humanos e da Cidadania no terceiro governo Lula, o racismo estrutural brasileiro é um elemento

---

[5] Racismo científico, que tenta explicar a inferioridade de certos grupos humanos com base em estudos reducionistas, deterministas e pseudocientíficos de todas as ordens. Muito comum no Ocidente durante os séculos XIX e XX e cujos resquícios encontram-se presentes nas sociedades até os dias atuais.
[6] O racismo cultural utiliza todos esses elementos anteriores de forma mais sofisticada e, via de regra, atribui a inferioridade dos grupos usurpados a características culturais, tais como a preguiça, a falta de ambição etc.
[7] Cf. Rosilene Marques Sobrinho de França e Teresa Cristina Moura Costa (org.), *Questão social, direitos e políticas públicas na realidade brasileira contemporânea*, 2022.

inevitável no sentido de entender a própria ascensão do bolsonarismo, por exemplo. Mas essa questão deve ser abordada de forma complexa, dialética e tendo em vista, sobretudo, a perspectiva do legado histórico e cultural do país: "são tendências estruturais que o Brasil vem apresentando ao longo da nossa história e que, diante de crises, são capazes de se reorganizar com base nos contextos doméstico e internacional. É muito importante olharmos para a complexidade dessa questão nessa medida para entendermos, inclusive, a própria questão racial."[8]

Para Almeida, três dimensões exercem papéis fundamentais nesse cenário: (1) a dependência econômica do Brasil com relação aos países localizados no cerne do sistema capitalista global; (2) o bloqueio à democracia nacional em momentos sociopolíticos decisivos; e o (3) racismo estrutural vigente no país desde a instituição da Primeira República (1889):

> Todas essas [dimensões] se entrelaçam. [...] Toda vez que o Brasil organiza um projeto de país, no sentido de superar a dependência econômica, algo acontece e somos golpeados para que desapareçam essas possibilidades, o que, quase sempre, remete à segunda dimensão: o bloqueio das vias democráticas com a ascensão de propostas por meio do autoritarismo. [...] Nessa equação, a última tendência aqui citada, que é o racismo estrutural, insere-se no que tange à caracterização de um Estado violento, incapaz de gerar pontos de consenso entre a sua própria população.[9]

---

[8] Entrevista concedida ao autor no dia 31 de agosto de 2021 e publicada, originalmente, no *UOL*.

[9] Entrevista concedida ao autor no dia 2 de setembro de 2021.

AS EXPRESSÕES DO ELITISMO HISTÓRICO-CULTURAL NO BRASIL DO SÉCULO XXI

De acordo com essa visão, a questão racial, no Brasil e no começo do século XXI, está embrenhada no conceito que vários teóricos e pensadores atuais classificaram como "neoliberalismo autoritário".[10] Sobretudo a partir de 2016, com o início do governo ilegítimo de Michel Temer, esse modelo econômico e sociopolítico ganhou muita ressonância no país.

Essa reflexão, que insere a questão racial no contexto mais amplo da geopolítica doméstica e global, e confere um caráter histórico-cultural ao próprio racismo, é absolutamente fundamental para repensarmos soluções capazes de retomar as propriedades emancipadoras da política nacional.

Na prática, por exemplo, e para efeito de compreensão, essa abordagem mais densa e complexa explica que os próprios racistas são fruto de um modelo de sociabilidade, em vez de considerá-los, de forma predeterminada e reducionista, agentes desprovidos de legados históricos e como seres aculturais. Conclui Almeida:

> Nós temos a difícil missão de abrir as portas do futuro que é possível para o Brasil. [...] Tudo o que fizermos agora talvez não seja vivenciado em sua plenitude por cada um de nós que aqui estamos. O fim do governo de Jair Bolsonaro, muito provavelmente, não significará o que [Frantz] Fanon chamou de "a saída da grande noite". Existem outras armadilhas nos esperando e pessoas que participaram desse golpe tentando se reorganizar. Temos que estar atentos.[11]

---

[10] Daniel Pereira Andrade, Mariana Côrtes e Silvio Almeida, "Neoliberalismo autoritário no Brasil", 2021.
[11] Entrevista concedida ao autor em 31 de agosto de 2021.

APOROFOBIA

Justo Veríssimo, personagem do humorista Chico Anysio, já explicava o conceito da aporofobia na década de 1970 com o seu famoso bordão: "Eu quero que pobre se exploda."

De acordo com Adela Cortina, professora emérita de Filosofia Moral e Política da Universidade de Valência, na Espanha,

> é o pobre que incomoda, o sem recursos, o desamparado, o que parece que não pode trazer nada de positivo ao PIB do país em que chega ou em que vive há muito tempo, o que, aparentemente, pelo menos, não trará mais do que complicações. É o pobre que, segundo dizem os despreocupados, aumentará os custos da saúde pública, tomará o trabalho dos nativos, será um potencial terrorista, trará valores muito suspeitos, removerá, sem dúvidas, o "bem-estar" de nossas sociedades, nas quais, indubitavelmente, há pobreza e desigualdade, mas incomparavelmente em menor grau do que sofrem os que fogem das guerras e da miséria.[12]

A criação de conceitos novos é fundamental para a compreensão de uma realidade social que se encontra em constante processo de complexificação, contanto que não sirvam a propósitos meramente relacionados a um debate nominalista estéril e que sejam úteis para, além de ilustrar determinado contexto factual, alterá-lo. Ou seja, as novas ideias devem expressar a materialidade social e oferecer elementos (teóricos, metodológicos, filosóficos etc.) para transformá-la.

O conceito da "aporofobia" cunhado pela professora Adela Cortina é extremamente pertinente: expressa, de fato, a materialidade de

---

[12] Adela Cortina, *Aporofobia*, 2020, p. 18.

como os indivíduos se comportam nas sociedades contemporâneas, sobretudo nas quais reina o modo de reprodução capitalista desde o fim do século XVIII e começo do XIX, e traz um elemento filosófico fundamental para refletir e repensar essa realidade.

Entretanto, as bases do elitismo histórico-cultural contidas nesta obra, apesar de utilizarem a aporofobia como parte integrante das expressões elitistas cotidianas aqui apresentadas, divergem radicalmente da abordagem biologista que a professora Cortina utiliza para endereçar o que, segundo ela, seriam as origens do conceito: "a aporofobia é um atentado diário, quase invisível, contra a dignidade, o bem-estar social e o bem-estar das pessoas concretas [aqui referidas]. Ademais, porque, enquanto atitude, ela possui um alcance universal: *todos os seres humanos são aporófobos por raízes cerebrais.*"[13]

Apesar de também considerar o que chama de "raízes sociais", Cortina dedica capítulos inteiros de seu livro para argumentar que o "nosso cérebro é aporófobo", que "somos biologicamente xenófobos" e que existe uma espécie de "origem biológica da consciência moral".

> A aporofobia, a predisposição de rejeitar os pobres e desamparados [...] teria suas raízes na natureza humana. [...] A tendência de prestar atenção aos bem-situados e de rejeitar os menos favorecidos estaria enraizada na natureza humana. No entanto, também poderia existir uma versão biológica desse mal radical, o que permitiria explicar por que os discursos politicamente corretos declaram que todos os seres humanos são iguais em dignidade, porém, no momento da verdade, que é o da ação, a aporofobia é uma realidade e os pobres são relegados. É possível que a resposta a essa flagrante incoerência

---

[13] *Ibidem*, p. 18, grifo meu.

esteja em nosso cérebro [...] por ser o centro de controle que dirige todas as nossas operações.
[...]
Segundo um bom número de autores, como [Kathinka] Evers, nossa *identidade inata*, própria da espécie a que pertencemos, nos *predispõe a desenvolver tendências avaliativas universais*. [...] Como dizia [David] Eagleman, referindo-se precisamente à xenofobia que mencionamos no início deste capítulo, *o medo dos estrangeiros é algo completamente natural*.[14]

A tentativa de explicar a condição humana, da sua formação biológica à atuação social, por meio de parâmetros ou comportamentos inatos e naturais representa uma armadilha biologista que caracteriza as linhas das investigações de muitas ciências modernas, principalmente nas searas sociais, das neurociências e da filosofia. Forma-se um modelo epistemológico que desconsidera em absoluto – ou reduz drasticamente – a importância dos legados históricos e culturais para o desenvolvimento humano em toda a sua plenitude.

Como o próprio nome do conceito expressa, segundo o que preconiza a proposta do elitismo histórico-cultural, a aporofobia, que sem dúvida é uma das principais formas de expressão cotidiana dos parâmetros elitistas que organizam o atual modelo de sociabilidade brasileiro, não é "completamente natural" nem está biologicamente enraizada na natureza humana. Ela existe, bem como todas as outras dimensões aqui exploradas, por conta dos legados históricos e culturais vigentes nos períodos colonial e imperial, anteriores à formação da atual República Federativa do Brasil, somados à racionalidade neoliberal que se tornou a face hegemônica do capitalismo ao longo dos últimos quarenta anos. Portanto, o modo de governo dos seres

---

[14] *Ibidem*, pp. 77-78, 84-85, grifos meus.

humanos, segundo o princípio universal da concorrência somado às dimensões históricas e culturais do modelo escravista europeu aplicado às colônias e os impérios que se formam a partir do século XVI nas Américas.

LGBTQIA+FOBIA

Os primeiros colonizadores europeus, figuras como Pedro Álvares Cabral, Vasco da Gama, Cristóvão Colombo, Fernão de Magalhães, dom Henrique de Avis, Juan Sebastián Elcano e, posteriormente, os capatazes contratados no Novo Mundo, tais como Domingos Jorge Velho, eram todos homens, heterossexuais (publicamente, pelo menos) e que se apresentavam como conquistadores viris capazes de prover riquezas (terras, mão de obra escravizada e minerais) para suas respectivas coroas europeias.

Assim como essa influência vigora até hoje no estado de São Paulo, com a avenida dos Bandeirantes, a rodovia dos Bandeirantes, o Palácio dos Bandeirantes, o Monumento às Bandeiras, entre outros, o mito da virilidade, do homem forte, heterossexual e provedor segue impregnado na organização psíquica dos brasileiros, não por meio de *raízes cerebrais* que surgem de um cérebro biologicamente *preformado*, mas por conta das influências dos legados históricos e culturais que precederam a composição da nossa atual organização societária. Essas influências também precedem a organização das redes neurais, que podem, portanto, ser alteradas.

Nesse contexto histórico-cultural, algumas das principais ofensas passam a ser organizadas com base na pretensa ausência das características que eram apresentadas como fundamentais pelos invasores (colonizadores) europeus: veado, gay, bicha, frouxo, marica, corno e assim por diante.

Antes da colonização europeia nas Américas, outros povos lidavam de forma absolutamente distinta com o ato do amor entre pessoas do mesmo sexo. Alexandre, o Grande, ao que indicam estudos historiográficos, casou-se com três esposas diferentes, Roxana, Estatira II e Parisátide, ao longo de sua vida e foi amante de Heféstio Amíntoro. Ainda assim, a sua bissexualidade não o impediu de ser percebido como o maior líder militar da Antiguidade.

Antes da chegada dos portugueses, os indígenas dos povos tibira e çacoaimbeguira não sofriam repressões de nenhuma ordem por parte de seus pares. Com a chegada dos portugueses e o Tribunal do Santo Ofício,[15] contudo,

> passam a ser perseguidos devido a suas práticas fanchonas. [...] Para Ronaldo Vainfas, esse período é marcado pela intolerância contra os nefandos, a qual ocorreu de modo desigual, tanto geograficamente como socialmente, pois as massas populares eram as vítimas mais frequentes, enquanto a nobreza desfrutava de certo prestígio. No que diz respeito aos populares, estes se sentiam incomodados com as exposições dos homoeróticos, caracterizados por aqueles que invertiam seu papel sexual. [...] Para punir esses indivíduos, a Inquisição utiliza-se de diversos recursos, inclusive a morte na fogueira, ocorrida em várias regiões da Europa, mas não no Brasil.[16]

Ou seja, pela forte influência exercida pela Santa Sé[17] (Igreja Católica), as relações homoafetivas passam a ser criminalizadas no

---

[15] A Inquisição portuguesa foi criada em 1536 e existiu até 1821. A Inquisição romana ou "Congregação da Sacra, Romana e Universal Inquisição do Santo Ofício" existiu entre 1542 e 1965.
[16] Ver Zenaide Gregório Alves, "Inquisição e homossexualidade na colônia", 2011.
[17] Precisamente por esse motivo, a região central da capital de São Paulo, maior cidade do Brasil, é intitulada Praça da Sé.

Brasil Colônia durante o século XVI, mas os resquícios desse legado histórico-cultural permanecem enfaticamente presentes nas relações sociais após mais de quinhentos anos.

Em outubro de 2021, Fabiano Contarato, senador da República pelo Espírito Santo, que sofreu ataques homofóbicos de Otávio Fakhoury, empresário apoiador de Jair Bolsonaro, utilizou o plenário da CPI da Pandemia e fez uma declaração emblemática contra a LGBTQIA+fobia: "Sua família não é melhor que a minha."[18] Em entrevista realizada para a composição desta obra, Contarato afirmou que se sentiu compelido a agir:

> Eu fiquei muito na dúvida se deveria fazer aquela fala e expor toda a minha família. Tomei conhecimento daquele ataque na noite anterior e quase não dormi. Fui para a CPI sem saber se eu faria aquela fala, mas entendi que a minha omissão equivaleria a um ato de covardia para com milhões de pessoas que não têm vez ou voz. Naquele momento, entre expor a minha família e a minha vida pessoal e não somente lutar contra a LGBTQIA+fobia, mas em prol da própria dignidade da pessoa humana, eu escolhi lutar. [...] Recebi mensagens de várias famílias heterossexuais, por exemplo, agradecendo a minha fala e dizendo que aquela mensagem lhes tocou o coração.[19]

Combater qualquer expressão do elitismo histórico-cultural é uma questão de humanidade que transcende, em ampla medida, os grupos diretamente agredidos por essas posturas.

---

[18] "Fabiano Contarato dá lição na CPI diante de preconceito nojento", *UOL*, 30 set. 2021.
[19] Entrevista concedida ao autor em 6 de outubro de 2021.

MACHISMO E MISOGINIA

Existe uma relação intrínseca entre o machismo e a misoginia. As suas primeiras expressões remetem à Antiguidade, quando a vida social era regulada, quase estritamente, com base no uso da força. Fisicamente mais fortes do que as mulheres, os homens impunham a lei da época por meio de espadas, lanças, escudos e machados.

Na Roma Antiga, por exemplo, uma sociedade era patriarcal, as mulheres eram relegadas a cuidar dos filhos e valorizadas apenas como reprodutoras. Por muitos séculos, as mulheres não podiam votar, trabalhar fora de casa ou exercer protagonismo mais enfático na vida social e econômica. Apesar das mudanças conquistadas pelos movimentos feministas, que demandam a igualdade social (e não fisiológica) entre os gêneros, desde a Revolução Francesa, mas, sobretudo, ao longo do século XX[20] e nas primeiras décadas do XXI, o machismo e a consequente misoginia seguem presentes de forma estrutural na organização histórica e cultural das novas gerações nacionais:

> O machismo é definido como um sistema de representações simbólicas, que mistifica as relações de exploração, de dominação, de sujeição entre o homem e a mulher. [...] Enquanto sistema ideológico, oferece modelos de identidade, tanto para o elemento masculino quanto para o elemento feminino. Ele é aceito por todos e mediado pela "liderança" masculina. Ou seja, é através desse modelo "normalizante" que homem e mulher "tornam-se" homem e mulher, e é também através dele que se ocultam partes essenciais das relações entre os sexos,

---
[20] No Brasil, por exemplo, as mulheres conquistaram o direito ao voto somente no ano de 1932.

invalidando-se todos os outros modos de interpretação das situações, bem como todas as práticas que não correspondem aos padrões de relação nele contidos. *Desde criança, o menino e a menina entram em determinadas relações, que independem de suas vontades, e que formam suas consciências: por exemplo, o sentimento de superioridade do garoto pelo simples fato de ser macho e em contraposição o de inferioridade da menina.* Um outro exemplo nos é oferecido pela própria destinação em termos de trabalho: *a menina é geralmente conduzida para as atividades que não produzem dinheiro, enquanto o garoto é necessariamente orientado para uma profissionalização.*[21]

O machismo (e, consequentemente, a misoginia) pode ser genericamente considerado um ideal a ser atingido por todos os seres humanos: determinado pelos homens e obedecido pelas mulheres. O machismo constitui, portanto, um "sistema de representações-dominação"[22] que utiliza o argumento do sexo, mistificando assim as relações entre homens e mulheres, reduzindo-as a uma hierarquia simbólica que estabelece dominantes e dominadas por meio da objetificação de todos os indivíduos.

De muitas maneiras, contudo, os próprios homens são vítimas do machismo, uma vez que tal sistema não lhes permite expressar suas fraquezas e os compele a ser *machos* em tempo integral. Isso significa, nesse contexto, ser incapaz de lidar com os limites, as dores e os sofrimentos inerentes à experiência humana: problemas sexuais, familiares, emocionais, financeiros e, principalmente, relacionados ao envelhecimento.

---

[21] Mary Pimentel Drumont, "Elementos para uma análise do machismo", 1980, p. 81, grifos meus.
[22] *Ibidem*, p. 81.

Naturalmente, contudo, o machismo se apresenta de forma absolutamente mais enfática contra as mulheres em suas vidas cotidianas, o que caracteriza o próprio conceito da misoginia. Essas manifestações aparecem com mais evidência quando se diz que as mulheres "não sabem dirigir", "são histéricas",[23] "choram por qualquer coisa", "são vagabundas", "somente servem" para determinadas tarefas e assim por diante. Em posições diametralmente antípodas, essas colocações seriam aplicadas dizendo que os homens "dirigem bem, porque amam os carros", "são fortes e viris", "não choram", "são 'garanhões' ou 'pegadores'" e "comandam o mundo". Desse modo, surge e se mantém uma sociedade patriarcal:

> Ao apropriar-se da realidade sexual, o machismo, em seu efeito de mistificação, supercodifica a representação de uma relação de poder (papéis sexuais, símbolos, imagens e representações eróticas, instituições sexuais etc.) produzindo "duas linguagens": uma masculina e uma feminina. [...] Assim, o machismo representa-articula (relações reais e imaginárias) esta dominação do homem sobre a mulher na sociedade.[24]

Bem como acontece com todas as dimensões estruturais e expressões cotidianas do elitismo histórico-cultural no século XXI, o machismo e a misoginia apresentam-se hoje de forma progressivamente

---

[23] No dicionário, o que se encontra sobre histeria, localizando a história da medicina: doença nervosa que, supostamente, se origina no útero, caracterizada por convulsões. Cabe lembrar que a palavra *histeria* resulta do termo grego que significa "útero". Encontra-se também, como sinônimo, o comportamento caracterizado por emotividade excessiva. O tema é complexo e deve ser compreendido no contexto em que foi cunhado, ou seja, o trabalho de Sigmund Freud, no período de 1886 a 1898. Cabe ressaltar que Freud era médico e discordava da interpretação dada pela medicina de sua época às doenças nervosas.
[24] Mary Pimentel Drumont, *op. cit.*, p. 82.

mais tácita e elaborada, o que, por um lado, reduz os danos diretos que causam, mas, por outro, os tornam mais palatáveis para a maior parcela da população.

O ato de pagar a conta em um restaurante, por exemplo, pode simplesmente significar um gesto de gentileza, sem dúvida, mas também representar uma forma de estabelecer certo domínio sobre a companheira. Principalmente sob a lógica do capital, não "existe almoço grátis" e as pessoas não gastam dinheiro inocuamente; elas fazem investimentos, quase sempre esperando algum tipo de retorno (material, político, emocional etc.)

GORDOFOBIA, ESTATURISMO E ETARISMO

Gordofobia, estaturismo e etarismo são neologismos cunhados para definir, respectivamente, o estigma social relacionado à obesidade, à baixa estatura e à velhice. Trata-se, de forma direta, da discriminação preconceituosa com base no julgamento de uma pessoa por ser obesa, baixinha ou idosa.

Apesar de parecerem menos nocivas à vida social do que as expressões cotidianas do elitismo histórico-cultural apresentadas até aqui, são extremamente deletérias para as dimensões interpessoal e profissional de quem é vítima desses comportamentos abusivos.

Ao longo do século XX, os brasileiros cresceram assistindo às produções hollywoodianas e seus genéricos nacionais (filmes e novelas). Jovens atores e atrizes brancos, com corpos bem torneados e estatura mínima de 1,70 m foram solidificados como referências estéticas de *beleza*. Esse imaginário se aplica até os dias atuais, ser fisicamente parecido com um astro do cinema estadunidense oferece uma vantagem imensa para que artistas brasileiros consigam papéis importantes na indústria audiovisual nacional.

Primeiramente, olhemos para a gordofobia. Intitulada *A contratação, a demissão e a carreira dos executivos brasileiros*,[25] uma pesquisa realizada em 2009 com 31 mil executivos brasileiros, identificou que 65% dos presidentes e diretores (*C-levels*) de grandes companhias apresentavam restrições para contratar pessoas obesas. Além disso, o estudo demonstra que o Índice de Massa Corporal (IMC) influencia até mesmo a remuneração dos funcionários: para cada ponto que o trabalhador apresente no índice, seu salário é reduzido, em média, em 92 reais. Em 2023, os valores desse estudo seguramente estão desatualizados, mas o princípio de distinção segue válido.

No começo de 2022, o nutricionista Erick Cuzziol, em entrevista ao programa *Opinião*, da Rede Cultura, relatou que

> quando eu me formei, pesava 130 quilos e percebi que fui engordando depois da faculdade, porque não conseguia emprego. Em toda entrevista, eu tinha que explicar o porquê eu era nutricionista e era gordo. [...] Temos algumas respostas, alguns controles [para a obesidade], mas não a solução. É vendida a solução, mas ela ainda não existe, infelizmente.[26]

O nutricionista não está sozinho. De acordo com outro estudo, apresentado em 2020, 60,3% dos brasileiros com 18 anos ou mais (cerca de 96 milhões de pessoas na ocasião) estavam acima do peso em 2019.[27] Outra pesquisa, realizada em 2017, demonstrou que

---

[25] Adriano Arruda *et al.*, *A contratação, a demissão e a carreira dos executivos brasileiros*, 2009.
[26] "Nutricionista relata gordofobia na área da saúde: 'Não conseguia emprego'", *Opinião/UOL*, 19 jan. 2022.
[27] "Pesquisa do IBGE mostra aumento da obesidade entre adultos", *gov.br*, 21 out. 2020.

92% dos obesos entrevistados diziam sofrer com a gordofobia no convívio social.[28]

Menos comentado e conhecido do que a gordofobia, o estaturismo também traz muito sofrimento para pessoas de baixa estatura, principalmente do sexo masculino, que se ressentem, principalmente, de aparecer sob o escrutínio público em ocasiões sociais (festas de aniversários, casamentos, formaturas etc.) e trajados formalmente ao lado de mulheres mais altas, o que é visto como socialmente *estranho*.

Muitos estudos ao longo dos anos demonstraram que existe uma correlação direta entre a altura do indivíduo, cargos de liderança e bons salários. Isso vale, novamente, mais para os homens, que ganham 2,5% a mais por centímetro de altura adicional, de acordo com um estudo publicado no *Journal of Applied Psychology*. Cada centímetro pode valer 789 dólares a mais por ano, em média, quando se trata de remunerações. Além disso, a pesquisa afirma que uma pessoa com 1,80 m de altura, provavelmente, ganharia 166 mil dólares a mais do que alguém com 1,70 m, ao longo de uma carreira de trinta anos. Autores da publicação, os pesquisadores Timothy A. Judge e Daniel M. Cable apontam razões histórico-culturais para endereçar a questão:

> Quando os humanos estavam nos estágios iniciais de organização [social], talvez usassem a altura como um índice de poder na tomada de decisões de "lutar ou fugir". Eles atribuíam qualidades de líder às pessoas altas, porque achavam que essas seriam mais capazes de protegê-las. Psicólogos evolucionistas

---

[28] Skol Diálogos em parceria com o Instituto Brasileiro de Opinião e Estatística (Ibope). "Gordofobia está presente no dia a dia de 92% dos brasileiros, aponta pesquisa", *Zero Hora*, 16 nov. 2017.

argumentariam que alguns desses velhos padrões ainda operam em nossas percepções hoje.[29]

O jornalista Malcom Gladwell fez descobertas empíricas interessantes no sentido de demonstrar o funcionamento do estaturismo:

> Pesquisei cerca de metade das empresas da lista da *Fortune 500*, perguntando a cada empresa sobre o seu CEO. Em minha amostra, descobri que, em média, os CEOs tinham pouco mais de 1,80 m, dado que o homem americano médio tem 1,73 m. Isso significa que os CEOs, como grupo, têm cerca de sete centímetros a mais que o resto dos homens estadunidenses. Mas essa estatística na verdade subestima as coisas. Na população dos Estados Unidos, apenas 14,5% de todos os homens têm 1,80 m ou mais. Entre os CEOs de empresas da *Fortune 500*, esse número é de 58%.[30]

Diferentemente da obesidade, que, ao incomodar o indivíduo, pode ser tratada por meio de uma série de medidas, a baixa estatura não oferece soluções eficazes, assim como também não existem métodos para evitar que os anos passem e o processo de envelhecimento se agudize.

O etarismo, ou seja, a discriminação dos indivíduos com base na faixa etária, encontra-se presente em diversas instâncias da organização social: da vida profissional nas organizações corporativas[31] aos espaços públicos de forma mais geral. O problema é tão sério e abran-

---

[29] Timothy Judge e Daniel Cable, "The effect of physical height on workplace success and income: preliminary test of a theoretical model", 2004, p. 428.
[30] Malcolm Gladwell, *Blink*, 2005, p. 40, tradução minha.
[31] Guilherme Blauth Loth e Nereida Silveira, "Etarismo nas organizações: um estudo dos estereótipos em trabalhadores envelhecentes", *Revista de Ciências da Administração*, 2014.

gente que metade da população mundial relata ações discriminatórias de etarismo.[32] "Velho gagá", "já passou da hora de se aposentar", "no bico do corvo", "com o pé na cova", "está muito velho" para fazer tal coisa, "velho babão" e "Matusalém" são apenas alguns dos termos usados cotidianamente quando se trata de etarismo.

No Brasil, 16,8% dos cidadãos com mais de cinquenta anos disseram ter sido vítimas de etarismo e 18% dos idosos com mais de sessenta e cinco anos afirmaram ter sofrido discriminações ou ter sido maltratados em um serviço de saúde. Além disso, 81% dos participantes da segunda edição da pesquisa Idosos no Brasil afirmaram que há preconceito contra o idoso no país.[33] Outros trabalhos realizados ao redor do planeta demonstram o óbvio: idosos vítimas de etarismo estão mais inclinados a desenvolver complicações de todas as ordens, como condições clínicas crônicas, problemas cardiovasculares, artrite e comprometimento acelerado do declínio cognitivo, o que eleva o risco de demência e senilidade.

ERUDITISMO

No escopo do que propõe o elitismo histórico-cultural, o eruditismo (ou o intelectualismo) caracteriza-se pela discriminação social dos indivíduos com base na ausência da formação escolar, dos títulos acadêmicos ou de conhecimentos intelectuais.

As grandes inovações científicas conquistadas ao longo dos últimos trezentos anos foram alcançadas, fundamentalmente, por conta de pesquisadores que atuaram dentro dos muros das academias inte-

---

[32] Organização Mundial de Saúde, *Global Report on Ageism*, 2021. O levantamento foi realizado pela OMS com mais de 80 mil pessoas de 57 países.
[33] A segunda edição da pesquisa Idosos no Brasil contou com a opinião de 4.144 brasileiros, sendo 2.369 pessoas com mais de 60 anos, e foi realizada entre janeiro e março de 2020.

lectuais. Ao longo dos últimos séculos, os métodos e procedimentos acadêmicos, que, de fato, são extremamente pertinentes e necessários em diversos estudos e ocasiões, criaram uma espécie de vício procedimental que pode ser classificado como "academicismo". Ou seja, uma forma hermética e restritiva de se fazer o que é considerado "ciência" pelos acadêmicos em geral e que, muitas vezes, desconsidera e anula a riqueza de outros modelos epistemológicos.

A partir desse ponto, criaram-se graduações (bacharel, mestre, doutor, livre-docente etc.) com definições bem determinadas do que cada indivíduo que as possui deve fazer (trabalho de conclusão de curso, dissertação, tese etc.) para atingir a etapa seguinte. As bancas avaliadoras são temidas e agem como verdadeiras paladinas do "conhecimento", que determinam o que é "certo" ou "errado", mesmo quando o tema pesquisado é extremamente amplo, contraditório e complexo, como no caso das ciências sociais.

Por conta da sua natureza cultural, os seres humanos criam suas instituições a sua imagem e semelhança: sob o neoliberalismo vigente no começo do século XXI, todas as instituições de ensino tendem a refletir a própria lógica do capital. Assim, não é mera coincidência que o desenvolvimento acadêmico (e científico) tenha um paralelo muito estreito com o próprio modo de produção capitalista, com o reducionismo pragmático (em prol do lucro, dos títulos, do resultado etc.) e a competição desenfreada que o caracterizam. Conforme explicado anteriormente, "toda a história do desenvolvimento da ciência no Ocidente desde o século XVII vem sendo uma tentativa de reduzir os objetos de estudo. Isso significa reduzir o complexo para o simples. Reduzir o biológico para o químico ou o físico. Este reducionismo é um aspecto-chave da metodologia científica".[34]

---

[34] Entrevista utilizada originalmente no livro *A ascensão do bolsonarismo no Brasil do século XXI*, em 2019.

Tal reducionismo também criou uma espécie de linguagem social, que estabelece uma hierarquia moral, valorizando os indivíduos que possuem a formação e os títulos acadêmicos em detrimento da maior parte da população.[35]

Cotidianamente, o eruditismo se expressa por meio de frases como "nasceu para ser" antes de determinada profissão que não exija a conclusão da universidade, "eu sou isso e você é aquilo" etc. Por exemplo: no começo de julho de 2020, Nívea del Maestro e Leonardo Barros, um casal de cariocas abordado por Flávio Graça, fiscal da Vigilância Sanitária, que os instruiu a usar máscara de proteção por conta da pandemia da covid-19, reagiram afirmando que eram "melhores" do que Flávio. Disse ela, referindo-se ao marido em detrimento do fiscal: "Cidadão não, engenheiro civil formado, melhor do que você."

Existem muitos casos como esse. Na última semana de abril de 2021, o ministro bolsonarista Paulo Guedes afirmou, sem saber que estava sendo gravado, que o Fundo de Financiamento Estudantil (Fies) bancou universidades até para o "filho de porteiro que zerou o vestibular".[36] Alguns meses depois, Milton Ribeiro, outro ministro da gestão Bolsonaro, explicou, ilustrativamente, do que se trata o eruditismo vigente no país: disse que a universidade deveria ser um espaço de acesso "para poucos, nesse sentido de ser útil à sociedade".[37]

Vale, contudo, refletir sobre essa colocação absurda. Além da natureza cultural, seres humanos também possuem um caráter inatamente social e coletivo. Simplificando: ninguém sobreviveria sozinho neste planeta. O que aconteceria com esses "poucos" que são citados pelo

---

[35] Instituto Nacional de Estudos e Pesquisas Educacionais Anísio Teixeira (Inep). Em 2000, o país tinha 2,7 milhões de matriculados em cursos de graduação. Em 2019, 8,6 milhões. Contudo, somente 21% dos brasileiros adultos (entre 24 e 35 anos) concluíram o nível superior. Sobre esse tema, consulte a reportagem de Lianne Ceará, Marcos Amorozo e Renata Buono "Diploma, acesso e retrocesso", *piauí*, 10 maio 2021.
[36] "Paulo Guedes diz que Fies é 'bolsa para todo mundo' e fala que filho de porteiro 'tirou zero na prova' e conseguiu financiamento", *G1*, 30 abr. 2021.
[37] "Ministro da Educação defende que universidade seja 'para poucos'", *G1*, 10 ago. 2021.

ministro bolsonarista, caso a grande massa iletrada não limpasse as ruas e as casas, preparasse as refeições, consertasse os veículos e assim por diante?

Assim como todas as expressões cotidianas do elitismo histórico-cultural, o eruditismo desconsidera a igual importância que todos os seres humanos têm para a manutenção da espécie sobre a face da Terra.

ETNICISMO

Caracteriza-se pela discriminação preconceituosa com base nas diversas etnias humanas, muitas vezes dentro de uma mesma "raça" ou nação. Para muito além das manifestações óbvias de racismo, por meio da segregação e da violência que vêm sendo perpetradas contra negros e indígenas desde a colonização europeia no Brasil, hoje utilizam-se filigranas étnicas e culturais para a composição de parâmetros elitistas a serviço do capital, principalmente por meio da racionalidade neoliberal, dependendo da fragilidade política e econômica dos estados (internos ou externos) de origens dos grupos étnicos.

Nas capitais mais ricas do Brasil, os nortistas, nordestinos, bolivianos, venezuelanos, indígenas, congoleses e haitianos são as principais vítimas do etnicismo.[38] Com frequência, nas metrópoles do Sul e do Sudeste do país, as pessoas se referem a essas etnias de forma pejorativa, com termos como "cabeça-chata", "burros de carga", "pau de arara"[39], "mulas" e usam etnicismos como "baiano", "programa

---

[38] Lola Ferreira, "Vídeo inédito mostra as últimas horas de Moïse no quiosque onde foi morto...", *UOL*, 5 fev. 2022.
[39] Ricardo Della Coletta e Mateus Vargas, "'Está cheio de pau de arara aqui', diz Bolsonaro em referência a nordestinos", *Folha de S.Paulo*, 3 fev. 2022.

de índio", "paraíba", "baianagem" ou "paraibagem" para descrever pessoas, coisas ou situações de forma negativa.

Cidadãos dessas etnias residem, geralmente, nas partes mais pobres do centro da cidade de São Paulo, por exemplo, e são rechaçados nos bairros "nobres", tais como Vila Olímpia, Jardim Europa, Jardim América, Vila Nova Conceição, Moema, Itaim Bibi, Higienópolis, Pinheiros etc. No tácito, mas nem tanto, processo de *apartheid brasileiro* que vigora até os dias atuais com força total, essas áreas são reservadas aos descendentes de europeus – ou brancos de outras etnias.

Existe uma correlação direta entre essa linguagem degradante e os trabalhos análogos à escravidão aos quais esses grupos são submetidos. Geralmente, bolivianos[40] e venezuelanos[41] costuram as roupas das grifes mais caras e produzem as bebidas que a burguesia paulista ostenta nas festas sofisticadas da alta sociedade local. Entre 1995 e 2020, 55.712 pessoas foram encontradas em condições semelhantes à de escravidão:

> (1) A escravidão é uma indústria organizada com conceitos e estatutos de análise próprios; (2) essa indústria se distribui de forma estruturada pelo território brasileiro; (3) como uma indústria organizada e espacialmente estruturada, o trabalho escravo possui curvas de oferta e de demanda. A curva de oferta do trabalho escravo é desenhada com base nos locais de naturalidade de trabalhadores resgatados *e está relacionada ao grau de vulnerabilidade experimentado por segmentos populacionais específicos*. A vulnerabilidade socioeconômica (e em

---

[40] Ver Amanda Eiras Testi, *O trabalho análogo ao de escravo dos bolivianos no Brasil*, 2019; ver também Marineis Merçon, *Imigrantes bolivianos no trabalho escravo contemporâneo*, 2015.

[41] Gil Alessi "Ambev e Heineken são autuadas por trabalho escravo de imigrantes venezuelanos em São Paulo", *El País*, 17 maio 2021.

nível de desenvolvimento humano) facilita o aliciamento dessas pessoas por exploradores. Assim, a curva de oferta do trabalho escravo está radicada em fatores como pobreza, desigualdade de renda, concentração da posse da terra, violência, entre outros.[42]

Ou seja, inúmeros fatores que transcendem a discriminação racial, apesar de esse parâmetro ser o cerne referencial de todas essas organizações subsequentes.

CAPACITISMO

Caracteriza-se pela discriminação, a opressão e o abuso das pessoas com deficiência. Trate-se de uma expressão do elitismo histórico-cultural que classifica as pessoas com "deficiências" como sendo inferiores às pessoas "comuns" ou "normais".

Existem duas dimensões fundamentais do capacitismo: a ativa e a passiva. A primeira ocorre quando os insultos e as considerações negativas se manifestam ativamente, por meio de agressões físicas ou verbais. A segunda é o resultado de uma abordagem passiva, que demonstra excessiva pena, sentimento de dó, admiração ou restrição.

Ambas são extremamente deletérias para a organização psíquica dos milhões de pessoas com deficiência.[43] "Retardado", "mongoloide", "cegueta", "perneta", "ponto e vírgula", entre muitas outras, são típicas expressões cotidianas do capacitismo ativo, enquanto o capacitismo passivo se demonstra, geralmente, por meio de exteriorizações exageradas de admiração ou pena, tais como "incrível que ela(e) faz isso", "inacreditável", "coitadinha(o)" etc.

---

[42] Observatório da Erradicação do Trabalho Escravo e do Tráfico de Pessoas.
[43] Segundo o IBGE, em 2019, 8,4% da população brasileira acima de dois anos possuía algum tipo de deficiência, o que equivalia a, aproximadamente, 17,3 milhões de pessoas.

AS EXPRESSÕES DO ELITISMO HISTÓRICO-CULTURAL NO BRASIL DO SÉCULO XXI

No mundo, aproximadamente um bilhão de pessoas vivem com algum tipo de deficiência – são a "minoria" mais populosa da Terra. O desemprego entre as pessoas com deficiência chega a 80% em alguns países. Muitas vezes, os empregadores assumem que as pessoas com deficiência são incapazes de trabalhar.[44]

Apesar da existência da Lei Brasileira de Inclusão da Pessoa com Deficiência (Estatuto da Pessoa com Deficiência),[45] estabelecida em 2015, estudos demonstram que 71% das pessoas com deficiência acreditam que as empresas têm preconceito em contratá-las, enquanto 32% afirmam ter sofrido discriminação por conta de sua condição.[46] Além disso, 63% dizem que as marcas deveriam investir em lojas planejadas e lançamentos de produtos adequados aos portadores de necessidades especiais: instalações realmente acessíveis, piso tátil para cegos, elevadores adequados para cadeirantes e audiodescrição figuram entre as principais reivindicações e não se aplicam somente ao universo privado, considerando que as ruas e os espaços públicos das principais metrópoles do país também são muito insuficientes nesse sentido.

Todas as expressões cotidianas do elitismo histórico-cultural se perpetram por meio de linguagens específicas, que priorizam determinados grupos "normativos" ou "exemplares" a serem seguidos em detrimento de outros que são excluídos. Com o capacitismo não é diferente: é importante respeitar as avaliações e falas[47] das pessoas com deficiência sobre as melhores formas de construir uma sociedade, desde a infraestrutura civil até as formas sociais de tratamento mais adequadas.

---

[44] Organização das Nações Unidas, Departamento das Nações Unidas para Assuntos Econômicos e Sociais, "Factsheet on Persons with Disabilities" Department of Economic and Social Affairs, s.d.
[45] República Federativa do Brasil, Constituição Federal, Lei Brasileira de Inclusão da Pessoa com Deficiência.
[46] *Oldiversity*, 2017.
[47] Leticia Souza Mello e Luiza Griesang Cabistani, "Capacitismo e lugar de fala: repensando barreiras atitudinais", 2019.

CHAUVINISMO E VIRALATISMO

São as faces opostas de uma mesma moeda, pois expressam posições absolutamente antípodas, mas ambas organizadas com base na irracionalidade. O chauvinismo pode ser compreendido, por definição, como o patriotismo fanático e agressivo, uma espécie de entusiasmo excessivo pelo que é nacional, e menosprezo absoluto pelo que é estrangeiro. O viralatismo é o extremo oposto e pode ser entendido como a subvalorização e o rechaço de tudo que é nacional.

O exemplo cotidiano mais direto e adequado para entender o chauvinismo brasileiro no começo do século são os motes das campanhas de Jair Bolsonaro utilizados nas eleições presidenciais de 2018 e 2022, respectivamente: "Brasil acima de tudo, Deus acima de todos" e "Deus, pátria, família e liberdade".

O termo "chauvinista" surgiu por conta de Nicolas Chauvin, soldado do Primeiro Império Francês. Servindo Napoleão Bonaparte, Chauvin feriu-se inúmeras vezes em combate e regressou para "servir a nação", o que, teoricamente e de acordo com a lógica pós-medieval, demonstraria seu inabalável senso de patriotismo. Invariavelmente, o chauvinismo apoia-se em construções falaciosas que exploram elementos relacionados ao uso da pura emoção em detrimento da razão, conforme demonstra, inequivocamente, o exemplo do bolsonarismo.

Dessa forma, o objetivo central do chauvinismo é a intenção de consolidar um líder autocrático por meio da falsa noção de que determinada nação é superior ao restante da humanidade. Existem muitos exemplos trágicos ao longo da história: a França de Bonaparte, a Alemanha nazista de Hitler, a Itália fascista de Mussolini, o chile de Pinochet, os Estados Unidos de Trump, o Brasil de Bolsonaro, a Hungria de Orban, as Filipinas de Duterte e assim por diante.

No outro extremo da moeda, encontra-se o viralatismo, termo cunhado por Nelson Rodrigues no fim da década de 1950. O escritor definiu o "complexo de vira-lata" quando o Brasil perdeu para o Uruguai na final da Copa do Mundo de futebol, no estádio do Maracanã, no Rio de Janeiro. Segundo Rodrigues, trata-se da "inferioridade em que o brasileiro se coloca, voluntariamente, em face do resto do mundo". Cotidianamente, expressões como "se fosse em um país sério", "no Brasil é assim", "o Brasil é uma piada" etc. são usadas para expressar o viralatismo nacional.

Apesar de afirmar, para efeito de marketing de campanha, que o Brasil estaria "acima de todos", o melhor exemplo para compreender o próprio viralatismo também pode ser obtido por meio de uma fala de Jair Bolsonaro. No dia 26 de março de 2020, ao ser questionado sobre a expansão da pandemia em solo brasileiro, em ato de submissão extrema, Bolsonaro respondeu que o povo brasileiro, quando comparado ao estadunidense, "não pega nada", porque, segundo o próprio presidente do Brasil, os brasileiros estariam acostumados com o esgoto: "Eu acho que não, não vamos chegar a esse ponto [tantos casos quanto nos Estados Unidos], até porque o brasileiro tem que ser estudado. O cara não pega nada. Eu vi um cara ali pulando no esgoto, sai, mergulha [...]. Tá certo? E não acontece nada com ele."[48]

Na prática, o viralatismo e o chauvinismo são extremamente nocivos à vida sociopolítica e econômica do país e dos seus habitantes. O primeiro por levar à sensação de inferioridade, o que faz as pessoas acreditarem que outros povos e nações devem "tomar conta" dos assuntos nacionais via ingerências de todas as ordens, e o segundo por criar uma atmosfera de ódio e intransigência com base na pretensa falácia da superioridade do próprio país.

---

[48] Assista ao vídeo "Bolsonaro: 'Brasileiro tem que ser estudado. Pula no esgoto e nada acontece'", *UOL*, 26 mar. 2020.

OUTRAS EXPRESSÕES

O elitismo histórico-cultural organiza múltiplas expressões – algumas mais estruturais e perenes, como as diferentes formas de racismo abordadas no início deste capítulo. Contudo, existem inúmeras outras construções elitistas que não foram, nominalmente, contempladas nesta obra.

Para todos os efeitos, toda e qualquer construção que organize hierarquias morais e uma gramática da desigualdade pode ser compreendida como uma manifestação do elitismo histórico-cultural. Existem incalculáveis aspectos socioculturais, econômicos, políticos, estéticos, intelectuais etc. atualmente utilizados com esse propósito e geram efeitos práticos na composição dos arranjos sociais e nas suas respectivas dinâmicas de funcionamento.

Personalidades que não encaram fila por conta de sua fama, militares que não pagam o que consomem em estabelecimentos em virtude de sua capacidade coercitiva, políticos e empresários que obtêm toda sorte de vantagens e tratamentos distintos em razão de sua posição social e assim por diante. Existem muitas outras expressões do elitismo histórico-cultural, que, invariavelmente, ainda estão presentes em todas as dimensões das relações sociais.

Capítulo 7   O superdesenvolvimento das forças produtivas: da luta entre as classes à luta dentro das classes

As diferentes expressões cotidianas do elitismo histórico-cultural abordadas no capítulo anterior resultam de uma combinação entre os legados político e social brasileiro. São reproduções atualizadas das dimensões coloniais e imperiais do modelo escravocrata que vigorou no país por séculos e precedeu a elaboração da atual República.[1] Essas reproduções, que se desdobram em diferentes exemplos de autoritarismo, são observadas segundo a perspectiva de que há, no Brasil, um quadro social perfeitamente crível quanto à organização de classe e aos modos de se impor o comando de uma classe sobre a outra. Estamos evidentemente diante da visão clássica que Karl Marx e Friedrich Engels nos ofereceram para interpretar as disposições sociais da economia capitalista: a luta de classes. No entanto, o objetivo deste capítulo é propor um passo a mais a partir dessa visão clássica. Pretendo argumentar aqui como, depois das transformações econômicas substanciais que mudaram a história do século XX, novas configurações do sistema de trabalho fizeram com que, além da luta *entre* classes, também se observasse com mais atenção como é travada a luta *dentro* das classes. Isso é importantíssimo se quisermos entender melhor como indivíduos que formam as classes disputam entre si melhor posição social e, consequentemente, mais benefícios elitistas nas sociedades contemporâneas. Quando falamos de luta entre classes, estamos falando em luta entre desiguais. Mas

---

[1] Cf. Lilia Moritz Schwarcz, *Sobre o autoritarismo brasileiro*, 2019.

quando falamos de luta dentro das classes, estamos falando de luta entre iguais, pelo menos sob o prisma socioecônomico. E é este último aspecto que observaremos a partir daqui.

Vamos, então, percorrer esse caminho argumentativo. Conforme explica, eloquentemente, Engels, no seu livro *A origem da família, da propriedade privada e do Estado*,

> desde que a civilização se baseia na exploração de uma classe por outra, todo o seu desenvolvimento se opera numa constante contradição. Cada progresso na produção é ao mesmo tempo um retrocesso na condição da classe oprimida, isto é, da imensa maioria. Cada benefício para uns é necessariamente um prejuízo para outros; cada grau de emancipação conseguido por uma classe é um novo elemento de opressão para a outra. A prova mais eloquente a respeito é a própria criação da máquina, cujos efeitos, hoje, são sentidos pelo mundo inteiro. Se entre os bárbaros, como vimos, é difícil estabelecer a diferença entre os direitos e os deveres, com a civilização estabelece-se entre ambos uma distinção e um contraste evidentes até para o homem mais imbecil, atribuindo-se a uma classe quase todos os direitos e a outra quase todos os deveres.[2]

Engels indicou, nessa passagem, que o avanço tecnológico, representado pela máquina, estava causando uma descompensação acintosa entre quem manda e quem obedece, apartando de maneira mais bem definida os limites entre grupos humanos que compõem uma mesma

---

[2] Friedrich Engels, *A origem da família, da propriedade privada e do Estado*, 2019, p. 202. Conceitos como "bárbaros" e "civilização" ou "selvagens" e "civilizados", por exemplo, são altamente questionáveis e recentes descobertas arqueológicas indicam que as definições reducionistas para classificar diferentes sociedades complexas implicam uma série de riscos e problemas, conforme mencionado previamente neste livro. Contudo, o argumento de Engels ainda assim é válido para os meus propósitos neste capítulo.

sociedade. Sabemos que, com o advento do capital enquanto relação histórica e social de produção, a luta de classes encampada entre o proletário e a burguesia se dava em agrupamentos que tendiam a ser uniformes. Mas, sobretudo ao longo do século XX, com o superdesenvolvimento das forças produtivas e dos meios de produção que resultou em uma amplitude sem precedente de mercadorias disponíveis ao consumo, mudanças nessa uniformidade começaram a se tornar cada vez mais evidentes. Segundo a perspectiva que defendo neste livro, essas transformações exacerbaram o elitismo histórico-cultural. Afinal, houve a pulverização das relações sociais de produção, que passaram a ser ainda mais influenciadas pelo financismo e pela transferência de plantas fabris dos centros econômicos do Ocidente para as periferias do mundo – uma delas, por exemplo, a China. Isso fez com que o valor do capital se desvinculasse da materialidade de produção fabril centralizada para funcionar, entre outras novidades, sob o lastro da especulação financeira e da exploração de mão de obra barata em rincões distantes do centro econômico global. Além disso, o capitalismo de plataforma, fenômeno geralmente chamado de *uberização do trabalho*, transformou boa parte dos trabalhadores ativos em uma massa que, além de mal paga e imersa na informalidade, não conta com nenhuma proteção social. Nas primeiras décadas do século XXI, quando o sistema de trabalho se desprendeu dos vínculos diretos que objetivavam a produção de manufaturas, surgiram novos regramentos econômicos que fragilizaram ainda mais a formação de novos postos de emprego, ampliando a precariedade das relações de trabalho e deixando populações inteiras desprotegidas nos grandes centros econômicos do mundo capitalista. Essas novas dinâmicas sociais fizeram com que se perdesse a uniformidade dos grupos de proprietários e de trabalhadores, causando uma mudança nas relações entre proletariado e burguesia que fundamentaram o pensamento de Marx e Engels. Tal fato produziu, para muito além da secular luta de classes, uma luta dentro das próprias classes, fenômeno que os teóricos da sociedade dos séculos passados não puderam vivenciar. Em um mundo no qual o desemprego e a desproteção social reinam, quebram-se as expectativas de organização social em torno de objetivos comuns, as relações sociais e de trabalho se tornam mais frágeis e diluídas, favorecendo a dispersão de indivíduos que outrora formavam blocos uniformes e hierarquizados.

Conforme o professor Boaventura de Sousa Santos explica,

> enquanto as sociedades anteriores se organizavam segundo princípios de segmentação ou de hierarquia, as sociedades modernas organizam-se segundo um princípio de diferenciação funcional. Em vez de serem estruturadas por um centro ou um sistema funcionalmente dominante, *as sociedades modernas são constituídas por uma variedade de subsistemas (direito, política, economia, ciência, arte, religião etc.), todos eles fechados, autônomos, autorreferenciais, e automodificáveis, cada um com seu modo de operação e código específico. A correspondência estrutural entre os subsistemas é basicamente o resultado casual da coevolução cega*, enquanto as interconexões funcionais que emergem da coexistência de tais subsistemas na mesma sociedade são formas reduzidas de "acoplamentos estruturais". O direito é um desses subsistemas, um sistema de comunicação legal operando com seu próprio código binário: legal/ilegal. A lei regula apenas a si mesma. O direito é o ambiente de outros subsistemas sociais, pois estes são o ambiente do direito.[3]

A despeito da complexidade da questão, que não pretendo abordar integralmente, e para os meus propósitos neste livro, a coevolução dos subsistemas não é necessariamente "cega", mas absolutamente

---

[3] Boaventura de Sousa Santos, *Toward a new legal common sense*, 2020, p. 65, tradução e grifo meus.

limítrofe. O funcionamento interno de todos os subsistemas segue a macrodinâmica proposta no quinto capítulo, que apresenta os três propulsores do elitismo histórico-cultural: os fetichismos do protagonismo social, do hedonismo e das recompensas materiais/financeiras.

A complexidade dessas lutas entre e dentro das classes é conformada, dialeticamente pela solidificação de um sistema global que afeta sobremaneira a vida dos cidadãos no âmbito doméstico de seus países. O jogo geopolítico global passa a ser ainda mais preponderante para as elaborações dos arranjos sociais internos das nações e, enquanto o neoliberalismo tornou-se a versão hegemônica do capitalismo, o nível de sofrimento infligido às populações capitalistas foi potencializado muitas vezes, conforme sugere o psicanalista Christian Dunker:

> Houve um tempo quando o neoliberalismo esteve hibernando, dormente. Depois de um longo tempo, ele surge novamente no fim dos anos 1970 e se torna hegemônico a partir do Consenso de Washington.[4] Esse processo é curiosamente sincrônico com o que a gente poderia chamar de macropolítica do sofrimento no século XX. Em um primeiro momento, a experiência social do sofrimento é percebida como uma ameaça ao capital, porque, ao deixar as linhas de montagem, os trabalhadores faziam os capitalistas perderem [lucro]. [...] Durante a segunda parte do século XX, sobretudo a partir da década de 1970, descobre-se

---

[4] Composto por dez regras básicas, o Consenso de Washington é um conjunto de grandes medidas que foram formuladas por economistas de instituições financeiras sediadas em Washington, Estados Unidos, como o FMI, o Banco Mundial e o Tesouro dos Estados Unidos, em novembro de 1989. Com base no trabalho do economista John Williamson, do International Institute for Economy, essas medidas estimulavam a competição entre as taxas de câmbio, davam incentivos às exportações e previam a gestão de finanças públicas como política oficial do Fundo Monetário Internacional a partir do início da década de 1990, quando tais ações passaram a ser prescritas para os países em desenvolvimento.

uma nova política para o sofrimento, sob a qual você não precisa proteger o trabalhador. Basta aumentar a quantidade de desempregados, ou seja, a quantidade de pessoas que estão dispostas a aderir a um trabalho simplesmente para sobreviver e não serem excluídas desse universo que passa a ser cada vez mais associado com o reconhecimento, com o lugar simbólico, organização de cotidiano e uma série de outros aspectos que surgem com a possibilidade de trabalhar. Nesse momento, enquanto o capital migra da produção para a financeirização, aparecem manuais de gestão que demonstram como fazer os trabalhadores produzirem mais ganhando menos, fundamentalmente: downsizing, acumulação, plantas [industriais] dispersas pelo mundo. Um conjunto de reformulações sobre a produção que perpassa o nível gerencial sobre como produzir mais medo, ódio, agressividade e melancolia. [...] A depressão era um quadro de terceira categoria nos anos 1950 e 1960 e passa a ser a forma predominante de diagnóstico a partir dos anos 1980 e 1990, porque muda a nossa relação com o trabalho, com a linguagem e com o desejo, basicamente. [...] O depressivo é o que está se autoavaliando o tempo todo, tentando bater metas inexequíveis de forma individualista e se culpando, também de forma individual, ao não conseguir alcançá-las. [...] Foi assim que nos tornamos uma sociedade depressiva.[5]

CONSENSO HEGEMÔNICO GLOBAL

Consolidam-se, nesse sentido, o que o professor Boaventura de Sousa Santos classifica como "as quatro dimensões do consenso hegemô-

---

[5] Entrevista concedida ao autor em 16 de novembro de 2021.

nico global": o consenso econômico neoliberal, o do Estado fraco, o democrático liberal e o da vigência judicial.[6]

O primeiro tem como base a constituição dessa economia global, incluindo a produção global e os mercados globais de bens, serviços e finanças. Baseia-se em mercado livre, desregulamentação, privatização, Estado mínimo, controle da inflação, orientação para a exportação, cortes nos gastos sociais, redução do déficit público, concentração do poder de mercado nas mãos das empresas transnacionais e poder financeiro nas mãos dos bancos transnacionais. De acordo com Boaventura,

> o consenso econômico neoliberal, também conhecido como o "Consenso de Washington", selado nas vitórias eleitorais de [Margaret] Thatcher e [Ronald] Reagan, tem estado tão presente conosco nos últimos quarenta anos que não vou me alongar sobre ele aqui. [...] Para os meus objetivos, desejo apenas enfatizar três inovações institucionais trazidas pelo consenso econômico neoliberal: (1) novas restrições legais à regulação estatal; (2) novos direitos de propriedade internacional para investidores estrangeiros e criadores intelectuais; e (3) a subordinação dos Estados-nação às agências multilaterais: o Banco Mundial, o Fundo Monetário Internacional e a Organização Mundial do Comércio. Essas inovações institucionais foram efetivadas em vários acordos supranacionais com variações consideráveis, desde o hiper-liberal Nafta e a Rodada do Uruguai até a social--democrata ou socioliberal União Europeia. Por outro lado, os Estados em desenvolvimento da Ásia tiveram muito mais poder para adaptar o consenso econômico neoliberal às suas

---

[6] Boaventura de Sousa Santos, *op. cit.*, 2020, p. 371.

necessidades percebidas do que os Estados em desenvolvimento da América Latina.[7]

O consenso do Estado fraco, nas palavras do próprio Boaventura,

> está intimamente relacionado ao consenso econômico neoliberal, mas é conceitualmente autônomo. É claro que favorecer estratégias econômicas baseadas no mercado em vez de estratégias econômicas administradas pelo Estado implica uma preferência por um Estado fraco. Mas o consenso nesse caso é muito mais amplo e vai além do âmbito econômico ou mesmo social. Vê o Estado, mais do que o espelho da sociedade civil, como o oposto da sociedade civil. A força do Estado, mais do que uma consequência da força da sociedade civil ou, alternativamente, uma compensação pela fraqueza da sociedade civil, é vista como a causa da fragilidade da sociedade civil. O Estado, mesmo o Estado democrático, é visto como inerentemente opressor e, portanto, deve ser enfraquecido como uma precondição para o fortalecimento da sociedade civil. Esse consenso liberal é atormentado por um dilema: uma vez que apenas o Estado pode produzir sua própria fraqueza, é necessário um Estado forte para produzi-la com eficiência e sustentá-la de forma coerente.[8]

Terceiro pilar na estrutura do argumento do sociólogo português, o consenso liberal democrático foi selado com a queda do Muro de Berlim e o colapso da União Soviética. Ele explica:

> Seus antecedentes foram as transições democráticas de meados da década de 1970 no sul da Europa (Grécia, Portugal e Espa-

---

[7] Boaventura de Sousa Santos, *op. cit.*, 2020, pp. 371–372.
[8] *Ibidem*, p. 372.

nha), do início ou de meados da década de 1980 na América Latina (Argentina, Chile, Brasil, Uruguai e Bolívia) e do final [dos anos] 1980 e início de 1990 na Europa Central e Oriental, na África (Cabo Verde, Namíbia, Moçambique, Congo, Benim e África do Sul), Filipinas, Nicarágua e Haiti. A convergência entre o consenso econômico neoliberal e o consenso liberal democrático foi enfatizada e pode ser rastreada até as origens da democracia representativa liberal. Eleições livres e mercados livres sempre foram vistos como as duas faces da mesma moeda: o bem coletivo a ser alcançado por indivíduos utilitaristas engajados em trocas competitivas com interferência mínima do Estado. Mas aqui também houve muito espaço para ambiguidades. Enquanto a teoria democrática do século XIX estava igualmente preocupada em justificar o poder do Estado soberano como capacidade reguladora e coercitiva, e com a justificação dos limites desse poder, o novo consenso democrático liberal se preocupa apenas com a coerção; a soberania não interessa em absoluto, particularmente no caso de Estados periféricos e semiperiféricos, e as funções reguladoras são tratadas como uma incapacidade do Estado e não como uma capacidade do Estado.[9]

A Regra da Lei/Consenso Judicial é a quarta coluna que sustenta a globalização hegemônica, segundo Boaventura de Sousa Santos. Esse consenso da vigência judicial deriva dos outros três. O modelo de desenvolvimento neoliberal, com sua maior dependência dos mercados e do setor privado, mudou as regras básicas das instituições públicas e privadas, exigindo um novo quadro jurídico para o desenvolvimento que conduza ao comércio, financiamento e investimento. A provisão

---

[9] *Ibidem,*

de tal estrutura legal e a responsabilidade por sua aplicação é o novo papel central do Estado que é supostamente mais bem cumprido em uma política democrática.

> Supostamente, não há alternativa para a lei a não ser o caos. Isso, entretanto, só será possível se a Regra da Lei for amplamente aceita e efetivamente aplicada. Só então a certeza e a previsibilidade são garantidas, os custos de transação são reduzidos, os direitos de propriedade esclarecidos e protegidos, as obrigações contratuais aplicadas e os regulamentos aplicados. Alcançar tudo isso é o papel crucial do sistema judicial: um judiciário que funcione bem, no qual os juízes apliquem a lei de maneira justa, uniforme e previsível, sem atrasos indevidos ou inacessíveis custos como parte integrante do Estado de Direito.[10]

Contudo, sobre a lógica da racionalidade neoliberal, mesmo a suposta *imparcialidade da Justiça*, que em si já era uma construção elaborada para avançar os objetivos do capital em detrimento da imensa maioria da população mundial, passa a ser empregada como munição em verdadeiras guerras híbridas (políticas e econômicas) conduzidas pelas principais potências do mundo na forma do ativismo judicial.[11]

O conceito do Estado da Natureza, de Thomas Hobbes – curiosamente cunhado para se referir aos povos ameríndios ou a quaisquer sociedades que não estivessem organizadas como as monarquias eu-

---

[10] *Ibidem*, p. 373.
[11] O ativismo judicial pode ser definido como "o uso estratégico do Direito para fins de deslegitimar, prejudicar ou aniquilar um inimigo". Os inimigos podem ser figuras políticas, empresas ou instituições diversas e os métodos envolvem, invariavelmente, a formação de conluios jurídico-midiáticos. Muitas democracias e empresas (privadas e estatais) foram desestabilizadas por esses métodos ao longo da última década. Ver Cristiano Zanin Martins *et al.*, *Lawfare*, 2019. Ver também Frédéric Pierucci e Matthieu Aron, *Arapuca estadunidense: uma lava jato mundial*, 2021.

ropeias a partir da Renascença e se refere a um suposto permanente "estado de guerra constante de todos contra todos" –, parece ser mais adequado para refletir sobre o estado de coisas determinado nas democracias liberais modernas no começo do século XXI do que para refletir sobre como estavam organizadas as civilizações ameríndias. Contudo, atualmente, os elementos que geram a competição, a disputa, o conflito e as desigualdades são embalados como *sonhos e conquistas* sob a égide da racionalidade neoliberal.

RACIONALIDADE NEOLIBERAL: SONHOS E CONQUISTAS

O neoliberalismo, para muito além de um conjunto de meras práticas macroeconômicas a serem adotadas por um governo, organiza-se como um sistema normativo que determina as expectativas e a conduta dos próprios governados: trata-se de "uma racionalidade e, como tal, [...] pode ser definida como o conjunto de discursos, práticas e dispositivos que determina um novo modo de governo dos homens segundo o princípio universal da concorrência".[12]

A racionalidade neoliberal, somada aos demais consensos hegemônicos de Boaventura de Sousa Santos, produz fragmentações e disputas de todas as ordens, entre e dentro das classes socioeconômicas. Ao que tudo indica, pelo menos até esse ponto do desenvolvimento humano, quanto mais elaboradas e complexas se tornam as organizações sociais, mais elitistas são seus respectivos modelos de sociabilidade, a despeito do verniz de representatividade e tolerância à diversidade que elas, de fato, adotam.

No âmbito prático, sob essa racionalidade, invariavelmente, os sonhos e as conquistas possuem um caráter estritamente individualista

---

[12] Simone Deos *apud* Cesar Calejon *Tempestade perfeita*, 2021, p. 188.

e extremamente agressivo. Em virtude da nossa natureza cultural, todas as escolhas e as resoluções dos seres humanos possuem um caráter social. Do suicídio à decisão de escolher um carro ou terminar um relacionamento, por exemplo. Os sonhos e conquistas, portanto, são individuações do processo de subjetivação de certo contexto histórico-geracional. Atualmente, encontram na dimensão individual sua forma mais comum de expressão.

Para efeito de compreensão, faça uma breve pesquisa empírica com os membros da sua sociedade que compõem o seu círculo primário de influência (pais, irmãos e amigos mais próximos). Questione-os sobre quais são os seus sonhos e o que, efetivamente, querem conquistar. Naturalmente, ciências sociais não são ciências exatas, como a matemática, nas quais os resultados obtidos por meio das investigações tendem a ser concretos e invariáveis. Contudo, observe que a imensa maioria das respostas obtidas remete à aquisição de bens materiais, títulos (acadêmicos, desportivos etc.) ou protagonismo social. Rarissimamente há respostas que localizem os sonhos e as conquistas na seara comunitária, tais como resolver a falta de água potável em determinado bairro ou garantir o acesso à educação básica em outro. Quando aparecem, essas respostas são as exceções que justificam a norma.

Entre os dias 19 e 26 de janeiro de 2022, conduzi uma pequena pesquisa. O objetivo era indagar precisamente a cem residentes de diferentes cidades brasileiras, de vários níveis educacionais, classes socioeconômicas e atividades profissionais, a seguinte questão via WhatsApp: *Qual é o seu maior sonho e o que você mais deseja conquistar?*

Por se tratar de questões extremamente íntimas e pessoais, os nomes de alguns dos participantes serão apenas representados pelas suas respectivas iniciais.

O SUPERDESENVOLVIMENTO DAS FORÇAS PRODUTIVAS...

Ao todo, 82 respostas (82%) correlacionaram os sonhos e as conquistas com a dimensão material e/ou individual das suas próprias vidas. Entre elas:

A. P., de São Paulo:
Meu maior sonho é assistir à aurora boreal e escalar o Everest

C. L., de São Paulo:
Meu sonho estou realizando, que é morar na praia e trabalhando home office. O que mais desejo conquistar é comprar um barco para ter um refúgio no mar também (risos).

D. K., de Goiânia:
Parece materialista demais, mas é isto que desejo conquistar: uma conta bancária tranquila para conseguir cuidar bem da minha filha.

F. V., de São Paulo:
Sinto-me satisfeita, pessoalmente e profissionalmente. Tenho planos a ser conquistados: minha filha saudável fisicamente, psiquicamente e encontrada naquilo que ela desejar e acreditar, e daqui a dois anos sair de São Paulo.

M. F., do Rio de Janeiro:
Ter a chance de viver por mais anos para estar perto das pessoas que são especiais para mim e que me consideram especial. Pequenos momentos são conquistas. Ver o pôr do sol com amigos. Abraçar e sentir o cheiro da minha filha e afilhado e estar perto deles quando mais precisam de um colo. Seguir atendendo meus pacientes, principalmente os mais graves. Dançar escutando as músicas que gosto.

S. A., de São Paulo:
Ficar velha com saúde e tranquilidade financeira. Nunca fui para a Disney, então também é um sonho. Tenho o sonho de falar inglês fluentemente, porque nunca consegui.

O. B., de São Paulo:
Ser rico é ter liberdade para fazer o que quiser. Se você quiser não trabalhar mais, você pode. Se você quiser acompanhar seu filho no treino de futebol às 11h, em vez de participar de reuniões chatas, você pode. Se você quiser andar de carrão, você pode. Mas se quiser ir de bicicleta, você pode também. Se você quiser viver de amor e luz, você pode. Então, meu maior sonho é ser rico a ponto de ter toda essa liberdade. Não sei se quero ter inúmeras propriedades, bens materiais em abundância, negócios etc., mas, se conquistar algumas coisas que almejo, como ter a minha família (mulher e filhos), não desapontar quem me ama, poder gozar de um certo conforto e ter muita saúde para desfrutar de tudo isso, me consideraria bem rico. Esse é o meu sonho.

D. P., de Manaus:
Estou sempre reinventando os meus desejos de vida. Mas, no momento, o mestrado se tornou a minha grande vontade. O que desejo conquistar: estabilidade na vida profissional.

C. W., de São Paulo:
O que mais queria era poder ter uma renda maior para dispor de mais tempo e mais lazer com o meu filho.

Apenas 18% relacionaram os seus sonhos e conquistas à seara coletiva, ainda que de forma complexa e misturada com os seus próprios objetivos pessoais:

C. T., de São Paulo:
Coletivamente, igualdades reais para todas as pessoas e o fim da fome, algo que não poderia existir. Pessoalmente, é mais difícil de responder.

J. F., de São Paulo:
Meu maior sonho é não ter mais medo de sofrer repressão da sociedade pela minha sexualidade. E o que mais desejo conquistar é igualdade e respeito.

P. C., de Santos:
Sonho com um mundo mais igualitário. Viver num lugar sossegado e ter uma horta.

G. U., de São Paulo:
Que o mundo não fosse desigual e descobrir o trabalho dos meus sonhos.

Especificamente, a reflexão de D. H. C., de São Paulo, foi riquíssima nesse sentido:

Há dois anos, iniciamos um período único em nossas vidas – a chegada da pandemia –, que nos preocupa até os dias de hoje. Lembro que, em meio à enorme preocupação com o desconhecido e a incerteza de como passaríamos por essa terrível doença, as pessoas comentavam que seria um período difícil, mas sairíamos pessoas melhores, mais humanas, mais solidárias e com um olhar de compaixão ao próximo.
Confesso que, no início, cheguei a acreditar, percebendo a mobilização de vizinhos, amigos e parentes em proteger os idosos e pessoas mais vulneráveis ao vírus, em ajudar o comér-

cio local e, principalmente, quem havia perdido o emprego ou estivesse com o negócio próprio em dificuldade. Chegamos, sim, mesmo que por um curto período, a ter a sensação de viver em um mundo com mais humanidade.

Mas, com o passar dos dias, e isolados em casa, e com um aumento diário de casos e mortes, comecei a ver algumas atitudes que me decepcionaram. Começaram a chegar as notícias de festas clandestinas, celebridades em cassinos, conhecidos em viagens e bares como se nada estivesse acontecendo, sem contar os exemplos inenarráveis de nossos governantes, que nem valem a pena enumerar aqui. Aí a ficha foi caindo. Acredito que o egoísmo falou mais alto e a pandemia não nos tornou pessoas melhores. Muito pelo contrário. Jogou luz em quem só pensa em si, e só quer levar vantagem sobre o outro.

Mesmo ainda vivendo esses tempos sombrios de pandemia, meu grande sonho para o futuro seria que realmente as pessoas se tornassem melhores, mais solidárias, mais humanas.

As futuras gerações estão chegando com novas ideias e novos propósitos. Temos que acreditar que todos terão as mesmas oportunidades e que as terríveis imagens de pessoas pegando comida no lixo fiquem apenas como uma lembrança de um triste passado recente. Que o coleguinha não queira surrupiar o lápis do amigo na escola, mesmo que seja uma inocente brincadeira de criança. Que o funcionário não queira trapacear seu colega de equipe para levar vantagem e que possamos olhar com mais solidariedade para os milhares de pessoas que vivem nas ruas, muitas vezes em busca de uma oportunidade que, infelizmente, nunca chega.

Caso eu não consiga realizar este meu sonho, que possamos, ao menos, pavimentar esse caminho para que as futuras gerações – nossos filhos, netos, bisnetos – possam viver em um mundo melhor e mais justo, para todos e não para poucos.

O FIM DA UNIDADE DO PROLETARIADO

Finalmente, a agudização desse modelo de sociabilidade global, que tem como base a competição irrestrita e a desigualdade como parâmetros cristalizados e naturalmente inevitáveis, ao produzir a luta dentro e entre as classes sociais, impede a formação da unidade das camadas que foram (e continuam sendo) historicamente usurpadas por meio de promessas que, em ampla medida, remetem aos sonhos e conquistas no âmbito individual.

O resultado mais nefasto desse processo é a desmobilização da unidade do proletariado e, consequentemente, da principal força emancipatória que seria capaz de transformar o regime sobre o qual se estabelece o modo de produção capitalista e o seu correspondente conjunto de relações sociais (modelo de sociabilidade).[13] Ou seja, a consequência final é a impossibilidade de pensar a emancipação popular de forma genuinamente consistente e coletiva,[14] propriedade que esteve mais presente nos modelos que precederam o superdesenvolvimento do capitalismo global e as suas diferentes expressões, como o recrudescimento de propostas de cunho neofascista e, em última instância, confrontos bélicos de todas as ordens no começo do século XXI.

---

[13] Em carta escrita para o jornalista Joseph Weydemeyer, em 1852, Marx afirma: "No que se refere a mim, não me cabe o mérito de haver descoberto nem a existência das classes, nem a luta entre elas. Muito antes de mim, historiadores burgueses já haviam descrito o desenvolvimento histórico dessa luta entre as classes e economistas burgueses haviam indicado sua anatomia econômica. O que eu apresento como novidade, de fato, é a demonstração de que a existência das classes está ligada somente a determinadas fases de desenvolvimento da produção e que a luta de classes conduz, necessariamente, à ditadura do proletariado. [...] Essa ditadura nada mais é do que a transição para a abolição de todas as classes e para uma sociedade sem classes". Karl Marx, *Letters of Karl Marx*, 1983, p. 130, tradução minha.

[14] Apesar disso, existe o ímpeto, ainda que minoritário, conforme demonstrado, de pensar os objetivos da vida no nível coletivo (sobretudo, no que diz respeito à possibilidade de um mundo menos desigual), o que contraria, diametralmente, os preceitos estabelecidos pela racionalidade neoliberal, que expressa a forma mais aguda de como o elitismo histórico-cultural se apresenta no começo do século XXI.

Em seu artigo intitulado "Capital has an Internationale and it is going fascist" [O capital tem uma Internationale que está se tornando fascista], o sociólogo William I. Robinson argumenta que

> o trumpismo nos Estados Unidos, o bolsonarismo no Brasil e, em graus variados, outros movimentos de extrema direita em todo o mundo representam a extensão da globalização capitalista por outros meios, nomeadamente por um Estado policial global em expansão e uma mobilização neofascista. Eles buscam criar um novo equilíbrio de forças políticas diante do colapso do bloco histórico capitalista global de curta duração. O que está surgindo é uma Internacional do fascismo do século XXI. Grupos de extrema direita e neofascistas em todo o mundo, por exemplo, comemoraram a vitória eleitoral de outubro de 2018 do fascista brasileiro Jair Bolsonaro. O ex-assessor de Trump e organizador neofascista Steven Bannon atuou como conselheiro da campanha de Bolsonaro [...] enquanto o ministro do Interior de extrema direita da Itália Matteo Salvini declarou em um tweet exuberante, que foi compartilhado pelo líder neonazista americano Richard Spencer, que "mesmo no Brasil, os cidadãos mandaram a esquerda fazer as malas". O *Guardian* de Londres alertou em sua manchete que "A alegria de Trump por Bolsonaro sugere um novo eixo de direita nas Américas e além". [...] Além de agentes políticos de um fascismo do século XXI, como Bannon ou Salvini, a TCC (transnational capitalist class) apostou (literalmente) em Bolsonaro e ficou encantada com sua vitória. Assim como nos Estados Unidos sob Trump, Bolsonaro propôs a privatização e desregulamentação da economia por atacado, abrindo a Amazônia para interesses madeireiros, mineradores e do agronegócio transnacional, tributação regressiva e austeridade geral, juntamente com repressão em

massa e criminalização de movimentos sociais e comunidades vulneráveis que podem se opor a este programa. Como [Jake] Johnson observou no dia seguinte à vitória de Bolsonaro, os "capitalistas do mundo estão salivando com as novas oportunidades de investimento" que Bolsonaro promete.[15] Os mercados de capitais e os fundos brasileiros dispararam nas bolsas de valores do mundo no dia seguinte à sua vitória eleitoral. Aqui vemos os "salários do fascismo" para um capitalismo global em crise.[16]

Ou seja, conseguimos, com o apoio das palavras de William I. Robinson, estabelecer uma relação direta entre a desorganização da unidade da classe trabalhadora e o crescimento de ideologias reacionárias e populares, como temos visto nos últimos anos nas principais democracias ocidentais.[17]

Disputas comerciais são diferentes de luta dentro das classes. Nestas, um proletário do século XIX, por exemplo, competia com outro proletário para ver quem faria o melhor sapato ou sela para o cavalo, somente como exemplos. Contudo, isso não estabelecia uma luta para definir quem era mais capaz de acumular riquezas no sentido de acessar uma imensa amplitude global de produtos e serviços que nem sequer existiam naquela ocasião. Portanto, não poderia criar distinções nas relações sociais ao ponto de caracterizar essa luta interna nas classes e o decorrente processo de desenvolvimento de propostas neofascistas, no limite. As sociedades medievais e pós-

---

[15] Jake Johnson, "After Win by Brazilian Fascist Jair Bolsonaro, World's Capitalists Salivate Over 'New Investment Opportunities'", 2018.
[16] William I. Robinson, "Capital has an Internationale and it is going fascist: time for an international of the global popular classes", *Globalizations*, 2019, tradução minha.
[17] Processo, relação histórica e social de produção, conforme salientado inúmeras vezes nesta obra.

-medievais europeias, por exemplo, eram trifuncionais (clero, nobres e terceiro Estado) e muito mais homogêneas, mercadologicamente.[18]

Assim, não existiam ambientes, produtos e serviços exclusivos a ser disputados pelos membros de uma mesma classe, e a possibilidade de ascensão era quase nula, o que criava diferentes efeitos: por um lado, mantinha o arranjo social como estava organizado – por isso o medievo durou quase um milênio – e por outro reforçava o senso de unidade dentro das classes. A luta era travada entre as classes. As de cima batalhavam para manter seus privilégios; as de baixo combatiam a miséria e a opressão.

É por isso que, hoje, além da tradicional e bem conhecida luta de classes, existe também o embate interno em todas as classes sociais: dos motoboys aos advogados, dos faxineiros aos políticos e empresários mais proeminentes, e assim por diante. As ideologias fascistas favorecem visões nucleares que os indivíduos passam a assumir sobre eles mesmos, colaborando ainda mais para o esgarçamento das redes de solidariedade de ajuda mútua que sempre caracterizaram as comunidades que preservam um senso de unidade.

Por exemplo, os advogados competem considerando desde as suas respectivas formações (fazer doutorado em determinada universidade oferece possibilidades distintas do que fazer em outra) até os restaurantes, carros e o tipo de roupa e a linguagem que lhes são mais adequados para acessar certas instâncias do Judiciário (dos camarões noruegueses às gravatas italianas). Esse poder, por sua vez, tem uma rígida e complexa estrutura de ascensão interna, precisamente o que o conceito do elitismo histórico-cultural intitula como a luta dentro dessa classe.

Sob essa mesma dinâmica, motoboys disputam entre si os tipos de tênis, de motos, de roupas que lhes são mais eficientes para atingir

---

[18] Sobre esse tema, *ver* Thomas Piketty, *Capital e ideologia*, 2020.

ou fazer a manutenção de seus objetivos – geralmente, correlatos aos seus respectivos empregos e relações afetivas (cônjuges, familiares, amigos etc.).

Apesar de se aplicar o mesmo modo de funcionamento no que diz respeito ao caráter competitivo das lutas internas travadas dentro das diferentes classes, a forma como os propulsores do elitismo histórico--cultural se materializam na vida cotidiana é idiossincrática e varia entre as classes, conforme já ressaltado. Dessa forma, a busca por protagonismo social significa uma coisa para um advogado e outra para um motoboy, assim como a busca por hedonismo e recompensas materiais/financeiras se apresenta, na prática, de formas distintas para faxineiros e empresários bilionários.

A diferença, nesses casos, é que as parcelas mais empobrecidas lutam entre si para, meramente, sobreviver. Contudo, a despeito de toda a carestia e competição, essas camadas da população ainda conseguem atuar de forma mais solidária e generosa entre os seus próprios membros.[19] Dentro das classes abastadas, as pessoas se enfrentam, quase de forma irrestrita e sem qualquer senso legítimo de empatia ou colaboração, para além de seus próprios interesses pessoais, a fim de ampliar ou manter os seus privilégios.

---

[19] Pessoas como dona Railda, Silvério de Jesus e Dona Lucia, por exemplo, que tiveram as suas histórias contadas por Guilherme Boulos no livro *Sem medo do futuro*, 2022. Veja o texto "O que aprendi com os sem-teto?", do mesmo livro.

Capítulo 8 Política social x política institucional
e dinâmicas sociais

Este capítulo marca uma inflexão nesta publicação: a partir deste ponto e até o fim do livro, gradativamente, considerando que já avaliamos o que é e como atua o elitismo histórico-cultural, vamos olhar para os pontos que são nevrálgicos no atual debate público brasileiro.

Para iniciar as ideias e as reflexões, considerando o debate contido neste capítulo, faz-se necessária a definição de duas ideias relativamente simples, mas de suma importância para a organização das sociedades no começo do século XXI: a política social e a política institucional.

A política social, segundo a determinação desenvolvida pelos preceitos teóricos do elitismo histórico-cultural, é caracterizada por toda e qualquer prática adotada por um membro de uma sociedade junto à coletividade que a constitui. Ou seja, a forma como os cidadãos se comportam e agem perante as suas respectivas sociedades no âmbito social.

Parar na faixa para o pedestre atravessar ou avançar com o carro, jogar o lixo no chão das ruas, sonegar impostos, usar o acostamento quando o trânsito trava as estradas, burlar licitações públicas, oferecer ou aceitar subornos de todas as ordens, puxar o tapete de um colega de profissão para ser promovido, evitar cumprimentar o porteiro ou um vizinho quando o encontra no elevador, maltratar os funcionários subalternos, humilhar as pessoas vulneráveis, divulgar notícias falsas nas redes sociais digitais e assim por diante. Qualquer ação tomada no âmbito público é, necessariamente, uma medida de *política social*.

Política institucional, por outro lado, é a prática da atividade parlamentar exercida, sob o modelo da democracia liberal representativa, pelos candidatos eleitos pelo povo e que estão, portanto, aptos à representação. É a política partidária exercida pelo presidente da República e pelos ministros, senadores, governadores, prefeitos, deputados, vereadores e pessoas que ocupam cargos técnicos comissionados, teoricamente, a serviço do povo.

Ambas as políticas estão correlacionadas em um processo contínuo e dialético de efeito e reciprocidade. Ou seja, o que acontece na política social gera efeitos na política institucional e vice-versa.

Frequentemente, contudo, os brasileiros ignoram essa relação entre as políticas social e institucional. Cria-se a ilusão de que os políticos são corruptos por natureza e pressupõe-se que a classe parlamentar seria distinta da parte honesta da população. Tal raciocínio leva ao sentimento de antissistema, ou seja, a força social de rejeição generalizada à política institucional, que, geralmente, se manifesta por meio de frases e raciocínios como "políticos são todos safados", "políticos são todos iguais", "político nenhum presta", "eu não gosto de política" etc.

Em ampla medida, a ausência da compreensão entre como as políticas social e institucional estão, intrínseca e irremediavelmente, correlacionadas e o consequente sentimento de antissistema que se forma a partir dessa fragilidade conceitual foram responsáveis pela própria ascensão do bolsonarismo[1] no Brasil em 2018: o governo mais deletério à vida social em toda a história do país.[2]

---

[1] Um sintoma evidente e irrefutável desta negação da política e do modelo de democracia representativa pode ser encontrado avaliando o número de abstenções em 2018, com 31 milhões de eleitores, e dos votos brancos ou nulos, que ultrapassaram a casa dos onze milhões. A diferença de votos entre Fernando Haddad, o segundo colocado na corrida presidencial, e Jair Bolsonaro foi de 10,7 milhões. Ver Cesar Calejon e Adriano Vizoni, *A ascensão do bolsonarismo no Brasil do século XXI*, 2019.

[2] Cf. Cesar Calejon, *Tempestade perfeita*, 2021.

POLÍTICA SOCIAL X POLÍTICA INSTITUCIONAL E DINÂMICAS SOCIAIS

Entre 2015 e 2018, milhões de pessoas – todos os tipos de empresários corruptos, cônjuges que enganam seus pares, motoristas que furam os sinais de trânsito, cidadãos que sonegam seus impostos etc. – foram às ruas demandar o fim da corrupção dos políticos, como se a dimensão da atividade parlamentar não tivesse nenhuma relação com suas próprias falhas éticas e morais. Os estragos dessa hipocrisia generalizada foram incalculáveis para o Brasil, e o arrependimento materializou-se de forma enfática alguns anos depois.[3]

Portanto, comprovadamente, rechaçar a política institucional produz efeitos infinitamente mais nefastos do que quando existem esforços sinceros no sentido de lidar com toda a complexidade inerente à atividade parlamentar.

Seria inútil negar que a corrupção e outros aspectos indesejáveis são características endêmicas da atividade parlamentar, sobretudo no que diz respeito à organização das democracias liberais representativas.

Por conta da sua natureza de desenvolvimento cultural, a personalidade humana (caráter, temperamento etc.), um conceito histórico e culturalmente constituído, forma-se, em grande medida,

> pela potencialidade do sujeito para a realização próxima das capacidades com ajuda das atitudes em relação aos demais, em relação à cultura, à natureza e a si mesmo, identificando-se um estilo próprio em condições que também são históricas. Trata-se do movimento prospectivo do sujeito em desenvolvimento no movimento prospectivo sociocultural do bem comum. Trata-se

---

[3] Segundo estudo apresentado na primeira semana de fevereiro de 2022, pelo PoderData, caso as eleições ocorressem no dia 7 de fevereiro de 2022, o ex-presidente Luís Inácio Lula da Silva (PT) herdaria 21% dos votos que foram destinados a Jair Bolsonaro em 2018. Veja a matéria "1 em cada 5 eleitores de Bolsonaro vão votar em Lula em 2022, diz pesquisa", *Carta Capital*, 7 fev. 2022.

também do enlace dinâmico do tempo autobiográfico com o histórico-geracional.[4]

Assim, os seres humanos formam suas instituições no mesmo passo que as instituições conformam o desenvolvimento dos indivíduos e suas respectivas nações, dialeticamente. Em ampla medida, o caráter dos indivíduos e, consequentemente, das instituições que formam determina os rumos de um Estado. Portanto, entender a correlação entre a política institucional e a política social é um aspecto central à compreensão de como o elitismo histórico-cultural forma o caráter das instituições republicanas brasileiras no começo do século XXI e, consequentemente, constitui o modelo de sociabilidade que organiza o atual arranjo social nacional.

DISCURSO DE ÓDIO X LIBERDADE DE EXPRESSÃO

Essa desconexão entre as políticas social e institucional também gera uma espécie de sensação de vale-tudo na vida sociopolítica do país. A população, ao não reconhecer que seus atos afetam a política institucional, sente-se *livre* para atuar da maneira que lhe convém. Muitas vezes, utiliza diferentes formas de expressão, práticas corruptas e discursos de ódio que se manifestam sob o pretexto de que "o mundo está muito chato", "não se pode mais sequer fazer piadas" e a "'lacração' do politicamente correto", por exemplo. Os políticos, por sua vez, não reconhecem que as suas atividades parlamentares influenciam a própria organização da vida social, sentindo-se *livres* para atuar de forma igualmente odiosa, corrupta e irresponsável.

---

[4] Glória Fariñas, *A interdisciplinaridade nas ciências sociais*, 2010, p. 78.

Segundo Tânia Maria de Oliveira, advogada, historiadora e doutora em Direito do Estado,

> existem duas bases no ordenamento jurídico mundial sobre esse debate específico [liberdade de expressão]: o modelo estadunidense, no qual a liberdade de expressão é eleita a um patamar máximo e até a Ku Klux Klan ou o partido nazista são permitidos nos Estados Unidos. [...] Contudo, as ações com base em qualquer tipo de preconceito ou ódio não são permitidas, e as penas são duríssimas. [...] E temos o modelo europeu, que é simbolizado na legislação alemã, na qual qualquer manifestação, por mais simples que seja, de apologia ao nazismo, por exemplo, é considerada crime. O Brasil não adota nenhum dos dois, mas trata cada caso individualmente, ainda que alguns possam ser considerados emblemáticos no Supremo Tribunal Federal. Isso significa dizer que atingimos uma situação extremada por falta de debates mais sólidos em outros momentos históricos. Hoje, temos uma extrema direita que entende que a liberdade de expressão significa "liberdade" para propagar o ódio e inclusive estimular a prática da violência.[5]

As consequências práticas são trágicas. Sob essa premissa, a extrema direita brasileira, alinhada ao bolsonarismo, negou as vacinas contra a covid-19, desacreditou as medidas indicadas para conter a propagação do vírus e bancou medicamentos comprovadamente ineficazes contra a covid-19. O mesmo falso preceito da *liberdade* foi utilizado para atacar a própria estrutura da democracia brasileira, contestar as urnas eletrônicas e assim por diante, o que resultou nos atos de terror ocorridos no Distrito Federal, em dezembro de 2022,

---

[5] Entrevista concedida ao autor em 9 de fevereiro de 2021.

e na invasão do Congresso Nacional, no dia 8 de janeiro de 2023. Em algumas ocasiões, figuras públicas e parlamentares fizeram associações diretas ao nazismo.[6]

Esses casos são emblemáticos porque demonstram, na prática, como a política social, ou seja, as falas e os gestos de comunicadores e figuras públicas, influenciaram a política institucional: a legislação efetiva sobre determinado tema, nesse caso.

Na segunda semana de fevereiro de 2022, a bancada feminina apresentou um projeto para modificar a Lei nº 7.716/1989[7] e tipificar como crime a apologia ao nazismo no Brasil. Fruto da repercussão dos casos citados, a medida prevê pena de três a seis anos de reclusão e multa para quem defender, cultuar ou enaltecer o nazismo, bem como praticar qualquer forma de saudação nazista ou, ainda, negar, diminuir, justificar ou aprovar a ocorrência do Holocausto. Há duas décadas, de qualquer forma, a Lei do Brasil já afirmava que "serão punidos, na forma desta Lei, os crimes resultantes de discriminação ou preconceito de raça, cor, etnia, religião ou procedência nacional".[8] Em 2022, a própria apologia a esses crimes passou a ser tipificada como crime. Isso equivale a dizer que, como cidadão da República Federativa do Brasil, os(as) brasileiros(as) não têm a prerrogativa de discriminar outros seres humanos. Nessa medida, a questão não remete à liberdade de expressão, mas a determinações jurídicas que

---

[6] Em fevereiro de 2022, o escritor Adrilles Jorge e o apresentador conhecido como Monark foram demitidos, respectivamente, da rádio Jovem Pan e do podcast *Flow*, por fazerem alusões ao nazismo. O primeiro levantou a mão em sinal similar ao *Sieg Heil* nazista e gargalhou ao concluir o gesto. Ele negou que tenha feito apologia ao nazismo. O segundo disse ter sido infeliz quando expressou que nazistas deveriam poder criar partidos institucionais no Brasil. Além de perderem os seus empregos, ambos foram acionados por instâncias legais do ordenamento jurídico brasileiro. Há também o caso de Kim Kataguiri, deputado federal pelo Podemos, e as diferentes alusões feitas por Jair Bolsonaro (copos de leite etc.), o seu assessor Filipe G. Martins e membros do seu gabinete.
[7] BRASIL. Lei nº 7.716 de 5 de janeiro de 1989, Diário Oficial da União, 5 jan. 1989, p. 369.
[8] BRASIL. Art. 1º, Lei nº 9.459, de 13 de maio de 1997, Diário Oficial da União, 14 maio 1997, p. 9901.

tornam a convivência humana possível, em última análise. Para efeito de simplificar a compreensão: imagine que um motorista assuma ter o direito à liberdade de escolher não parar nos semáforos fechados. Sob o pretexto alegado de que é a opinião dele(a) não respeitar a luz vermelha, a pessoa avançaria com o seu veículo sobre os pedestres que se encontrariam atravessando a rua. Seguramente, o gesto temerário produziria consequências desastrosas e outros seres humanos seriam atropelados. Por esse mesmo motivo, crimes de ódio são tipificados como tais, as máscaras foram obrigatórias durante a pandemia e os lockdowns foram adotados em várias partes do país: para evitar mortes e sofrimento humano. No dia 3 de setembro de 2018, por exemplo, apenas alguns meses antes de assumir a Presidência, o então candidato Jair Bolsonaro, em discurso para milhares de pessoas que lhe assistiam no Acre, convocou seus seguidores a "fuzilar a petralhada", utilizando um tripé de câmera como se fosse uma metralhadora ao proferir a fala. Bolsonaro não foi punido ou censurado, em absoluto, por essa declaração.

Quatro anos depois, no dia 3 de novembro de 2022, a menina Luana Rafaela Oliveira Barcelos, que tinha apenas 12 anos na ocasião, foi assassinada, vítima de ferimentos causados por arma de fogo. Os disparos foram deflagrados por um bolsonarista inconformado com a derrota de seu candidato. O crime aconteceu no bairro Nova Cintra, em Belo Horizonte, Minas Gerais. Muitos outros brasileiros – como Marcelo Arruda, Romualdo Rosário da Costa, conhecido como Mestre Môa, e Pedro Henrique Dias – foram *fuzilados* por bolsonaristas ao longo dos últimos anos, seguindo o comando que lhes foi livremente orientado por Jair Bolsonaro de forma pública.

O PARADOXO DA REPRESENTATIVIDADE ESTÉTICA E CULTURAL

Outro aspecto fundamental do atual debate público e da presente dinâmica de funcionamento social são os limites das mudanças efetivas que podem ser alcançadas por meio da representatividade estética e cultural.

O que é representatividade? Seria esse parâmetro capaz de alterar, de alguma forma, a dinâmica estrutural do poder nas sociedades do capital? Quais são os limites entre representatividade e cooptação?

Representatividade, para os efeitos do debate aqui circunscrito, significa a capacidade de se reconhecer e de se sentir representado por determinada figura pública (líderes sociais e políticos, atrizes e atores, comunicadores, artistas em geral, atletas etc.). Torna-se evidente compreender por que as populações mais empobrecidas e que foram historicamente usurpadas pelas classes mais abastadas por meio do elitismo histórico-cultural, ao se verem representadas nas telenovelas e nos maiores telejornais da nação, por exemplo, desenvolvem uma espécie de euforia natural decorrente da sensação de pertencimento. Esse reconhecimento, segundo o filósofo Axel Honneth, é uma construção intersubjetiva, dialógica e histórica, por meio da qual os sujeitos buscam a sua realização em três domínios essenciais: o afeto, os direitos e a estima social, dos quais advêm, respectivamente, a autoconfiança, o autorrespeito e a autoestima.[9]

Essa representatividade parece algo absolutamente salutar para o desenvolvimento de um arranjo social mais diverso, tolerante e pluralista. Paradoxalmente, contudo, ao longo dos últimos séculos, essa busca por reconhecimento vem sendo utilizada como uma das principais forças de manipulação para que os oprimidos, ao buscá-las

---

[9] Axel Honneth, *Luta por reconhecimento*, 2003.

desesperadamente, tornem-se instrumentos nas mãos dos opressores para fazer a manutenção de seus processos hegemônicos.

Por exemplo: apenas duas gerações humanas atrás (o que em termos sociológicos é um período relativamente curto), italianos, espanhóis e imigrantes de outras partes da Europa fugiram dos horrores da Segunda Guerra Mundial e chegaram ao Brasil na condição de campesinos – principalmente, para trabalhar nas lavouras de café, na colheita de uvas etc. Ou seja, eram proletários brutalmente explorados pelos seus empregadores, os barões que controlavam os processos hegemônicos de comunicação e reconhecimento da época.

Apoiados pelo modelo de sociabilidade elitista, racista, misógino e homofóbico oriundo do próprio paradigma escravista europeu, esse mesmo campesinato, principalmente os homens heterossexuais e brancos, foi cooptado na busca por representatividade e reconhecimento. Sob o mote "trabalhar duro para vencer na vida" e para ascender à classe média brasileira, quase unanimemente, essas pessoas adotaram o mesmo discurso meritocrático que lhes era imposto quando eram eles os explorados.

Outro exemplo de liderança pode ser encontrado no artigo da pesquisadora Renata da Silva Marques, que avalia a percepção de presos em relação aos escolhidos para liderar a população prisional:

> [Camila Caldeira Nunes] Dias explica que, no início dos anos 2000, o PCC mudou suas formas de relação com os outros presos. Membros da facção perceberam que eles não conseguiriam manter o domínio apenas pela violência física. Era preciso construir uma confiança entre a facção e o restante da população carcerária, para que houvesse maior aceitação. Assim, o PCC iniciou uma nova forma de gestão baseada na distribuição de funções que variam desde cuidar da faxina até tratar de assuntos esportivos. *Eram escolhidos, entre seus*

> *membros, aqueles que pudessem assumir lideranças dentro das prisões, com papéis a serem cumpridos junto à população encarcerada.* As funções dos líderes consistem em ordens sobre maneiras de agir, se comportar, gesticular e até mesmo o que conversar. [...] As relações de poder que dominam atualmente foram capazes, mesmo que com suas limitações, de causar rachaduras na ideologia que vigorava até pouco tempo, antes da dominação das organizações criminosas.[10]

Um método muito similar é utilizado pela sociedade do capital fora dos presídios, sobretudo por meio dos veículos de comunicação de massa. Para Jones Manoel, escritor e historiador brasileiro,

> o que orienta a linha editorial dos grandes veículos de comunicação é o poder. Nesse sentido, esse tipo de representatividade [estética e cultural], apesar de ser capaz de tensionar algumas práticas, não altera a dinâmica estrutural do poder. [...] O problema, de fato, é que a real noção de poder, enquanto força de comando e capacidade de decidir, foi perdida. Então, há um processo de compreensão como se a mudança da sociedade pudesse ocorrer por meio de representações estético-culturais e não por meio da capacidade de decisões macrossociais, tais como nas searas econômicas, políticas, culturais, educativas, nas relações agrárias e assim por diante.[11]

Efetivamente, o fato de as grandes emissoras adotarem quadros mais diversos no sentido de incluir os grupos massacrados ao longo dos últimos séculos altera a sua busca hegemônica pelo poder? Ou

---

[10] Renata da Silva Marques, "O poder das organizações ilegais: por que os encarcerados respeitam e concedem autoridade aos grupos criminosos dentro das prisões?", 2019, grifo meu.
[11] Debate realizado com o autor em 7 de maio de 2021.

ao aumentar a resiliência de seus sistemas, auxilia a conservação do atual estado de coisas por seguir concentrando o poder nas mãos de uma minoria que é, quase invariavelmente, branca, masculina e heterossexual? Assumindo que esses dois efeitos sejam simultaneamente exercidos, conforma-se o *paradoxo da representatividade estética e cultural*.

A RESILIÊNCIA E AS CAPACIDADES ADAPTATIVAS DO ELITISMO HISTÓRICO-CULTURAL

Assim como o modo de produção capitalista precisou de indivíduos *livres* para fazer a manutenção de suas propriedades e, portanto, mais tarde superou o feudalismo europeu e o respectivo modelo escravocrata[12] que o acompanhava, um novo modelo de sociabilidade está surgindo. Contudo, de forma meramente representativa, ainda com base no capital, esse modelo inclui diversas parcelas da população que foram usurpadas anteriormente em posições de destaque e evidência, mas, rarissimamente, em posições de real prática de poder.

Isso não significa, em absoluto, que a representatividade estético-cultural seja ruim. Aliás, todas as análises contidas nesta obra

---

[12] "A estrutura econômica da sociedade capitalista surgiu da estrutura econômica da sociedade feudal. A dissolução desta última liberou os elementos daquela. O produtor direto, o trabalhador, só pôde dispor de sua pessoa depois que deixou de estar acorrentado à gleba e de ser servo ou vassalo de outra pessoa. Para converter-se em livre vendedor de força de trabalho, que leva a sua mercadoria a qualquer lugar em que haja mercado para ela, ele tinha, além disso, de emancipar-se do jugo das corporações, de seus regulamentos relativos a aprendizes e oficiais e das prescrições restritivas do trabalho. Com isso, o movimento histórico que transforma os produtores em trabalhadores assalariados aparece, por um lado, como a libertação desses trabalhadores da servidão e da coação corporativa, e esse é o único aspecto que existe para os nossos historiadores burgueses. Por outro lado, no entanto, esses recém-libertados só se convertem em vendedores de si mesmos depois de lhes terem sido roubados todos os seus meios de produção, assim como todas as garantias de sua existência que as velhas instituições feudais lhes ofereciam. E a história dessa expropriação está gravada nos anais da humanidade com traços de sangue e fogo." Karl Marx, *O capital*, Livro 1, 2013, pp. 786-787.

transcendem a dimensão maniqueísta que separa as questões entre boas ou ruins, certas ou erradas etc. As searas sociais são complexas, contraditórias e, portanto, exigem abordagens dialéticas que possam lidar com essas características.

Fundamentalmente, a inserção dos grupos historicamente usurpados de forma representativa no cerne do capitalismo (por meio da representatividade e não de forma maciça) exerce duas funções: (1) melhora a posição imediata dos representantes dessas classes que ascendem dentro da hierarquia social, bem como, de fato, abre portas para outros membros dos grupos oprimidos; enquanto, paralelamente, (2) aumenta a resiliência do mecanismo que perpetua os privilégios de uma pequena parte da população em detrimento da grande maioria.

Por meio dessa dinâmica, o elitismo histórico-cultural, que é uma força social extremamente resiliente, promove adaptações de forma a ampliar o escopo da sua abrangência sem, de fato, permitir que os processos de exploração sejam repensados no nível estrutural. Mudam-se as formas como os parâmetros elitistas são perpetrados, não o conteúdo elitista que organiza os arranjos sociais, em última instância.

Assim, a luta do campo progressista, para muito além de colocar apresentadores LGBTQIA+, negros, indígenas e mulheres na bancada do *Jornal Nacional*, ou nas telenovelas e em quaisquer outras posições de destaque, deve estar focada em fazer com que essas pessoas sejam as donas de emissoras como a Rede Globo – representatividade *versus* poder de fato – e que, sobretudo, possam usar esse poder para promover a emancipação das camadas mais empobrecidas e vulneráveis da população. Até lá, a despeito de quão representadas estejam estética e culturalmente, as favelas do Brasil, de forma mais ampla, não vencerão.

DINÂMICA DE COOPTAÇÃO DO ELITISMO HISTÓRICO-CULTURAL

Os Estados modernos, os ordenamentos jurídicos nacionais e, basicamente, toda a organização da vida social, principalmente nos países ocidentais, são fruto de um modelo de sociabilidade que vem sendo elaborado com base na expropriação e na usurpação das classes trabalhadoras, ou seja, pela lógica de reprodução do capital, que depende de crises recorrentes para fazer a manutenção de suas propriedades. Conforme enfatiza Alysson Leandro Mascaro, "o Estado como o conhecemos é uma forma de organização sociopolítica do capital".[13]

O elitismo histórico-cultural atua por meio de uma dinâmica de cooptação que opera de forma singela, mas extremamente eficiente, sobretudo determinando o funcionamento desse modelo de sociabilidade. Ocupando as últimas posições na estrutura social, os indivíduos permanecem embrutecidos e as suas subjetividades simplesmente não possuem os elementos necessários para questionar as dimensões materiais estabelecidas. Conhecimento não é automaticamente pensamento crítico. Na ausência desses blocos fundamentais torna-se ainda mais complicada a formulação de uma visão crítica ante a vida social.

Contudo, na medida em que se ascende dentro da sociedade do capital e, provavelmente, mas não invariavelmente, se adquire cultura e elementos para realizar questionamentos mais profundos, surge também um elaborado conjunto de incentivos físicos (materiais e financeiros) e psicológicos (títulos, reconhecimentos etc.) que passam a compelir os cidadãos a evitar os próprios questionamentos e buscar mudanças.

Dessa forma, faz-se necessária a reorganização do modelo de sociabilidade para superar a racionalidade neoliberal que organiza os arranjos sociais com base nos princípios universais da competi-

---

[13] Entrevista concedida ao autor em 24 de setembro de 2021.

ção irrestrita e, consequentemente, das desigualdades sem limites, pois esse sistema de incentivos está amplamente estabelecido sobre essas premissas.

DESENVOLVIMENTO MORAL E CIENTÍFICO E HIERARQUIA FUNCIONAL

Até esse ponto do desenvolvimento humano, parece existir uma correlação entre os níveis de complexidade dos modelos de sociabilidade e, consequentemente, dos arranjos sociais que se produzem, bem como a intensidade (e o caráter) com a qual o elitismo histórico-cultural se apresenta em determinada sociedade em certo momento histórico. Isto é, quanto mais complexa é determinada sociedade, mais inclinada ela está a ser elitista.

Para efeitos didáticos de compreensão e de simplificação, existem dois tipos fundamentais de desenvolvimento: o científico e o moral. O primeiro diz respeito às propriedades e potencialidades de produção da vida material em todas as searas da vida social humana. Ou seja, a capacidade que os seres humanos possuem de criar coisas e resolver problemas de todas as ordens. O desenvolvimento moral representa a forma como os seres humanos empregam o desenvolvimento científico – portanto, o uso que é feito das capacidades que foram consolidadas.

Tomemos um simples exemplo: um carro e um machado representam níveis distintos de desenvolvimento científico. Inquestionavelmente, o primeiro item requer um nível mais avançado de ciência para ser produzido do que o segundo. Ambos, contudo, podem ser usados para diferentes fins: o carro, para salvar uma vida ou atropelar alguém; o machado, para desobstruir o caminho de um bombeiro que busca resgatar uma vítima de um desabamento ou para degolar um ser humano. São diferentes níveis de aplicação moral ao parâmetro científico.

POLÍTICA SOCIAL X POLÍTICA INSTITUCIONAL E DINÂMICAS SOCIAIS

Ao longo das últimas décadas, o desenvolvimento científico humano cresceu de forma exponencial, enquanto o desenvolvimento moral avançou, quando muito, em progressão aritmética. Tal descompasso oferece uma série de riscos, como analisaremos no capítulo a seguir, e impede a formação de uma espécie de hierarquia funcional.

A hierarquia funcional é um modelo iconoclasta de sociabilidade capaz de respeitar as diversidades humanas (psíquicas, culturais, intelectuais, físicas etc.) e ainda assim produzir arranjos sociais menos desiguais. Ou seja, assumidamente, nem todos os seres humanos podem ser neurocirurgiões, alpinistas, pilotos de corrida, lutadores de MMA ou astronautas, por exemplo. Algumas pessoas não têm as características (físicas e psíquicas) necessárias para essas profissões. Contudo, quando os desenvolvimentos científico e moral estiverem alinhados (caso isso ao menos aconteça algum dia), a diferença salarial (e sociocultural) entre o neurocirurgião e o faxineiro, que limpa a sala cirúrgica para que o médico possa operar, deverá ser infinitamente menor que a estabelecida no começo do século XXI em, basicamente, todo o mundo. Caso contrário, seres humanos estarão fadados a viver os estragos que os avanços tecnológicos podem produzir quando operados, sob a égide do elitismo histórico-cultural, conforme veremos a seguir.

Capítulo 9 Efeitos práticos do elitismo histórico-cultural no século XXI e no futuro

Em seu livro intitulado *The singularity is near* [A singularidade está próxima], Ray Kurzweil, inventor e futurista estadunidense, analisa o conceito que ele chama de *singularidade*: uma época durante a qual o desenvolvimento tecnológico humano atingirá um ponto de expansão exponencial de tal ordem que permitirá à espécie superar os limites impostos pela sua própria biologia.

Para Kurzweil – "a melhor pessoa capaz de prever o futuro da inteligência artificial", de acordo com Bill Gates[1] –, a singularidade está próxima e sua fase exponencial deverá começar em algum momento da década de 2040:

> Assim como um buraco negro no espaço altera drasticamente os padrões de matéria e energia acelerando-os em direção ao seu horizonte de eventos, essa singularidade iminente em nosso futuro está transformando cada vez mais todos os aspectos e instituições da vida humana, da sexualidade à espiritualidade. O que é, então, a singularidade? É um período futuro durante o qual o ritmo da *mudança tecnológica* será tão rápido, seu impacto tão profundo, que a vida humana será irreversivelmente transformada. Embora não seja utópica nem distópica, essa época transformará os conceitos em que confiamos para dar

---

[1] Bill Gates *apud* Ray Kurzweil, *The singularity is near*, 2005 [texto de capa], tradução minha.

sentido às nossas vidas, desde nossos modelos de negócios até o ciclo da vida humana, incluindo a própria morte. [...]

Dentro de várias décadas, as tecnologias baseadas em informação abrangerão todo o conhecimento e proficiência humanos, incluindo, em última análise, *os poderes de reconhecimento de padrões, habilidades de resolução de problemas e inteligência emocional e moral do próprio cérebro humano.* [...] *A singularidade nos permitirá transcender essas limitações de nossos corpos e cérebros biológicos. Ganharemos poder sobre nossos destinos. Nossa moralidade estará em nossas próprias mãos.* Poderemos viver o quanto quisermos (uma afirmação sutilmente diferente de dizer que viveremos para sempre). Entenderemos completamente o pensamento humano e ampliaremos e expandiremos seu alcance. Até o final deste século, a porção não biológica de nossa inteligência será trilhões de trilhões de vezes mais poderosa do que a inteligência humana sem ajuda.[2]

Apesar da incontestável genialidade contida na obra de Kurzweil, dois aspectos fundamentais das suas postulações merecem especial atenção: (1) o biologismo contido na sua abordagem; e (2) o otimismo, considerando a forma como os seres humanos serão capazes de utilizar o desenvolvimento tecnológico para fins que sirvam a toda a espécie de forma igualitária e saudável – o que, até este ponto, parece, histórica e materialmente, não ser o caso. Os efeitos práticos de como o elitismo histórico-cultural se expressa abrangem as atuais e futuras formas de tecnologia criadas pelos seres humanos.

Primeiro, o biologismo do autor fica claro ao afirmar que a mudança tecnológica, sozinha, será capaz de alterar a "inteligência

---

[2] Ray Kurzweil, *The singularity is near*, 2005, pp. 7-9, tradução e grifos meus.

emocional e moral do próprio cérebro humano" e que a singularidade nos permitirá transcender essas limitações de nossos corpos e cérebros biológicos, oferecendo-nos poder sobre o nosso destino, uma vez que a "nossa moralidade estará em nossas próprias mãos".[3]

Publicado em 2005, o livro de Kurzweil, a despeito dos argumentos pertinentes que oferece sobre o desenvolvimento tecnológico, traz uma forte influência do biologismo e de sua respectiva armadilha para as reflexões a respeito de como os seres humanos vivem e se organizam, hoje ou no futuro: o reducionismo e o predeterminismo.

A inteligência emocional, a noção de moralidade ou quaisquer outros tipos de *inteligência*, para todos os efeitos, não são propriedades do cérebro ou de nenhuma outra parte do corpo humano. São construções sociais, culturais e históricas que se estabelecem com base no enlace dinâmico entre o tempo autobiográfico dos indivíduos e seus respectivos contextos histórico-geracionais. Portanto, o desenvolvimento tecnológico em si não altera o senso de moralidade, nem sequer a própria *inteligência* –, conceito extremamente complexo, geralmente reduzido a capacidades técnicas – para além dos padrões meramente lógicos e matemáticos.

Na prática, assim como um ser humano não se torna automaticamente mais sensível e empático por comprar um carro novo, nem mais potente por ter um coração artificial lhe bombeando o sangue pelas artérias, é pouco provável que isso aconteça por conta de novas tecnologias que eventualmente nos permitam superar algumas das nossas dimensões biológicas. O uso que os humanos fazem de suas escolhas (e o consequente modelo de sociabilidade que eles estabelecem para a organização das suas sociedades com base nessas escolhas) simplesmente não é determinado de forma biológica, apesar de se dar sobre a base biológica da espécie.

---

[3] *Idem*, p. 9.

ESFARRAPADOS

Em seguida, o otimismo de Kurzweil fica evidente quando o autor apresenta a sua teoria das seis épocas e garante que a singularidade nos permitirá transcender essas limitações de nossos corpos e cérebros biológicos, nos dando poder sobre os nossos destinos e colocando a moralidade em nossas próprias mãos.

Tal otimismo desconsidera, inclusive, os fatos materiais e históricos de como os avanços tecnológicos vêm sendo efetivamente usados pelos seres humanos ao longo dos séculos. As leis do movimento, por exemplo, foram estabelecidas por Isaac Newton em 1687. Quatro séculos depois, aviões são usados para bombardear cidades inteiras e fazer a manutenção de um modelo de sociabilidade que se apoia no elitismo, na violência e na segregação. Já no ano 5 a.C., Leucipo cunhou o termo "átomo" para descrever as partículas que formam a matéria. Em 1913, Ernest Rutherford elaborou o modelo atômico; 32 anos depois, o aperfeiçoamento dessa tecnologia foi usado para vaporizar centenas de milhares de humanos, incluindo mulheres, crianças e idosos, nas cidades japonesas de Hiroshima e Nagasaki. Os exemplos são abundantes: Albert Einstein, Robert Oppenheimer, Arthur Galston, Mikhail Kalashnikov, Alfred Nobel, Marie Curie e assim por diante.

Conforme a história humana demonstra reiteradamente, o desenvolvimento tecnológico pode servir a todos os tipos de propósitos. Sobretudo a partir do fim do medievo (século XV) e até a presente data, parece ser uma peça-chave na forma como o elitismo histórico-cultural organiza os modelos de sociabilidade por meio da segregação e do uso da força. Dessa forma, ainda que a tese proposta por Kurzweil seja absolutamente pertinente, será necessário mais do que o *simples* avanço tecnológico, que permitirá que os seres humanos transcendam seus limites biológicos, para a criação de um modelo de sociabilidade capaz de produzir sociedades menos violentas e desiguais.

Parece inapropriado pensar em colonizar o universo com o auxílio de inteligência não biológica humana enquanto questões básicas, como o acesso ao saneamento básico, à água potável, à segurança física e à comida ainda são negligenciadas a uma imensa parcela da humanidade aqui na Terra. Para muito além do desenvolvimento tecnológico, precisamos endereçar a forma como o elitismo histórico-cultural organiza as sociedades e quais seus efeitos práticos nos dias atuais, bem como o que poderá acontecer no futuro caso os seres humanos insistam nas organizações elitistas sob o desenvolvimento tecnológico exponencial que se avizinha.

PANDEMIAS E IMUNIZAÇÕES SELETIVAS

Um exemplo prático e atual de como a tecnologia, quando utilizada de forma elitista, oferece grandes riscos e complicações pode ser encontrado na pandemia da covid-19 e no processo de imunização, que foi altamente desigual e seletivo entre os diversos países do mundo.

Apesar de existir a capacidade tecnológica para a realização de um plano vacinal de escala planetária, questões geopolíticas, étnicas, raciais, econômicas, logísticas e de diferentes ordens impediram que muitos países, principalmente os que se encontram na periferia e na semiperiferia do sistema capitalista global, não avançassem na imunização de sua população. Novamente, o resultado foi trágico para toda a humanidade, que se viu obrigada a ter de lidar com mutações excessivas do patógeno por conta do período extenso de circulação do vírus.

Os primeiros casos de covid-19, pelo menos no que diz respeito à pandemia, foram oficialmente diagnosticados no fim de 2019. Pouco mais de um ano depois, a comunidade científica internacional conseguiu, em tempo recorde,⁴ sintetizar uma vacina contra a doença. Não por acaso, no dia 8 de dezembro de 2020, Margaret Keenan, uma avó britânica que residia no cerne do capitalismo global tornou-se a primeira pessoa no mundo a receber a vacina da Pfizer.

O Brasil, que ocupa uma posição semiperiférica no ordenamento capitalista, vacinou a enfermeira Mônica Calazans somente no dia 17 de janeiro de 2021. Evidentemente, esse atraso também foi potencializado pela inépcia e pelo negacionismo do governo Bolsonaro, mas não exclusivamente por isso.

Até o fim do mês de novembro de 2021, o continente africano tinha a mais baixa taxa de vacinação contra a covid-19 em todo o planeta: apenas 6,6% da população estava totalmente imunizada e 9,8% tinham recebido ao menos uma dose.⁵ No mundo, até a última semana de janeiro de 2022, 10 bilhões de doses de vacinas haviam sido ministradas: 77% nos países considerados ricos e somente 9,8% nos empobrecidos.⁶

A pandemia da covid-19 ofereceu um panorama claro e evidente sobre como o elitismo histórico-cultural que, no começo do século XXI, se apresenta por meio da racionalidade neoliberal abordada anteriormente, organiza o atual modelo capitalista hegemônico global.

Conforme demonstrado, os países desenvolvidos estiveram muito mais propensos a vacinar seus cidadãos, o que prolongou a crise e ampliou ainda mais a desigualdade em todo o planeta.

A Organização Mundial de Saúde (OMS) estabeleceu uma meta global de 70% das populações de todos os países a ser vacinadas até

---

⁴ Geralmente, o processo de sintetizar vacinas contra patógenos desconhecidos poderia demorar muitos anos. O caráter exponencial do desenvolvimento tecnológico, apesar de reduzir drasticamente esse período, não foi capaz de resolver as questões humanas relacionadas aos entraves da imunização seletiva.
⁵ "África tem 6,6% da população totalmente vacinada contra covid-19", *Valor Econômico*, 26 nov. 2021.
⁶ Lucas Sampaio, "Mundo ultrapassa 10 bilhões de vacinas contra Covid aplicadas", *G1*, 28 jan. 2021.

meados de 2022, objetivo que esbarrou mais em desafios políticos e socioculturais do que propriamente na dificuldade logística ou tecnológica. Na terceira semana de setembro de 2021, o diretor-geral da OMS, Tedros Adhanom Ghebreyesus, deixou isso claro, afirmando que a equidade das vacinas não era "ciência de foguetes, nem caridade", mas uma questão de "saúde pública inteligente e no melhor interesse de todos".[7]

Para muito além do argumento meramente ético de que nenhum país ou cidadão merece mais a vacina do que qualquer outro, não importa quão rico ou pobre, uma doença infecciosa como a covid-19 desafiou o modelo elitista do capitalismo global de forma sem precedente por um motivo simples: a pandemia seguirá sendo uma ameaça global, desde que ainda existam casos da doença em qualquer lugar do mundo. A distribuição desigual de vacinas, além de deixar milhões ou bilhões de pessoas vulneráveis ao vírus mortal, também permitiu que variantes ainda mais contagiosas surgissem e se espalhassem pelo planeta.

Além disso, uma distribuição desigual de vacinas aprofundou a desigualdade e estendeu o fosso entre ricos e empobrecidos, revertendo décadas de progresso duramente conquistado no desenvolvimento humano. De acordo com a Organização das Nações Unidas (ONU), a desigualdade nas vacinas surtiu um impacto duradouro na recuperação socioeconômica em países de baixa e média renda e atrasou o progresso dos Objetivos de Desenvolvimento Sustentável (ODS). De acordo com o Programa das Nações Unidas para o Desenvolvimento (PNUD), oito em cada dez pessoas empurradas para a pobreza diretamente pela pandemia devem viver nos países mais empobrecidos do mundo até 2030. As estimativas também sugerem que os impactos

---

[7] Organização Mundial de Saúde, "WHO Director-General's opening remarks at the ACT Accelerator Facilitation Council briefing for members and WHO Member States – 6 July 2021", 2021, s/p, tradução minha.

econômicos podem durar até 2024 em países de baixa renda, enquanto os países de alta renda puderam atingir as taxas de crescimento do PIB *per capita* pré-pandemia até o fim de 2021.

    O jogo geopolítico global também elitizou quais vacinas seriam usadas em ampla escala no mundo. No Brasil, por exemplo, o então presidente da República, Jair Bolsonaro, atacou diversas vezes e de todas as formas possíveis a Coronavac, vacina de origem chinesa, em virtude de sua postura "anticomunista" e para rivalizar com adversários políticos. Em alguma medida, seja por conta de disputas comerciais ou político-ideológicas, esse mesmo cenário se repetiu no âmbito internacional. Assim como aconteceu com a corrida espacial durante o auge da Guerra Fria na segunda metade do século XX, os países (e suas corporações e agências sanitárias) competiram no que diz respeito ao desenvolvimento tecnológico para muito além do que seria conveniente, considerando o melhor interesse dos seres humanos e um vírus que se espalhou em escala planetária.

REGIMES AUTOCRÁTICOS

O uso de novas tecnologias, sobretudo nas telecomunicações, também trouxe novos níveis de complexidade e paradigmas societários. Soluções inovadoras permitiram conectar as pessoas amadas ao redor do planeta, mas também vêm criando uma série de problemas ao longo dos últimos anos. É uma espécie de polícia global a serviço de uma classe capitalista transnacional que aposta no desenvolvimento de regimes autocráticos fascistas para fazer a manutenção de seus privilégios sob a égide de um modelo social que agudiza exponencialmente a premissa da acumulação. Conforme explica William I. Robinson, a concentração sem precedentes de capital em nível global cimentou o poder financeiro de uma elite corporativa transnacional que usa seu poder econômico para exercer influência política e controlar Estados. Em 2018, apenas dezessete conglomerados financeiros globais administraram coletivamente US$ 41,1 trilhões, mais da metade do PIB de todo o planeta. Naquele mesmo ano, o 1% mais rico da humanidade, liderado por 36 milhões de milionários e 2.400 bilionários, controlava mais da metade da riqueza do mundo, enquanto os 80% mais pobres tinham que se contentar com apenas 4,5% do estado policial global dessa riqueza.[8]

Desde a popularização dos smartphones, entre 2010 e 2013, surgiram novas ferramentas e estratégias de comunicação empregadas para auxiliar a ascensão de regimes autocráticos em diferentes partes do planeta: Bolsonaro, no Brasil; Trump, nos Estados Unidos; Orban, na Hungria; Duda, na Polônia; Duterte, nas Filipinas; e muitos outros.

No Brasil, as falácias do *kit gay* para as crianças nas escolas, do conluio com a Venezuela para implementar o comunismo no Brasil, da fraude nas urnas a favor do Partido dos Trabalhadores (PT), entre outras muitas montagens (áudios, vídeos, memes, fotos etc.), foram usadas para definir o pleito presidencial de 2018 e fazer a manutenção do bolsonarismo nos anos subsequentes.

No pleito de 2022, as notícias falsas atacaram a credibilidade do sistema eleitoral brasileiro, do Tribunal Superior Eleitoral (TSE) e dos ministros do Supremo Tribunal Federal (STF).

Quase a totalidade dos eleitores de Jair Bolsonaro acreditou em alguma espécie de notícia falsa e foi exposta a discursos de intolerância e ódio por meio de aplicativos e redes sociais. Bolsonaro, contudo,

---

[8] Entrevista concedida ao autor em 25 de abril de 2022.

não parou de usar esse método após a eleição de 2018 e os estendeu durante toda a vigência de seu governo autocrático e insano – inclusive após a derrota no segundo turno da eleição seguinte, em 2022.

Durante a pandemia da covid-19, seus pronunciamentos em rede nacional de rádio e televisão potencializaram a circulação de notícias falsas e de discursos de ódio nas redes sociais. Apoiadores do governo federal transformaram frases com desinformações do presidente brasileiro em mensagens para ser compartilhadas via redes sociais e aplicativos.

No discurso de 24 de março de 2020, por exemplo, quando classificou a covid-19 como uma "gripezinha", Bolsonaro criticou a imprensa e o fechamento de escolas. Grupos públicos de WhatsApp registraram um pico de notícias falsas naquele dia, com 4.036 compartilhamentos. No dia anterior, eram apenas 410, o que representou aumento de 884%.[9]

Conforme explica João Cezar de Castro Rocha, escritor, historiador e professor de literatura comparada,

> pense na última cena do filme *Laranja mecânica*, de Stanley Kubrick, na qual o personagem, como punição, é forçado a ficar com os olhos abertos assistindo repetidamente à mesma cena. Estaríamos todos nessa situação de catatonia pela massa de dados absolutamente ingovernável que o tempo todo flui pelo universo digital, que funciona por meio de um sistema de redução de complexidade chamado algoritmo. O que os algoritmos fazem é reduzir essa complexidade, criando perfis, que são o resultado das interações feitas no ambiente digital. [...] A visão do mundo da extrema direita é algorítmica, porque, para essa parcela da população, são eles contra o restante, que deve ser eliminado. Trata-se de uma visão em preto e branco, sem as

---

[9] Patrícia Pasquini, "90% dos eleitores de Bolsonaro acreditaram em fake news, diz estudo", *Folha de S.Paulo*, 2 nov. 2018.

nuances. É isso, eles, ou aquilo, os outros. Um problema dessa dinâmica que emite dados ininterruptamente via internet foi a agudização do que pode ser intitulado de "a economia da atenção ao seu paroxismo". Com essa oferta ilimitada de conteúdo, surgem estratégias de *click bait* e linguagens que tendem ao reducionismo e à polarização. Esta é exatamente a linguagem política da extrema direita e dos regimes mais autoritários: agressiva, violenta, polarizadora e com enorme capacidade de produzir engajamento. Além disso, o universo digital criou o que eu chamo de microempreendedor ideológico, que são as figuras que ganham grandes quantias via internet monetizando as suas contendas ideológicas. Ou seja, monetizando a atividade política. A extrema direita faz isso em todo o planeta.[10]

No âmbito físico e social, as consequências desse mecanismo são nefastas. Patrocinada por ideias e fundos dessa ordem, uma massa de seguidores do ex-presidente Donald Trump invadiu o Capitólio dos Estados Unidos, no dia 6 de janeiro de 2021, o que resultou em uma tragédia. Dois anos depois, seguidores do bolsonarismo fizeram o mesmo no Congresso Nacional brasileiro.

INTELIGÊNCIA ARTIFICIAL, REALIDADES VIRTUAIS E O DESENVOLVIMENTO TECNOLÓGICO SOB A RACIONALIDADE NEOLIBERAL

A partir de 2018, as *deepfakes*, tecnologia de inteligência artificial usada para criar conteúdos digitais falsos e convincentes, como áudio, imagens e vídeos, passam a oferecer formas cada vez mais sofisticadas de manipular a opinião pública.

---

[10] Entrevista concedida ao autor em 15 de fevereiro de 2022.

No começo de 2022, essa tecnologia foi usada para criar um candidato para disputar as eleições presidenciais na Coreia do Sul: AI Yoon, primeiro candidato *deepfake* oficial da história. A legislação de Coreia do Sul permite que candidatos criados por inteligência artificial façam campanhas, desde que claramente identificados como tal e não avancem discursos de ódio ou desinformação.

O personagem foi desenvolvido por um time especialista em inteligência artificial com base em filmagens gravadas pelo candidato Yoon Suk-Yeol, do People Power Party. Deliberadamente, o "Yoon humano" registrou algo em torno de vinte horas de frases em áudio e vídeo para municiar com dados a empresa de tecnologia local responsável por criar o avatar. As falas e opiniões de AI Yoon ressoaram na mídia sul-coreana e trouxeram mais de 7 milhões de visitas ao site do candidato criado por meio da inteligência artificial. Pesquisas demonstraram que Al Yoon foi o candidato mais popular na faixa etária dos jovens, entre 20 e 30 anos de idade.

Inevitavelmente, essas inovações tecnológicas deverão aprofundar os estragos causados pelos discursos de ódio e desinformações que resultaram na ascensão de diversos regimes autocráticos desde a popularização dos smartphones. No Brasil, em 2018, a Câmara dos Deputados aprovou um projeto de lei para criminalizar a prática do *deepfake*.[11] Inicialmente, a ideia é proibir a utilização dessa tecnologia para a criação de vídeos ou imagens íntimas falsas de pessoas.

Outro exemplo: em junho de 2022, a Xanadu, uma startup de computação quântica fundada pelo ex-pesquisador de pós-doutorado em física da Universidade de Toronto Christian Weedbrook alcan-

---

[11] De acordo com o texto aprovado pela Câmara dos Deputados, o cidadão que criar uma montagem não autorizada de uma pessoa em cena de nudez ou ato sexual pode pegar de seis meses a um ano de detenção, além de pagar multa. A pena pode ser ainda maior caso o(a) criminoso(a) mantenha ou tenha mantido relação íntima com a vítima. Eduardo Piovesan, "Câmara aprova projeto que criminaliza registro não autorizado de intimidade sexual", *Agência Câmara de Notícias*, 28 nov. 2018.

çou um marco cobiçado ao demonstrar "vantagem quântica" – a capacidade de um computador quântico superar qualquer supercomputador do mundo em uma tarefa específica. A máquina da empresa, chamada Borealis, foi capaz de executar em 36 segundos um problema matemático específico que levaria cerca de 9 mil anos para os supercomputadores mais poderosos do mundo, informou o *Globe and Mail*. A conquista representa um passo significativo para poder um dia aproveitar a computação quântica para uso prático em áreas tão diversas como a descoberta de medicamentos, modelagem de risco financeiro e mitigação de mudanças climáticas.[12]

Ainda em junho, a Clonorgan Biotechnology, uma empresa de biotecnologia chinesa, usou robôs autônomos capazes de analisar problemas e, movidos por inteligência artificial, tomar decisões sem o auxílio de humanos. A primeira aplicação da tecnologia foi em um projeto realizado em parceria com a Universidade de Nankai, na província de Chengdu, e conduziu a clonagem de porcos de forma automatizada.[13]

Portanto, suponhamos – e essa é uma suposição bastante plausível, considerando que está ancorada em bases materiais e históricas – que esse desenvolvimento tecnológico não seja acompanhado de uma grande transformação moral. Ou seja, o avanço moral dos seres humanos, apesar de também ser uma realidade, em alguma medida parece não acompanhar o mesmo ritmo de progressão exponencial do desenvolvimento tecnológico, pelo menos até então.

Dessa forma, assim como aconteceu desde o fim do medievo – quando seres humanos ainda usavam escudos, lanças, flechas, espadas e machados para agredir e impor suas determinações – e a transição

---

[12] Sean Silcoff, "Toronto's Xanadu raising US$ 100 million led by Georgian to develop quantum computers", *The Globe and Mail*, 19 maio 2022.
[13] Ling Xin, "Chinese scientists produce world's first pigs cloned entirely by robot", *South China Morning Post,* 2 jun. 2022.

para as sociedades modernas – nas quais drones teleguiados são usados com esse mesmo propósito –, é muito provável que as novas tecnologias, sobretudo as que serão elaboradas na seara da inteligência artificial e das realidades virtuais, agudizarão o elitismo histórico-
-cultural para formas ainda mais agressivas, violentas e segregatícias de como essa forma social deverá se expressar no futuro.

Conforme explica Rosa Maria Marques,

> atualmente, o trabalho precário e a ausência de direitos, antes tidos como próprios do subdesenvolvimento, fazem parte da realidade de parcela cada vez maior dos trabalhadores dos países ditos desenvolvidos. Essa situação se agrava com a indústria 4.0, a internet das coisas e a inteligência artificial. Não se trata de outra base tecnológica e sim de um salto qualitativo no uso de uma mesma base. A grande novidade decorre da integração das distintas tecnologias já existentes e de seu uso resultar em soluções diferentes das até então buscadas. Isso sem falar da concessão de autonomia no processo decisório que o equipamento passa a ter. A aceleração da adoção da indústria 4.0 e da internet das coisas que, registre-se, foi algo que ocorreu no mundo todo durante a pandemia da covid-19, terá, conjuntamente com o desenvolvimento da inteligência artificial, impactos que ainda não podemos dimensionar. Sabemos, no entanto, que esses impactos são de toda ordem e não somente socioeconômicos. A própria subjetividade humana será objeto de grandes mudanças, mais do que as que já ocorreram nesses últimos quase quarenta anos com o uso da internet e das formas de comunicação a ela associadas. [...] Estamos vivendo momentos nos quais as tecnologias disponíveis são mais do que capazes de produzir a quantidade de bens e serviços necessária para que toda a população mundial viva dignamente,

com elevada qualidade de vida. Mas isso não ocorre. Não só parte do potencial produtivo é perdido, posto que passou a ser normal trabalhar com elevada taxa de ociosidade, como, mesmo que assim não acontecesse, o resultado da produtividade é apropriado de forma privada, posto que estamos sob o modo de produção capitalista. Somente uma parte ínfima da produtividade resulta em melhora da condição de vida da população. Do ponto de vista do emprego, a produtividade potencial dessas tecnologias seria suficiente para permitir que a humanidade convivesse com jornadas de trabalho extremamente reduzidas ou combinasse situações de trabalho com não trabalho ao longo da vida ativa dos trabalhadores. No lugar disso, com exceção das vitórias pontuais dos trabalhadores de certas categorias e de alguns países, o capitalismo tem somente a oferecer precarização do trabalho (deixando somente para alguns os núcleos duros que se mantêm nas empresas, bons salários e plano de carreira) e exclusão. Essa exclusão não pode ser confundida simplesmente com desemprego, que pode ser de longa duração. É exclusão porque nem sequer os trabalhadores que estão nessa condição servem como exército industrial de reserva. Em outras palavras, o drama a que estamos submetidos é que o avanço tecnológico, que permitiria nos libertar do trabalho (ou de parte substantiva dele), ocorre sob o domínio do capital. Daí não haver, no horizonte, nem emprego, nem proteção social para uma maioria crescente da população. Estamos vivendo um período de transição no qual instituições, valores, formas de sociabilidade, entre outros aspectos, do passado e do futuro, estão presentes e convivendo entre si. Por isso, lutar para que o neoliberalismo não avance sobre os direitos construídos durante o período de acumulação fordista, mesmo que tenham sido implantados somente para parte da população e de forma insuficiente, como no Brasil e em outros países dependentes, faz todo sentido, e não temos como deixar de cerrar fileiras com os trabalhadores que ainda dispõem de seus benefícios ou estão vinculados a seus sistemas de proteção porque ainda têm o "privilégio" de exercer uma atividade formal. Mas é hora de pensarmos em outra proteção social que não tenha o trabalho como fundamento ou referência.[14]

Demis Hassabis, fundador e CEO da DeepMind Technologies e uma das principais figuras atuantes em pesquisas dessa ordem, define a sua própria missão como resolver "o problema da inteligência" e depois usar a inteligência artificial "para resolver todo o resto".[15]

Note que, embriagados por seus títulos e conquistas, os principais pesquisadores e cientistas envolvidos com projetos pioneiros dessas áreas acreditam que o desenvolvimento tecnológico bastará para resolver todos os dramas humanos, o que representa um grande problema e falta de compreensão sobre como os humanos se desenvolvem. No começo da década 2021-2030, muitos cientistas estão inclinados ao mesmo erro que cometeram seus predecessores com o Projeto Genoma, na década de 1990. Naquela ocasião, boa parte da comunidade científica acreditou que, ao mapear o genoma humano, seríamos capazes de resolver toda a complexidade da nossa espécie: dos transtornos psiquiátricos à cura do câncer, das doenças cardíacas aos problemas sociais hipercomplexos.

Evidentemente, essa suposição provou-se radicalmente equivocada por uma razão que foi amplamente abordada nesta obra: seres humanos não são o mero resultado de sua organização genética, assim

---

[14] Rosa Maria Marques, "Proteção social e capitalismo: socializando o desenvolvimento", 2022, pp. 157-159.
[15] Demis Hassabis, *Academy of Achievement*, "Demis Hassabis", 29 jul. 2022, tradução minha.

como suas questões hipercomplexas não podem ser resolvidas apenas a partir do desenvolvimento tecnológico. Pelo contrário, dependendo do uso que seja feito desses avanços, o atual cenário de desigualdade, violência e marginalização tende a piorar.

Atualmente, diversas inovações consolidadas ao longo das últimas décadas já são aplicadas dessa forma. A própria lógica do capital vem sendo potencializada em ampla medida por tecnologias disruptivas:

> Fronteiras inteligentes estão se tornando ameaças às liberdades civis; elas estão sendo implementadas sem que se avaliem seriamente seus benefícios, riscos, implicações legais e éticas. Drones, sensores, reconhecimento facial, entre outras tecnologias invasivas, prometem um controle de fronteiras mais barato e mais eficaz ao custo de nossa privacidade. Dada sua falha (até agora) em financiar um muro de tijolos na fronteira [dos Estados Unidos] com o México, a administração de Trump construiu um muro virtual feito de vigilância. Os sensores não são implantados apenas na fronteira real, mas também nas comunidades americanas próximas à fronteira. Iniciativas similares estão sendo propostas e testadas em todo o mundo.[16]

Por exemplo, Michael Lewis, jornalista investigativo e escritor estadunidense, afirma que as mudanças tecnológicas e práticas comerciais antiéticas transformaram o mercado de ações (*stock market*) dos Estados Unidos: passou do mercado financeiro mais público e democrático do mundo a um mercado absolutamente manipulado.[17] (Evidentemente, os adjetivos "público" e "democrático" são, no mínimo, extremamente questionáveis para se referir a Wall Street.

---

[16] Carissa Véliz, *Privacidade é poder*, 2021, p. 49.
[17] Cf. Michael Lewis, *Flash Boys*, 2014.

Contudo, a colocação do jornalista serve aos meus propósitos nesta ocasião e não pretendo me aprofundar nesse debate.)

O trabalho de Lewis é apenas mais um exemplo de como as novas tecnologias são usadas, geralmente, para burlar valores éticos, morais, jurídicos, democráticos etc., a fim de concentrar dinheiro e poder nas mãos de grupos restritos. Hoje, no mundo, existem cerca de 40,3 milhões de pessoas exercendo atividades em condições análogas à escravidão. Há mais escravizados atualmente do que em qualquer outro momento da história.

Dessa forma, utilizar as redes sociais digitais para fornecer a linguagem humana aos organismos que serão ativados por meio da inteligência artificial não significa incutir o humanismo legítimo nesses dispositivos. Ser o melhor jogador de xadrez, seja humano ou sintético, não significa ser capaz de perceber a realidade social com a sensibilidade que as questões nessa área requerem.

Utilizar soluções de realidade virtual para aproximar as pessoas, apesar de resolver desafios relacionados ao tráfego de veículos e desafios logísticos de toda a sorte, também não resultará em um mundo mais *humano*, no qual as pessoas se sintam menos sozinhas, legitimamente. Imagine o que pode acontecer considerando os níveis de adição às novas redes sociais virtuais, nas quais os indivíduos poderão construir toda a sua *realidade*, de seus corpos (avatares) às casas que desejam habitar e o modelo de família ideal, por exemplo, para evitar as dores e as frustrações que são inerentes à experiência humana. Certamente, a tolerância à frustração e os níveis de estresse emocional e depressão serão questões seríssimas nesse novo contexto.

No que diz respeito à construção de um mundo menos desigual e violento e mais humano, o desenvolvimento tecnológico pode ajudar somente até certo ponto e, infelizmente, dependendo da ambição e da orientação histórica e cultural a ser adotada, essas inovações tendem a complicar o cenário de forma progressiva, o que deverá sofisticar e potencializar todos os tipos de conflitos.

EFEITOS PRÁTICOS DO ELITISMO HISTÓRICO-CULTURAL NO SÉCULO XXI E NO FUTURO

GUERRA HÍBRIDA

Com o desenvolvimento tecnológico, sobretudo a partir do avanço da internet e dos smartphones, a forma como as guerras militares convencionais eram organizadas e travadas evoluiu para o que se convencionou chamar de *guerra híbrida*.

O conceito de guerra híbrida abrange uma combinação de *revoluções coloridas* — incitações populares, na linha do que aconteceu no Brasil a partir de 2013 e na Primavera Árabe — e guerras não convencionais, como ataques cibernéticos, armas químicas e biológicas, contendas judiciais e retaliações econômicas, para substituir governos que não estejam alinhados aos interesses de determinada nação.

Geralmente, as guerras híbridas exploram os ímpetos preexistentes em determinado povo para promover a instabilidade sob o verniz do arranjo democrático. Ao longo da última década, Brasil e Ucrânia foram alvos de guerras híbridas. (Esses dois países são citados somente como exemplos, considerando que muitas outras nações foram vítimas de guerras híbridas nesse período, mas o objetivo aqui não é aprofundar este tema.) Contudo, no país do Leste Europeu a situação se deteriorou às vias de fato por meio do confronto militar com a Rússia, e as dimensões práticas do elitismo histórico-cultural ficaram mais evidentes.

Charlie D'Agata, repórter da rede CBS, na intenção de condenar as ações russas em solo ucraniano, afirmou ao vivo que a Ucrânia, "com todo o respeito, não é como o Iraque ou o Afeganistão. [...] Este é um país relativamente civilizado e relativamente europeu". David Sakvarelidze, ex-procurador ucraniano, seguiu a mesma direção e deu uma aula de como o elitismo histórico-cultural é usado para justificar ou rechaçar guerras: "Vejo pessoas europeias, com olhos azuis e cabelos loiros sendo mortas [...] com os mísseis do Putin." Em um artigo, Daniel Hannan, jornalista do jornal britânico *The Telegraph*, chamou atenção para o fato de que os ucranianos "se parecem muito com a gente. Isso é o que torna [o conflito] tão chocante. A guerra não é mais algo que acontece somente com populações empobrecidas ou remotas". Philippe Corbe, da rede francesa BFM TV, garantiu que "não estamos falando aqui de sírios fugindo [...] estamos falando de europeus fugindo em carros que se parecem com os nossos".[18] Peter Dobbie, apresentador inglês da rede Al Jazeera, comentou que "não são pessoas tentando fugir de áreas do norte da África. Eles se parecem com qualquer família europeia".[19]

Centenas de demonstrações explícitas de como o elitismo histórico-cultural, quando combinado ao desenvolvimento tecnológico, pode produzir todos os tipos de guerras e conflitos justificáveis ou injustificáveis foram dadas por jornalistas, autoridades e cidadãos comuns em todo o mundo. As guerras híbridas se utilizam de ímpetos preexistentes em determinada população de forma muita aguda, conforme já salientado. Na Europa, em 2022, não por acaso as falas foram dessa ordem.

Andrey Korybko, jornalista e cientista político estadunidense, afirma que as manobras dos Estados Unidos na Ucrânia levaram "as forças de extrema direita ao poder, as quais ameaçaram a minoria russa indígena devido à ideologia fascista das novas autoridades, que glorificam aqueles que colaboraram com a Alemanha nazista". Ele pondera que as mídias sociais são as novas armas de ataque cirúrgico: "Os Estados Unidos vêm usando esses métodos para derrubar governos em todo o mundo. Segundo o padrão que foi usado na Síria e na Ucrânia, a guerra indireta é marcada por manifestantes e insurgentes, e as quintas-colunas são compostas

---

[18] "'Biased' media coverage on Russia-Ukraine tension sparks outrage", *TRT World*, 27 fev. 2022, tradução minha.
[19] Hazar Kilani "Al Jazeera issues apology after presenter's 'racist comments'", *Doha News*, 28 fev. 2022.

menos por agentes secretos e sabotadores ocultos e mais por protagonistas desvinculados do Estado, que se comportam, publicamente, como civis."

Para o analista, em vez de estabelecer um confronto direto, os Estados Unidos investem numa espécie de "conflito por procuração", promovido na vizinhança dos alvos para desestabilizá-los: "As tradicionais ocupações militares dão lugar a golpes e operações indiretas para as trocas de regimes, que são muito mais econômicas e menos sensíveis do ponto de vista político." Korybko aponta, ainda, que isso ocorreu em 2014, na Ucrânia, por meio do que no Ocidente foi chamado de "Revolução Ucraniana" ou "Revolução da Dignidade", e conduziu Petro Poroshenko e Volodymyr Zelensky à presidência, como também ocorreu no Brasil, com as "Jornadas de Junho de 2013", o que resultou nos governos de Michel Temer e Jair Bolsonaro: "As ações dos Estados Unidos, por meio da guerra híbrida, e a expansão da OTAN [Organização do Tratado do Atlântico Norte] no Leste Europeu catalisaram o conflito Rússia–Ucrânia. O Brasil e a Ucrânia foram ambos vitimados pelas guerras híbridas dirigidas pelos Estados Unidos com o objetivo de fortalecer a hegemonia unipolar norte-americana." Sem citar nominalmente o efeito da Operação Lava Jato, ele afirma que "no Brasil, a guerra híbrida se concentrou, principalmente, no chamado *lawfare*, ou na manipulação de instrumentos legais, a fim de remover o governo multipolar democraticamente eleito e legítimo [de Dilma Rousseff]. Na Ucrânia, a estratégia foi organizada com base no terrorismo urbano de extrema direita, que ficou conhecido como a Revolução Colorida EuroMaidan".[20]

Evidentemente, os Estados Unidos não são os únicos responsáveis pelas guerras híbridas e suas consequências nefastas. Hoje, todos os grandes conflitos e contendas políticas ou sociopolíticas são dispu-

---

[20] Entrevista concedida ao autor em 25 de fevereiro de 2022, em inglês, tradução minha.

tados, em alguma medida, pelos parâmetros compreendidos dentro do conceito de guerra híbrida.

A tecnologia vem contribuindo de forma decisiva para agravar os modelos segregacionistas e violentos, que se organizam a partir do elitismo histórico-cultural, e pouco serve, em si mesma, para fomentar o pensamento crítico que deverá nos conduzir à Revolução no futuro.

Capítulo 10 Pensamento crítico e revolução

No Brasil, geralmente, quando se fala em pensamento crítico, surge uma associação quase automática com as forças sociopolíticas que se posicionam à esquerda no espectro político-ideológico. Como se o simples ato de citar o termo *pensamento crítico* significasse uma espécie de adesão a determinados candidatos ou partidos.

Para meus propósitos neste livro, existem três dimensões fundamentais segundo as quais operam os indivíduos que utilizam o pensamento crítico e, em hipótese alguma, elas implicam, necessariamente, algum tipo de posicionamento ideológico ou político-partidário. Contudo, existe um motivo bastante compreensível que explica essa associação quase automática que se faz entre o pensamento crítico e as forças que estão à esquerda na vida sociopolítica nacional, conforme veremos.

AS TRÊS DIMENSÕES DO PENSAMENTO CRÍTICO

O pensamento crítico possui três dimensões fundamentais que se aplicam a quaisquer disciplinas da atividade humana: (1) o questionamento, (2) a materialidade e (3) a mudança.

Inicialmente, ao operar alinhado ao pensamento crítico, o indivíduo passa a questionar todas as coisas, o que é radicalmente diferente de desacreditá-las. Assim como não cabe dizer que o sujeito deve operar dessa ou daquela maneira, simplesmente porque o pensamento crítico não pode ser imposto por meio de determinação. Ele deve ser alcançado e aplicado por deliberação. Questionar significa não aceitar quaisquer formulações prontas antes de um amplo escrutínio que seja suficiente para atender aos parâmetros determinados a comprovar a veracidade de algo em certa ocasião. Desacreditar significa seguir negando a validade de algo quando esses critérios foram atendidos, o que, seguramente, caracteriza um equívoco crasso.

Por exemplo: de acordo com essa lógica, deve-se questionar a existência da força da gravidade, mas, uma vez efetivamente comprovada a sua influência sobre o mundo material, não cabe mais o descrédito de seus efeitos, sob pena de se arcar com as consequências trágicas que podem ser facilmente compreendidas ao ver um corpo cair e se arrebentar contra o solo.

Em seguida, entra em cena a materialidade referente a uma determinada seara para realizar o questionamento. Assim, o mero ato de questionar não basta para caracterizar o pensamento crítico como é definido pelo conceito do elitismo histórico-cultural. No caso da gravidade, para nos atermos ao exemplo aqui formulado, significa entender como essa força, de fato, se comporta, a sua aceleração etc. Ou seja, compreender a materialidade pertinente a essa disciplina.

Esse princípio, evidentemente, aplica-se a diferentes áreas que transcendem as ciências naturais. Sobretudo nas ciências sociais aplicadas, o confronto de narrativas e o combate às retóricas de ódio funcionam de forma mais eficaz quando estão apoiados por fatos. Durante anos, por exemplo, o bolsonarismo usou o anticomunismo e a falácia de que o Partido dos Trabalhadores teria "quebrado o Brasil". Contudo, diversos indexadores sociais, como o preço da gasolina, da taxa de conversão entre o real brasileiro e o dólar estadunidense, o Índice de Gini, o Índice de Desenvolvimento Humano (IDH), o preço do gás de cozinha, as reservas internacionais, o produto interno bruto (PIB) e muitos outros demonstraram, categoricamente, que a narrativa bolsonarista era falaciosa. Ou seja, a materialidade factual correlata ao assunto em questão desmontou a falácia propalada pelo bolsonarismo.

Finalmente, a última dimensão do funcionamento do pensamento crítico trata de ser capaz de usar o questionamento e a materialidade para promover a emancipação das camadas mais empobrecidas e vulneráveis da população. Exatamente por esse motivo, com frequência surgem as associações entre o pensamento crítico e as forças progressistas que atuam na política institucional brasileira e nas questões sociopolíticas nacionais de forma mais ampla.

Por exemplo: o conceito de "ordem", de acordo com Hedley Bull, o renomado professor de Relações Internacionais, significa um arranjo específico da vida social que seja adequado à promoção de determinadas metas e/ou valores essenciais à vida do sujeito.[1] Ou seja, de acordo com esse preceito, uma sociedade extremamente instruída, mas desigual e organizada para aniquilar seus inimigos, não possui educação e não está em ordem. Instrução não significa necessariamente educação, e organização não é sinônimo de ordem.

De forma análoga, esse mesmo raciocínio se aplica ao pensamento crítico: utilizar o questionamento e a materialidade para fins *conservadores*, que busquem, portanto, fazer a manutenção dos privilégios de uma pequena parcela da população em detrimento da imensa maioria, não caracteriza, em absoluto, a maneira de atuar segundo o que aqui propõe o pensamento crítico.

Para tanto, faz-se necessário utilizar o questionamento e a materialidade para promover a mudança no que diz respeito às propriedades emancipatórias das camadas, histórica e culturalmente, usurpadas

---

[1] Cf. Hedley Bull, *A sociedade anárquica*, 2002.

e empobrecidas pelos arranjos sociais. O objetivo é fomentar uma espécie de pensamento crítico coletivo capaz de catalisar os processos revolucionários até a Revolução.

PENSAMENTO CRÍTICO COLETIVO

Invariavelmente, o pensamento crítico no âmbito individual tende a levar, de maneira paulatina, à composição de uma espécie de consciência crítica coletiva: o pensamento crítico aplicado em escala social. Existem inúmeros obstáculos nesse percurso, mas o principal impeditivo desse processo tem a ver com a forma como a sociedade do capital organiza as subjetividades individuais.

Para o psicólogo Guillermo Arias Beatón, as sociedades modernas produzem indivíduos que não são capazes de desenvolver o que ele chama de "subjetividade integral":

> O desenvolvimento psíquico humano, o psiquismo humano, a mente e a subjetividade são palavras ou termos para conceituar a propriedade humana de transformar em subjetivo, espiritual, psíquico, mental ou psicológico aquilo que o sujeito vive em sua vida concreta, sendo a sua máxima expressão a formação da consciência, da autoconsciência, do comportamento humano e da personalidade. Ou seja, o psíquico ou a subjetividade são ideias, emoções, sentimentos, as funções psíquicas superiores (linguagem, cálculo, desenho, escrita, artes, percepção, memória, atenção, pensamento, formação de conceitos etc.) e o emprego dos símbolos, signos e significados. Os conhecimentos adquiridos e o poder de ser capaz de explicar a nossa existência, da natureza e da sociedade por meio deles. Estas formações psíquicas ou subjetivas são, no ser humano, de natureza cul-

tural, histórica. São produzidas em um ambiente ou contexto social. O psiquismo dos seres vivos anteriores ao ser humano, por sua natureza biológica, nunca atingiu esses níveis de desenvolvimento e formação. Eles se adaptavam, essencialmente, de uma maneira direta e, em geral, da mesma forma, porque a adaptação instintiva, que é biológica, predominava por meio de reflexos incondicionados. Nesses seres vivos não se chega a formar a consciência e a autoconsciência, no sentido de atingir o conhecimento com certa integralidade sobre quem somos, de onde viemos, o que e como podemos, efetivamente, fazer na natureza e na sociedade.[2]

Segundo Beatón, essa propriedade do desenvolvimento psíquico humano (ou da subjetividade humana) também não acontece de forma previamente determinada, mas depende da educação, do desenvolvimento e da formação que o sujeito recebe ao longo de toda a sua vida:

Existem diferentes níveis de desenvolvimento dessa subjetividade ou mentes. Você pode notar isso facilmente quando olha para a diversidade humana. Então, esta formação depende muito da integralidade que a educação oferecida apresenta, para que o sujeito possa apropriar-se ao máximo de todos os conteúdos e meios de cultura, dos conhecimentos acumulados mais variados, para ser capaz de vivenciar as emoções, os afetos e os sentimentos em todas as suas expressões, estando ciente deles. Além disso, que esteja também consciente sobre como se formam as suas necessidades e da existência da tarefa do ser humano de atuar em benefício de outros seres humanos, de si mesmo e da própria natureza.

---

[2] Entrevista concedida ao autor em 3 de agosto de 2018 e publicada em Cesar Calejon e Adriano Vizoni, *A ascensão do bolsonarismo no Brasil do século XXI*, 2019.

ESFARRAPADOS

Quando a educação é incompleta e elaborada para habilitar e capacitar o sujeito ou, em outras palavras, para torná-lo apto a produzir, um crime contra a humanidade é cometido, porque o processo de desenvolvimento integral dos seres humanos, que envolve o pensamento crítico nos âmbitos individual e coletivo, é tolhido,

> e esse processo não acontecerá de forma igual para todos, mas de maneiras diversas. Contudo, isso já seria muito melhor do que o que é alcançado hoje. Esse é o pior erro que o ser humano vem cometendo ao longo da história. Felizmente, mesmo com as contradições e os erros típicos das suas épocas, temos alguns legados de pensamentos dos antigos na Ásia, na América Latina e, no século XVII, Francis Bacon, no Ocidente. Todos esses pensadores nos alertaram sobre esse mal que vem sendo feito pelo ser humano por milênios. Eles nos explicam, com seus conhecimentos e sentimentos, esses males. Além disso, no momento da crise da aristocracia e do feudalismo, os renascentistas e iluministas também destacaram essa questão, mas a sociedade de exploração, que foi organizada por parte da população, frustrou essas observações e desenvolveu o que estamos vivendo até hoje, que era o ideal ou a utopia daquela época. Talvez esse tenha sido o caminho para organizar a sociedade na história, eu não sei muito bem, talvez tenha sido o que foi necessário acontecer para produzir o desenvolvimento das forças produtivas que temos hoje. Apesar disso, já passou da hora de analisarmos criticamente essas contribuições dos nossos anciões. O problema é que a ambição, o hedonismo, a premissa de que há seres fortes e outros fracos acabam produzindo tudo o que temos hoje e não permitem que as mudanças necessárias na sociedade viabilizem, finalmente, o tipo de educação que

desenvolva a subjetividade de forma integral nos seres humanos. Porque há pelo menos 800 mil anos o *Homo sapiens* já possui as condições biológicas para alcançar o desenvolvimento pleno da sua subjetividade.[3]

Nesse processo está incluída a educação tradicional, que geralmente é insuficiente, além de organizada e fornecida para os seres humanos apenas para formar competências, recursos cognitivos e intelectuais,

> sem virtudes, sentimentos, estados emocionais ou motivações verdadeiramente humanas, a fim de produzir o que o paradigma atual exige. Trata-se de uma educação para contribuir na formação de um ser humano que atenda às demandas da natureza alienante desta sociedade. Consegue-se, de uma forma ou de outra, que essa educação não permita a formação e o desenvolvimento dessa subjetividade integral, que implique uma concepção do mundo que ajude o sujeito a explicar criticamente a sua existência e a sua vida. Tudo isso é apoiado não apenas pela educação oferecida pelas escolas, mas também pela educação produzida pelos meios de comunicação, que são dominados pelas elites das sociedades atuais em praticamente todo o planeta e reforçam todo esse mecanismo ao qual me refiro.[4]

Portanto, catalisar a formação do pensamento crítico coletivo não significa estimular adesões a determinadas ideias ou a nenhuma

---

[3] *Ibidem*. Ver *também* "Fóssil de 800 mil anos pode em ligação entre humanos e neandertais", *Galileu*, 1º abr. 2020.
[4] *Ibidem*.

tivos – principalmente os que dizem respeito ao ensino fundamental dos brasileiros – para desenvolver as subjetividades dos cidadãos nacionais de forma integral e combater o empobrecimento subjetivo que acometeu o país.

Independentemente da cosmovisão que compele certo indivíduo a se posicionar mais à direita ou à esquerda no espectro político-ideológico, desenvolver essa capacidade crítica coletiva significa evitar que as grandes massas populacionais acreditem em absurdos como o kit gay, o combate ao comunismo, a fraude nas urnas eletrônicas e outras falácias que deram margem à ascensão (e fizeram a manutenção) do bolsonarismo no Brasil entre 2018 e 2022.

Atualmente, existem outros canais de comunicação, tais como professores que fazem leituras via redes sociais, autores e editoras independentes que publicam suas obras por meio de financiamento coletivo e diversas alternativas às mídias hegemônicas tradicionais, o que significa que existem novos meios de promover a disseminação do pensamento crítico no âmbito individual e, consequentemente, no coletivo.

Caso falhemos nesse quesito enquanto sociedade, existe uma alta probabilidade de futuros déspotas assumirem o comando do Poder Executivo do Brasil utilizando as mesmas abordagens das quais Jair Bolsonaro se valeu nos meses de outubro de 2018 e 2022. Combater a fragilidade intelectual do povo brasileiro é imperativo nessas primeiras décadas do século XXI para seguirmos caminhando rumo ao processo da Revolução.

O QUE É A REVOLUÇÃO?

Sobre esse tema, faz-se necessária uma distinção elementar: revolução, com *r* minúsculo, aparece em alguns dos principais dicionários da língua portuguesa como o "ato ou efeito de revolucionar(-se), de realizar mudanças profundas ou radicais; revolucionamento, revolvimento" ou "movimento de revolta, súbito e generalizado, de caráter político e social, por meio do qual um número significativo de pessoas procura conquistar, pela força, o governo de um país, a fim de dar-lhe nova orientação; insurreição, rebelião, sublevação".[5]

Para muito além dessa definição, Revolução com R maiúsculo significa, apoiado nas ideias do campo marxiano e de acordo com o conceito contemplado nesta obra, um longuíssimo processo (durante milênios, possivelmente), histórico e cultural, de transformação do modelo de sociabilidade (e de todas as searas que o integram) para que se encerre o processo de exploração e usurpação dos seres humanos pelos seres humanos.

Dessa forma, a Revolução não é um momento específico na história, mas um amplo processo histórico e cultural de tomada de consciência, por parte dos exploradores e dos explorados, para encerrar, definitivamente, o elitismo histórico-cultural e todas as suas possíveis expressões. Apesar de acontecer, em menor ou maior grado, ao longo de todos os períodos da humanidade, esse processo, que não é linear ou tampouco garantido, deverá ser catalisado por meio do pensamento crítico e do modelo de democracia participativa que será eventualmente estabelecido após a superação da democracia liberal burguesa vigente na maior parte do mundo durante o começo do século XXI.

Essa é uma questão central para as ideias e reflexões contidas neste livro. Evidentemente, existe uma relação dialética entre as revoluções, os processos revolucionários que alteram paulatinamente as formas de governo e os modelos de sociabilidade ao longo das décadas, dos

---

[5] *Oxford Portuguese Dictionary*, "Revolução", 2023.

séculos e milênios, e a Revolução, objetivo final de todas as lutas que têm como objetivo promover a emancipação humana.[6]

Organizar uma Revolução para assumir o controle dos Estados como estes estão organizados no sistema capitalista global é apenas uma pequena mas necessária parte da Revolução. Isso depende do uso que seja feito do exercício do poder, que, invariavelmente, está circunscrito pelos limites históricos e culturais vigentes em determinada sociedade e em certa época.[7] Ou seja, a forma como o elitismo histórico-cultural se manifesta no espaço e no tempo.

Conforme salienta o professor Alysson Leandro Mascaro sobre a sociedade do capital e seus respectivos modelos de sociabilidade e de Estado hoje existentes,

> todo direito é um golpe. É a forma do engendramento da exploração do capital e da correspondente dominação de seres humanos sobre seres humanos. Tal golpismo jurídico se faz mediante instituições estatais sustentando-se em uma ideologia jurídica que é o espelho da própria ideologia capitalista. Sendo o direito sempre golpe, a legalidade é uma moldura para a reprodução do capital e para a miríade de opressões que constituem a sociabilidade. Todo o direito e toda a política se fazem a partir de graus variados de composição entre regra e

---

[6] Muitos marxistas ortodoxos tendem a classificar essas etapas históricas e culturais do desenvolvimento humano como "reformismos" ou ideias "pequeno-burguesas". Contudo, diversos avanços que beneficiaram as classes mais empobrecidas passaram por essa dinâmica. Por conta do seu desenvolvimento histórico e cultural, seres humanos não podem alterar determinado modelo de sociabilidade sem a alteração da sua cultura e dos seus valores histórico, o que, invariavelmente, leva tempo. A redução dessa questão serve a propósito políticos, partidários e ideológicos, mas é pouco eficaz no que diz respeito a reflexões consistentes na seara no desenvolvimento coletivo.

[7] Note, por exemplo, que todos os líderes progressistas que assumem o poder no atual contexto histórico e cultural são, inexoravelmente, compelidos ao centro do espectro político-ideológico.

exceção. Pelos espaços nacionais das periferias do capitalismo, cresce no presente momento a utilização dos mecanismos jurídicos para estratagemas políticos e capitalizações ideológicas. O palco jurídico passa a ser exposto pela imprensa tradicional com requintes de espetáculo. O direito, jogando luzes e sombras na política do presente, faz, em alguns países periféricos do capitalismo, o mesmo que processos de insurgência popular fazem nos países da chamada Primavera Árabe ou no caso da Ucrânia: destituem partidos, grupos, classes e facções de poder, engendrando realinhamentos internacionais e reposicionando, a menor, tais países no contexto geopolítico mundial. A compreensão do papel do direito nas políticas de cada nação e na geopolítica atual exige uma mirada tanto naquilo que o direito é estruturalmente, como forma social necessária e inexorável do capitalismo, quanto, também, naquilo que é seu talhe e sua manifestação hoje. O direito é uma forma social capitalista. Sua materialidade se funda nas relações entre portadores de mercadorias que se equivalem juridicamente na troca. A forma jurídica é constituinte da sociabilidade capitalista. O mesmo quanto à forma política estatal, terceira necessária em face dos agentes da exploração capitalista. O Estado, mesmo quando governado por agentes e classes não burgueses, é capitalista pela forma. Direito e estado se arraigam nas relações sociais capitalistas, estando atravessados pelas vicissitudes e contradições de tal sociabilidade da mercadoria. Legalidade e política estão submetidas à dinâmica da acumulação, nacional e internacional.[8]

---

[8] Entrevista concedida ao autor em 13 de setembro de 2021. *Ver* Alysson Leandro Mascaro, *Estado e forma política*, 2013, *ver também* Alysson Leandro Mascaro *Crise e golpe*, 2018.

Resumidamente, a Revolução é o processo gradual de superação desse estado de coisas aqui descrito, eloquentemente, pelo professor Mascaro. Cada geração humana está inclinada a entender por Revolução somente os processos revolucionários histórica e culturalmente ao seu alcance durante seu tempo de vida. Para os progressistas que viveram no século XIX no Brasil Imperial, a noção de Revolução remetia aos movimentos abolicionistas, por exemplo. Contudo, conforme notoriamente foi confirmado pela história, o fim do modelo escravista não encerrou sequer os métodos que estabelecem atividades análogas à escravidão.

A própria noção da revolução do proletariado – que, conforme já abordado, não foi viabilizada muito por conta das disputas que acontecem dentro das próprias classes e da desmobilização da classe trabalhadora que elas implicam – é apenas outra etapa fundamental do quase infinito processo intitulado Revolução.

Para efeito de compreensão, a metáfora mais adequada para compreender a Revolução seria o trabalho das formigas, que, sozinhas, não podem promover mudanças significativas, mas, agindo de forma coletiva, são capazes de feitos extraordinários. Dessa forma, não existem revolucionários individuais, mas operários que trabalham para fomentar o processo da Revolução.

Sistematizar esse processo milenar, seja em um capítulo, seja em uma centena de livros, é impossível, literalmente, por um motivo que pode ser compreendido de forma simples: as futuras condições (materiais e ideológicas) ainda não estão dadas. Isso impede o processo de sistematização de forma mais estruturada segundo o que preconizam os métodos acadêmicos e científicos do século XXI. A Revolução é um processo sobre o qual temos clareza apenas do objetivo final e dos próximos passos, dados os limites históricos e culturais em determinada época e sociedade. Quase como o motorista de um carro, que segue na escuridão da noite por uma estrada, sabendo qual é o seu destino, mas enxergando de forma objetiva somente as dezenas de metros seguintes que o farol do veículo é capaz de iluminar.

Isso não significa, contudo, que não cabe endereçar o tema e pensar formas viáveis para catalisar esse imenso processo. Pelo contrário, apesar das eventuais imprecisões (ou erros) que possam ser cometidas, é de suma importância que ideias e reflexões nesse sentido sejam submetidas ao escrutínio público.

Capítulo 11 Mudança social e novas formas de
participação econômica e sociopolítica

Com base nas reflexões e nas ideias que apresento em *Esfarrapados*, este capítulo é dedicado a sintetizar algumas medidas práticas. Meu objetivo aqui é indicar algumas alternativas à sociabilidade presente de modo que possamos experimentar novas situações econômicas e sociais. Nesse sentido, pretendo provocar a leitora e o leitor a fim de catalisar o processo de mudança social e da forma como a população brasileira participa da vida econômica e sociopolítica do país.

Possivelmente, cada tópico apresentado neste capítulo renderia outro livro. Apesar disso, a ideia aqui é ressaltar o que se compreende por alguns pontos nevrálgicos.

ECONOMIA POLÍTICA, DINÂMICA CONSTITUCIONAL E GEOPOLÍTICA GLOBAL NO ENSINO MÉDIO?

Existem inúmeras razões que podem ser consideradas na reflexão que procura entender a fragilidade intelectual dos brasileiros e, consequentemente, a impossibilidade de pensar mudanças sociais e novas formas de participação econômica e sociopolítica capazes de promover a emancipação das parcelas mais empobrecidas da população nacional. Mas a educação acrítica, que exclui do conteúdo programático oferecido aos jovens temas relacionados à materialidade da vida social nos âmbitos nacional e internacional, talvez seja a principal delas.

ESFARRAPADOS

Disciplinas como matemática, física, geografia e química, apesar de absolutamente fundamentais no que diz respeito ao desenvolvimento humano, não são capazes de cobrir assuntos pertinentes aos aspectos práticos correlatos à complexidade da vida como ela se apresenta nos dias atuais.

Após décadas dedicadas à docência, Paula Cesar da Silva, professora do ensino básico na cidade de Santos, litoral do estado de São Paulo, concluiu que é necessário

> valorizar muito mais a educação básica. Precisamos organizar um conteúdo mais orientado à vivência dos alunos. Eu venho lecionando há 24 anos na Prefeitura Municipal de Santos e há seis anos venho ensinando as turmas da 5ª série [jovens com idades entre 10 e 12 anos]. Até hoje [2018], não temos disciplinas oficiais sobre educação financeira, por exemplo. É um absurdo. Em várias escolas particulares ou nas que possuem mais recursos e materiais de ensino atualizados, já existem conteúdos específicos para orientar o aluno, desde cedo, a lidar com questões relacionadas à vida de forma mais ampla.[1]

Com esse objetivo em mente, muitas disciplinas podem ser consideradas, mas três temáticas são, de acordo com a minha interpretação, de suma importância para organizar o senso crítico da população nacional desde o ensino médio:[2] a (1) economia política, (2) dinâmicas parlamentares e constitucionais (como funciona a República); e (3) a geopolítica global.

---

[1] Entrevista concedida ao autor em 7 de junho de 2018 e publicada, originalmente, em Cesar Calejon e Adriano Vizoni, *A ascensão do bolsonarismo no Brasil do século XXI*, 2019.
[2] De acordo com doutores em desenvolvimento infantil consultados sobre esse tema para esta obra, Laura Marisa Carnielo Calejon e Guillermo Arias Beatón, a idade mínima para introduzir assuntos dessa ordem seria a partir dos 14 anos.

MUDANÇA SOCIAL E NOVAS FORMAS DE PARTICIPAÇÃO ECONÔMICA E SOCIOPOLÍTICA

Por definição, a economia política é a ciência que estuda as relações sociais de produção, de circulação e considerando a distribuição – de bens materiais e de serviços – para atender as necessidades humanas, identificando as leis que organizam tais relações. Nas sociedades em que prevalece o modo de reprodução do capital, portanto, trata-se de entender os parâmetros basilares que regem a vida social no nível mais elementar.

Para efeito de compreensão, a analogia mais adequada seria com o jogo de xadrez. Entender os preceitos básicos da economia política nas sociedades capitalistas equivale a compreender como cada peça se movimenta no tabuleiro. Ou seja, como as relações sociais se organizam com base na forma como acontece o processo de produção da vida material.

Em seguida, ainda fazendo a analogia com o xadrez, entender os parâmetros básicos do constitucionalismo brasileiro significa compreender a dinâmica de como o jogo se desenrola para além de, meramente, entender como as peças se movem. A imensa maioria dos brasileiros chega à vida adulta sem sequer saber o que é o Congresso Nacional, o que faz cada parlamentar de acordo com o seu cargo, como funciona o ordenamento jurídico nacional e assim por diante. Em ampla medida, a ausência desse conhecimento elementar cria a fragilidade adequada para que a população seja irrestritamente explorada pelas classes política e empresarial sem maiores dificuldades.

Abordar a dinâmica parlamentar constitucional a partir do ensino médio não implica, em hipótese alguma, fazer doutrinação política nas escolas, conforme acusam alguns parlamentares, sobretudo os que têm maior interesse na manutenção da ignorância popular.

No dia 9 de abril de 2019, por exemplo, durante a cerimônia de posse de Abraham Weintraub como ministro da Educação, o presidente Jair Bolsonaro defendeu, textualmente, que os jovens brasileiros não deveriam se interessar por política. Segundo ele, o interesse em política faria com que os estudantes perdessem o tempo que poderia ser gasto aprendendo matemática, ciências e outras disciplinas: "[...] queremos uma garotada que comece a não se interessar por política, como é atualmente dentro das escolas, mas comece a aprender coisas que possam levá-las ao espaço no futuro." [3]

A falta de eloquência e a intensidade da confusão mental relacionadas à ideia veiculada por Bolsonaro não permitem entender com precisão o que significaria "levá-las ao espaço no futuro". Apesar do delírio presidencial nessa ocasião, abordar questões fundamentais ao funcionamento social coletivo não significa fazer proselitismo político, mas sim esclarecer as parcelas mais jovens da população sobre as regras que determinarão suas vidas, o que é absolutamente vital para que direitos e deveres sejam exercidos com propriedade. Seguramente, ir "ao espaço no futuro" é menos importante do que lidar com a vida presente na Terra.

Faça um experimento sociológico simples com as pessoas que lhe são mais próximas: questione-as sobre o que são o Senado e a Câmara dos Deputados; quantos senadores e deputados existem no Brasil; quais são as atribuições dessas pessoas; o que faz o Supremo Tribunal Federal; quais são os principais parâmetros consagrados na Constituição Federal de 1988 no que diz respeito a direitos básicos (saúde, educação e lazer); quais são as competências de governadores e prefeitos; e assim por diante.

De muitas formas, a ausência desse conhecimento foi responsável pela ascensão do bolsonarismo e pelo desastre que Jair Bolsonaro conduziu na chefia do Poder Executivo entre 2019 e 2022. Ou seja, não se trata de predispor os adolescentes a aceitar um partido ou

---

[3] Ana Luiza Basílio, "Queremos uma garotada que não se interesse por política, diz Bolsonaro", *Carta Capital*, 10 abr. 2019.

uma identidade político-ideológica, mas oferecer os recursos instrumentais para que a compreensão da sociedade na qual vivem possa transcender as redes sociais digitais, os programas de televisão e as retóricas de ódio ou medo que caracterizaram a guerra cultural bolsonarista[4] e outras esparrelas maniqueístas e doentias dessa mesma ordem.

Em seguida, a questão da geopolítica global significaria ser capaz de compreender, para além de como as peças se movimentam e quais são suas possibilidades internas de orquestrar estratégias de jogo, como os outros jogadores se articulam e formam um concerto global de enxadristas. Nesse caso, seguindo a metáfora do xadrez, a própria sociedade internacional.

Com o avanço da internet a partir da década de 1990, faz-se cada vez mais necessário um tipo de educação que seja capaz, desde os anos iniciais do ensino médio, conforme aqui proposto, de elucidar as características do jogo da geopolítica global. Em todos os sentidos, a vida cotidiana no âmbito doméstico, seja no que diz respeito aos aspectos econômicos, sociais ou políticos, tem cada vez mais relação com disputas e acordos que ocorrem na sociedade internacional.

Assim como a alta nos preços de commodities nos anos 2000 contribuiu para as exportações brasileiras,[5] por exemplo, no começo de 2022 a guerra entre a Rússia e a Ucrânia pressionou o preço dos alimentos e dos combustíveis no Brasil.[6] Durante o governo Bolsonaro, os brasileiros toleraram o preço da gasolina sendo indexado pelo dólar

---

[4] Ver João Cezar de Castro Rocha, *Guerra cultural e retórica do ódio*, 2021.
[5] Sabrina Monique S. Bredow *et al*. "A alta nos preços de commodities nos anos 2000 *contribuiu* para as exportações brasileiras de manufaturados? Uma avaliação empírica para parceiros selecionados", 2018.
[6] Luana Zanobia, "Guerra pressiona inflação e afeta alimentos e combustíveis por aqui", *Revista Veja*, 4 mar. 2022.

estadunidense[7] para engordar o capital de acionistas estrangeiros da Petrobras, principalmente sem nenhum tipo de questionamento mais incisivo e coeso por parte da população. Durante a última semana de janeiro de 2022, ou seja, antes sequer do conflito entre Rússia e Ucrânia começar oficialmente, o litro da gasolina já ultrapassava a casa dos R$ 8 em alguns estados brasileiros.[8] Após o início da guerra entre os dois países, projeções indicavam que esse valor poderia chegar a R$ 18,22,[9] caso o barril do petróleo Brent chegasse aos US$ 300, como alertou o governo russo em virtude das sanções impostas pelos Estados Unidos.

A partir de 2016, principalmente após o golpe parlamentar que destituiu a ex-presidenta Dilma Rousseff, o preço dos combustíveis passou a ser indexado pelo dólar estadunidense, mas os salários dos brasileiros continuaram a ser pagos em reais, que, por sinal, tornaram-se cada vez menos valiosos ante a moeda dos Estados Unidos.

Conforme a própria Dilma Rousseff resumiu com precisão em entrevista realizada para a composição desta obra,

> o golpe [de 2016] foi dado por razões muito concretas, porque a gente não deixaria passar a lei de teto de gastos, que constitucionalizou a austeridade, a retirada do povo do orçamento e da cidadania do voto. [...] O teto de gastos é a garantia de que qualquer grupo político que ascenda ao poder no Brasil estará automaticamente submisso ao projeto neoliberal. Jamais deixaríamos passar medidas como a independência do Banco

---

[7] André Ramalho, "Combustíveis: o que é o PPI e por que a Petrobras segue preços internacionais?", *O Globo*, 11 out. 2021.
[8] Martha Imenes, "Preço médio da gasolina passa de R$ 8 em 12 dos 28 municípios fluminenses pesquisados pela ANP", *Extra*, 4 maio 2022.
[9] João José Oliveira, "Gasolina iria a R$ 18,22 se petróleo custasse US$ 300, como disse Putin", *Economia Uol*, 9 mar. 2022.

Central, o esquartejamento planejado da Petrobras, a reforma trabalhista que criou condições precárias de trabalho, trabalho intermitente etc. Ou seja, o golpe aconteceu porque nós travamos a agenda neoliberal.[10]

Essa agenda é internacional e vem sendo ampliada por um projeto geopolítico global que pretende manter o Brasil como produtor e exportador de produtos primários, a serviço do capital financeiro e dos interesses das elites empresariais e midiáticas nacionais. Por exemplo, segundo dados do GISMAPS, entre 2004 e 2015, dos 5.570 municípios brasileiros, apenas 33 não produziram cabeças de gado. Esses poucos locais são cidades litorâneas, pantanosas ou asfaltadas. "O agro é pop"[11] e está nos principais canais da televisão aberta brasileira, enquanto os índices de desemprego, violência, fome e todo tipo de erosão social avançam em escala geométrica internamente.

Prossegue Dilma Rousseff, na mesma entrevista:

> [...] o [Barack] Obama me prometeu [em 2013] que ele levantaria o que tinha acontecido para evitar processos similares de espionagem no futuro e que ele me responderia direitinho uma semana depois. Após uma semana, ele me ligou e disse que não conseguiria fazer isso. Passa-se um tempo, talvez um mês ou dois, acontece uma reunião da Assembleia Geral da ONU, quando o sr. [Bill] Clinton solicitou um encontro paralelo conosco e me informou, extraoficialmente, que eles não poderiam responder as minhas duas questões, que eram sobre o que havia

---

[10] Entrevista concedida ao autor em 4 de maio de 2021 e publicada, originalmente, no *UOL*. Dilma Rousseff, "Dilma: 'Impeachment aconteceu porque travamos agenda neoliberal'", entrevista a Cesar Calejon, *UOL*, 4 maio 2021.
[11] Mote utilizado pela indústria do agronegócio do Brasil em suas propagandas na Rede Globo.

sido espionado e que eles se retratassem publicamente com um pedido de desculpa, porque eles não sabiam exatamente o conteúdo que o Edward [Snowden] possuía naquela época. O pedido público de desculpa veio em outro contexto, quando eles abriram uma investigação e lamentaram o ocorrido. Mas, sobre todas as informações que foram grampeadas, eles disseram que não poderiam informar precisamente, porque, segundo o próprio ex-presidente Clinton, eles tinham perdido o controle por conta de terem terceirizado parte dos serviços de inteligência da NSA para o setor privado.

Um ano depois, teve início no Brasil o maior processo de *lawfare*[12] da história do país, a Operação Lava Jato, que culminou na prisão de Lula, em abril de 2018. Diversos líderes progressistas da América Latina enfrentaram processos similares ao longo dos últimos anos: Manuel Zelaya, em Honduras; Fernando Lugo, no Paraguai; Evo Morales, na Bolívia; Cristina Kirchner, na Argentina; Rafael Corrêa, no Equador, entre outros. O caso mais dramático é o de Alan García, ex-presidente do Peru que se suicidou assim que tomou ciência de que policiais estavam em sua casa para cumprir uma ordem de prisão. Ele era investigado em um inquérito sobre os contratos de seu governo com a empreiteira Odebrecht.

Desnecessário enfatizar novamente, portanto, a importância desse tema com relação à forma como o povo brasileiro estará preparado para compreender o modelo de sociabilidade global de maneira mais integral a fim de enfrentar processos de exploração de todas as ordens no futuro: dos preços dos combustíveis às eleições presidenciais e todos os aspectos pertinentes à vida social.

---

[12] *Ver* Cristiano Zanin Martins *et al.*, *Lawfare*, 2020.

LIMITES À FINANCEIRIZAÇÃO DO CAPITAL

Conforme definido por Marx e enfatizado inúmeras vezes ao longo desta obra, o capital é um processo, uma relação histórica e social de produção:

> Um negro é um negro. Somente sob determinadas condições ele se torna escravo. Uma máquina de fiar algodão é uma máquina de fiar algodão. Apenas sob determinadas condições ela se torna capital. Arrancada dessas condições, ela é tampouco capital quanto o ouro é, em si mesmo, dinheiro, ou açúcar é o preço do açúcar. [...] O capital é uma relação social de produção. É uma relação histórica de produção.[13]

Portanto, de forma resumida, segundo os conceitos contidos nas ideias do campo marxiano, o capital expropria a classe trabalhadora dos meios fundamentais de produção. Ao promover a carestia e a fragilidade do trabalhador, que não dispõe de nenhuma alternativa para a sua subsistência exceto pela venda da sua própria força de trabalho, esse processo acaba por extrair mais valor do que essa força vale quando, inicialmente, vendida ao capitalista.

---

[13] Karl Marx, *O capital*, Livro 1, 2013, p. 836. Sobre essa nota, dois aspectos merecem especial atenção. O primeiro trata da genialidade do autor ao definir o conceito que mudaria o rumo das ciências sociais e, consequentemente, da própria humanidade durante os séculos seguintes. O segundo: ao utilizar o negro nesse exemplo e dessa forma, Marx, a meu ver, comprova o raciocínio que elaboro no começo desta obra, segundo o qual mesmo as mentes mais brilhantes vivem absorvidas pelo paradigma histórico e cultural vigente em suas respectivas épocas e sociedades. A despeito de todo o seu brilhantismo ao sintetizar o conceito do capital, Marx denota um sinal claro de adesão aos parâmetros da sua época, o que não significa concordar com a escravidão ou discordar dela, simplesmente, mas utilizá-la da forma tal qual ela se apresentava: escravizando negros. O autor poderia ter dito que "um ser humano é um ser humano e somente sob determinadas condições ele se torna um escravizado". Contudo, a forma como o elitismo histórico-cultural organizava o modelo de sociabilidade escravista da época restringia o processo de escravização aos negros e indígenas.

Apesar disso, essa ainda não é a forma mais cruel de expropriação e usurpação perpetrada pelo capital nas sociedades estabelecidas durante o começo do século XXI. A financeirização do capital engendra métodos ainda mais perversos e sofisticados para explorar a classe trabalhadora por meio de medidas draconianas. Conforme David Deccache explica no seu brilhante texto intitulado "Se o dinheiro não acabou, por que a austeridade fiscal?",

> o primeiro efeito da austeridade é a desaceleração econômica e, consequentemente, o aumento do desemprego. Com isso, altera-se a correlação de forças entre trabalhadores e patrões: o medo do desemprego é disciplinador. Dada essa alteração, os trabalhadores passam a aceitar salários mais baixos e piores condições laborais. Por conta disso, os empresários, que só enxergam os salários como custo, consideram esse rebaixamento a solução para a retomada da lucratividade em um momento de crise. […] Entretanto […] não apenas os lucros são apreciados pelos líderes empresariais, mas a "estabilidade política" gerada por taxas de desemprego disciplinadoras também o são. Logo, do ponto de vista do capitalista, o desemprego seria uma parte integrante do funcionamento "normal" do sistema. Percebe-se que, neste ponto, a reforma trabalhista de 2017, aprovada após o impeachment e durante o processo de concretização da austeridade fiscal, potencializa os efeitos da austeridade e do desemprego em termos de "disciplina" e alteração na correlação de forças capital-trabalho. A segunda função da austeridade é esmagar a capacidade do Estado de manter o seu funcionamento básico através da imposição de uma série de restrições orçamentárias, o que acarreta redução da quantidade e da qualidade dos serviços públicos. Com isso, abre-se o caminho para o setor privado ampliar a sua participação em diferentes esferas de acumulação

antes ocupadas pelo setor público. *Por fim, a austeridade é funcional para a dinâmica de acumulação liderada pelas finanças, o motor da especificidade histórica do neoliberalismo.* Isso porque a austeridade, por um lado, amplia o desemprego e reduz salários e, de outro, destrói os serviços públicos *e obriga as famílias, cada vez mais pobres, a recorrerem a um processo de endividamento crescente junto ao sistema financeiro para satisfazerem às suas necessidades básicas como saúde, educação e moradia.* Nesse processo, o setor financeiro se apropria de uma parcela cada vez maior da renda das famílias, logo, do excedente socialmente produzido pela classe trabalhadora. Eis a intersecção fundamental entre austeridade e financeirização.[14]

Por exemplo, em 2022, empréstimos feitos por bancos para famílias desesperadas, que estavam, literalmente, passando fome[15] e não tinham sequer como pagar pelo teto que estava sobre as suas cabeças eram efetivados via caixas 24 horas, a taxas de juros que alcançavam 969,18% ao ano. Para que se tenha a real noção do tamanho da atrocidade que essa equação representa, isso significa que, caso a pessoa emprestasse R$ 100 e não conseguisse pagar esse valor, em cinco anos, estaria devendo R$ 13.971.856,98 à instituição financeira.[16]

O atual modelo empurra as pessoas ao limite da necessidade, incluindo a fome, o frio, a sede, a ausência de um lar para se banhar,

---

[14] Ver David Deccade *apud* Gilberto Maringoni, *A volta do estado planejador*, 2022, p. 189-190, grifos meus.
[15] Na terceira semana de janeiro de 2023, de acordo com o II Inquérito Nacional sobre Insegurança Alimentar no Contexto da Pandemia da Covid-19 no Brasil, realizado pela Rede Brasileira de Pesquisa em Soberania e Segurança Alimentar e Nutricional (PENSSAN), 33 milhões de pessoas passavam fome no país e aproximadamente 125 milhões conviviam com algum nível de *insegurança alimentar*, eufemismo utilizado para dizer que a pessoa não se alimenta pelo menos três vezes ao dia.
[16] Cálculo elaborado pelo engenheiro e escritor Eduardo Moreira e enviado ao autor em 16 de dezembro de 2021.

fazer as necessidades fisiológicas e todas a sorte de dores e sofrimentos, para que elas aceitem vender sua força de trabalho pelo menor valor possível. Ainda assim, isso não é o bastante. Na falta de poder vender seus nervos, carne, músculos e cérebro, o trabalhador se vê compelido a pedir um "empréstimo", que sela a sua escravização em nome da lei de forma derradeira, enquanto uma parcela ínfima da população mundial enriquece exponencialmente sem produzir absolutamente nada, bebendo vinhos que podem custar milhares de reais a garrafa e passeando de jatinhos e iates particulares ao redor do mundo: eis a financeirização do capital. Nem os escravizados do Brasil colonial eram usurpados de forma tão cínica e virulenta.

Conforme argumenta o economista Michael Hudson, a estratégia política do "capitalismo financeiro" compreende "capturar o setor público e transferir o poder monetário e bancário para Wall Street, a cidade de Londres e outros centros financeiros ocidentais".[17]

Hudson explica que os Estados Unidos e outras economias ocidentais perderam o seu antigo ímpeto: uma pequena classe rentista ganhou o controle e se tornou o novo planejador central, usando seu poder para drenar a renda do trabalho e da indústria, que se tornaram cada vez mais endividados e de alto custo. A doença norte-americana da desindustrialização resultou na inflação dos custos da produção industrial pelas rendas econômicas extraídas por essa classe sob o sistema de capitalismo monopolista financeirizado que agora prevalece em todo o Ocidente. Ele também salienta que o conflito entre Estados Unidos/OTAN e China/Rússia não pode ser simplesmente considerado uma competição de mercado entre dois rivais industriais; trata-se de um embate mais amplo entre diferentes sistemas econômicos e políticos – não apenas entre o capitalismo e o socialismo como tal, mas entre a lógica de uma economia industrial e

---

[17] Entrevista concedida ao autor em 4 de julho de 2022.

a de uma economia rentista financeirizada cada vez mais dependente de subsídios e exploração estrangeira conforme sua própria economia doméstica se desfaz.

Ainda segundo o economista,

> a estratégia do imperialismo militar e financeiro dos EUA é instalar oligarquias e ditaduras clientes e aliados de braço torcido para se juntar à luta contra adversários designados, subsidiando não apenas os custos da guerra do império, mas até mesmo os programas de gastos internos da nação imperial. [...] A nova Guerra Fria está basicamente sendo travada pelo capitalismo financeiro, que se encontra centrado nos EUA, apoiando oligarquias rentistas, contra as nações que buscam construir uma autoconfiança mais ampla e a prosperidade doméstica. [...] Historicamente, a classe financeira tem sido a principal beneficiária dos impérios, agindo como agentes de cobrança. Trata-se de uma espécie de estratégia de subdesenvolvimento: instrumentalizar a pressão do FMI para transformar a infraestrutura pública em monopólios privatizados e reverter as reformas pró-trabalhistas do século XX por meio dessas notórias condicionalidades para empréstimos. [...] *No Brasil, por exemplo, vocês estão vivendo o equivalente a uma sociedade feudal, mas em vez de latifundiários, vocês têm financistas.*[18]

Em 2021, em meio à maior pandemia dos últimos cem anos, com quase 14 milhões de desempregados e a volta da fome na nação, duas das maiores instituições financeiras do Brasil atingiram faturamentos

---

[18] Entrevista concedida ao autor em 27 de junho de 2022, grifo meu. *Ver* Cesar Calejon, "Michael Hudson: vocês estão vivendo o equivalente a uma sociedade feudal, mas em vez de latifundiários, vocês têm financistas", *Brasil 247*, 4 jul. 2022.

assombrosos: o Itaú registrou um lucro líquido recorrente recorde de R$ 26,9 bilhões, resultado 45% maior do que o de 2020, quando lucrou R$ 18,5 bilhões, enquanto o lucro do Bradesco cresceu 55% e, ainda assim, o banco encerrou 8 mil vagas de trabalho no período.[19] No ano seguinte, a gestão Bolsonaro privatizou a Eletrobras, maior empresa de energia da América Latina, para o capital estrangeiro, em ampla medida.

Sem ter o que comer, o que vestir ou onde morar,[20] os níveis de civilidade e a própria cidadania, em última instância, ficam comprometidos de forma irremediável. Evidentemente, faz-se necessária a revisão dos limites de financeirização do capital e a forma como o Estado brasileiro atua com relação às dinâmicas econômicas que constituem suas estruturas financeiras.[21]

O ESTUDO DE CASO DO FINANCIAMENTO POPULAR DA AGRICULTURA FAMILIAR (FINAPOP) DO MOVIMENTO DOS TRABALHADORES RURAIS SEM TERRA (MST)

A financeirização é, possivelmente, o principal empecilho ao desenvolvimento de um modelo de sociabilidade que permita a emancipação das camadas mais empobrecidas em todo o planeta, sobretudo nos

---

[19] Segundo o Sindicato dos Bancários: "nos nove primeiros meses de 2021, o Bradesco obteve R$ 19,602 bilhões de lucro líquido recorrente, que exclui efeitos extraordinários. O resultado representa alta de 54,9% em relação ao mesmo período de 2020. No terceiro trimestre, o lucro foi de R$ 6,767 bilhões, aumento de 7,1% em relação ao trimestre imediatamente anterior. Apesar do resultado expressivo, o Bradesco fechou 8.198 postos de trabalho em doze meses encerrados em setembro, quando a holding contava com 87.736 empregados. No trimestre foram abertas apenas 374 vagas", *Sindicato dos Bancários*, 5 nov. 2021.
[20] Enquanto faltam habitações para amplas parcelas da população, o processo de financeirização de cidades ao redor do mundo cria imensas estruturas de prédios que servem, exclusivamente, ao propósito especulativo da valorização financeira. *Ver* Raquel Rolnik, *Guerra dos lugares*, 2015.
[21] Cf. André Lara Resende, "Moeda é capital", 2022.

países que se encontram na periferia e na semiperiferia do sistema capitalista global, o que é o caso do Brasil, precisamente.

Nessas nações, a dificuldade de se obter crédito e financiamento para qualquer propósito é extremamente agudizada, e o controle dos recursos fica restrito a um número ínfimo de instituições bancárias e financeiras que os utilizam, única e exclusivamente, para engordar seus respectivos capitais e manter sua hegemonia política em todas as searas da vida da nação. Note, por exemplo, que os Estados Unidos possuem ao menos 375 bancos e a China elaborou uma sólida estratégia de financiamento estatal para o desenvolvimento de áreas essenciais.[22] No Brasil, existe menos da metade desse número e, ainda assim, o grande volume financeiro fica concentrado, fundamentalmente, apenas entre as quatro maiores instituições. Na prática, isso representa a impossibilidade de conseguir qualquer tipo de crédito ou financiamento, caso você pertença às parcelas mais desfavorecidas da população nacional – justamente, as que mais precisam de créditos e investimentos.

É de suma importância o desenvolvimento de meios alternativos de financiamento que transcendam os gigantes do setor e proporcionem recursos a quem mais necessita. Essa é uma questão nevrálgica em todo o mundo capitalista. Hoje, em todo o planeta, as pessoas mais ricas são herdeiras que vivem da renda que os recursos que lhes foram oferecidos geram. São *rentistas*. Atualmente, o mundo é comandado por essa relação de empréstimo e uso de capital herdado por alguns grupos que detêm todo esse recurso.[23] Resumidamente, as instituições financeiras, que não são necessariamente bancos, ditam as regras do jogo e consomem todo o eventual lucro da classe trabalhadora. Empresas de diferentes setores, principalmente as

---

[22] Cf. Elias Jabbour e Alberto Gabriele, *China: o socialismo do século XXI*, 2021.
[23] Cf. Ladislau Dowbor, *A era do capital improdutivo*, 2018.

monopolistas, agem como verdadeiros agiotas no sentido de forçar fornecedores e funcionários a aceitarem condições draconianas de todas as ordens.

Eduardo Moreira, engenheiro e escritor nacionalmente reconhecido por obras de economia, explica que, "nesse mundo, o capital financeiro faz muita diferença, porque é esse recurso que daria a liberdade para as pessoas e as empresas escolherem os seus próprios caminhos ou de, finalmente, crescerem para ser capazes de não deixar todo o lucro vazar para os atores maiores em virtude desta ausência de capital financeiro".[24]

Sob o atual modelo, quem decide quem receberá essa "carta de alforria" das correntes do capital? Os bancos, que passam a ter esse imenso poder sobre a sociedade de forma mais ampla com o dinheiro que não é sequer deles, mas da própria população.

Imagine que, *grosso modo*, é como se as pessoas, ao depositarem suas economias nas instituições financeiras, passassem uma espécie de procuração para que essas organizações decidam os rumos sociopolíticos e econômicos do Brasil. Para efeito de compreensão, a metáfora mais adequada seria a das pessoas que vivem em um condomínio e, ou por preguiça, ou por estarem muito atarefadas, passam uma procuração para que um único morador as represente na assembleia geral do edifício.

Invariavelmente, esse morador torna-se uma espécie de ditador no sentido de decidir os rumos daquela coletividade. Isso é o que faz o capital financeiro por meio dessas instituições atualmente. No Brasil, o resultado é a formação de um país de latifundiários, monopólios, concentração exacerbada de poder em pouquíssimos veículos hegemônicos de mídia e de renda, no qual seis bilionários possuem mais

---

[24] Entrevista concedida ao autor em 9 de novembro de 2021.

recursos do que a metade mais empobrecida da população: mais de 100 milhões de seres humanos.

Moreira prossegue: "Quando você faz o caminho do dinheiro, fica evidente que é o assentado do MST, com o dinheiro que ele tem na caderneta de poupança, que está financiando o latifundiário que recebe o empréstimo a juros baixíssimos do Banco do Brasil. É o pacifista financiando a Taurus, o ambientalista financiando a Vale e o vegano financiando a JBS, por exemplo."

Dois pontos são centrais nessa discussão: (1) informar as pessoas sobre essa dinâmica; e (2) oferecer alternativas de investimentos mais coerentes com o tipo de mundo que o investidor pretenda consolidar. O estudo de caso do Finapop serve para ambos esses propósitos. Para Moreira, que foi um dos idealizadores da iniciativa,

> a ideia era mostrar para as pessoas que elas podem, com o dinheiro delas, financiar o mundo no qual acreditam. Trata-se de um instrumento, um título de dívida, assim como a caderneta de poupança ou o CDB, por exemplo. [...] Em vez de emprestar sem saber para quem, a ideia agora é escolher para quem se vai emprestar. Cria-se uma estrutura para que o investimento tenha uma rentabilidade razoável – algo parecido com o que rende a caderneta de poupança, porque é exatamente a busca desenfreada pela maior rentabilidade a qualquer custo que alimenta esse sistema capitalista doentio – e, ao mesmo tempo, seja capaz de estar alinhando com os objetivos do investidor no sentido de financiar as coisas nas quais ele acredita. Nesse caso, todos os alimentos que vão para a mesa dos trabalhadores por meio da produção agrícola familiar: arroz, mel, hortaliças, derivados de leite etc.[25]

---

[25] *Ibidem.*

Portanto, a ideia não é investir, exclusivamente, no MST, mas despertar a consciência da população para essa dinâmica socioeconômica a fim de alertá-la sobre a existência de inúmeras outras possibilidades, contanto que haja pensamento crítico e disposição participativa. Alguns bancos europeus já atuam nesse sentido de forma institucional. Ainda de acordo com Eduardo Moreira,

> sem gastarmos um único real com propaganda, tivemos 5 mil pessoas que abriram conta na corretora [para investir no Finapop entre julho e setembro de 2021].[26] Somente 1,5 mil conseguiram aplicar, porque o valor total dessa operação era de R$ 17,5 milhões (e o limite foi atingido). Uma operação que pagou 5,5% ao ano e beneficiou 13 mil produtores agrícolas com o financiamento que eles precisam para produzir. Na época, a taxa básica de juros era mais baixa. Mesmo quando a taxa de juros subiu (na casa dos 8%, por exemplo), esse é o meu investimento com o qual durmo mais tranquilo. Não somente pela segurança, mas por saber que os ganhos são muito similares à poupança e ainda estou contribuindo para o financiamento da agricultura familiar e de um mundo no qual acredito. Tirar esse poder dos bancos e entregar às pessoas pode, de fato, mudar o mundo como nós o conhecemos. Esse é um ato revolucionário dentro da lógica capitalista.[27]

Em termos de segurança e de lastro, considerando o retorno dos montantes investidos, Moreira explica que

---

[26] Até outubro de 2021, já existiam 44 cooperativas vinculadas ao Finapop em busca de formas alternativas de financiamento. Ver Lucas Bombana, "Bolsa pode chegar a indígenas e quilombolas após operação do MST", *Folha de S.Paulo*, 3 out. 2021.

[27] Entrevista concedida ao autor em 9 de novembro de 2021.

a agricultura familiar tem uma inadimplência muito baixa, porque são pessoas que vivem dessa prática há décadas, talvez muitas gerações, aqui no Brasil. Quando não produzem nada, simplesmente não possuem meios de subsistência. [...] No Pronaf, ao longo dos últimos vintes anos, a inadimplência foi inferior a 1%. Nessa operação, por exemplo, o risco seria desta ordem: receber 1% a menos [do que o valor investido]. Não se trata de um fundo de investimento ou de uma ação. É uma dívida. Um empréstimo. Títulos de dívida são todos iguais, fundamentalmente. Nesse caso, emprestou-se dinheiro para sete cooperativas que produzem os alimentos da agricultura familiar. Essas cooperativas colocaram como garantia [de pagamento do montante investido] contratos que eles possuem a receber, estoques de produtos, máquinas e diversos outros ativos determinados por contrato. Além disso, essa operação ainda contou com um investidor que comprou as "cotas subordinadas". O que é isso? Suponhamos que você tenha uma dívida de R$ 1 mil e que dez pessoas, cada uma, tenham emprestado R$ 100. Caso o pagador retorne somente R$ 500, cada um desses indivíduos receberá somente R$ 50, certo? Apesar disso, existe uma maneira de se fazer algo diferente: uma pessoa comprar o primeiro risco. Geralmente, alguém que conhece muito bem a operação e quer ajudar a viabilizá-la. Essa pessoa é a dona da cota subordinada: nessa operação de R$ 1 mil, suponhamos que esse investidor compre R$ 300 da cota subordinada e outras sete pessoas, cada uma, comprem R$ 100. Caso o devedor não pague R$ 100, em vez de cada investidor perder R$ 10, o dono da cota subordinada perde os R$ 100 e os outros investidores não perdem nada. Caso o calote seja de R$ 200 ou R$ 300, nesse exemplo, o prejuízo é todo do dono da cota subordinada. Para calotes maiores, o dono da cota subordinada perde tudo e o excedente das perdas passa a ser distribuído pelo restante dos investidores. [...] Essa operação teve 17% de subordinação. A segurança foi gigante. Muito maior do que as operações que as pessoas costumam fazer com os bancos grandes, inclusive.[28]

Ou seja, além de todas as garantias citadas, a operação ainda contou com uma espécie de colchão de segurança dezessete vezes maior que o índice médio da inadimplência para a prática da agricultura familiar no Brasil. Essa foi a segunda iniciativa dessa natureza. A primeira foi organizada em caráter de teste para desenvolver o modelo que seria adotado. Foram apenas sete investidores para uma operação de R$ 1,5 milhão desenvolvida para uma cooperativa do MST no sul do país.

Segundo Moreira, futuras operações estão sendo organizadas para financiar projetos nas comunidades indígenas, quilombolas, entre outras: "estamos tomando o máximo cuidado possível, porque existe muita gente poderosa que está torcendo e até atuando para que algo saia errado e eles possam dizer que avisaram, que são investimentos inseguros, que financiam terroristas etc."[29]

Ao entrar em contato com projetos dessa natureza e com toda essa dinâmica, cabe, no mínimo, perguntar ao gerente do seu banco quais tipos de projetos e iniciativas estão sendo financiadas por meio dos recursos que você tem investidos na instituição financeira. Preocupar-se única e exclusivamente com o rendimento do seu dinheiro não parece oferecer um caminho viável para a superação da barbárie que temos estabelecida no começo do século XXI. Seguindo esse rumo

---

[28] *Ibidem.*
[29] *Ibidem.*

por mais algum tempo, o planeta provavelmente será destruído, e você ou seus filhos e netos nem sequer poderão gastar os dividendos que foram acumulados.

RENDA BÁSICA DE CIDADANIA

Economista, professor universitário, administrador de empresas e político brasileiro filiado ao Partido dos Trabalhadores (PT), do qual foi um dos fundadores, Eduardo Matarazzo Suplicy, que também é amante do boxe, dedicou uma vida de luta advogando a favor da implementação da renda básica de cidadania, incondicional e universal, que, conforme sua definição,

> é o direito de toda e qualquer pessoa, não importando a sua origem, idade, raça, condição civil ou socioeconômica, de participar da riqueza comum na nação por meio de uma renda monetária suficiente para atender suas necessidades vitais. A ninguém será negada. Será paga, conforme a Lei nº 10.835/2004, inclusive aos estrangeiros residentes no país há cinco anos ou mais. Será paga até para os de maior renda e riqueza, mas os que têm mais colaborarão para que eles próprios e todos os demais venham a receber. Daí elimina-se toda a burocracia, sem a necessidade de se aferir quanto cada pessoa ganha, além de acabar com o estigma de ter que comprovar a própria pobreza. Uma vez instituída a renda básica de cidadania, incondicional e universal, as pessoas ganharão mais autonomia e poderão rejeitar trabalhos degradantes e que coloquem suas vidas e dignidades em risco.[30]

---

[30] Entrevista concedida ao autor em 10 de fevereiro de 2022.

Existem diversos estudos de casos ao redor do mundo que comprovam como medidas dessa ordem promovem mudanças significativas, principalmente nas vidas das populações que foram histórica e culturalmente usurpadas e empobrecidas.

Nas vilas rurais do Quênia, por exemplo, a renda básica universal

> está revolucionando, positivamente, a vida das mulheres. Além de ter reduzido em mais de 50% a violência doméstica, a renda básica propiciou que as mulheres ganhassem autonomia, voz dentro da família e o direito de empreender novas atividades. [O Quênia] é um país de 50,6 milhões de habitantes, um dos mais empobrecidos [do mundo], com uma renda *per capita* de US$ 1.461 em 2014. As experiências estão ocorrendo em 124 vilas rurais extremamente pobres. As transferências de recursos são feitas através de [e podem ser movimentadas por] celulares. Por meio de um sistema criado pela empresa de telefonia Safaricon, em 2007, qualquer pessoa cadastrada pode fazer transações financeiras sem a necessidade de uma conta bancária. A plataforma é segura, rápida e barata, e permite depósitos, transferências, poupanças e pagamentos feitos com o celular diretamente aos beneficiários, sem passar por intermediários, o que elimina possíveis fontes de corrupção. A moeda eletrônica através de um SIM, um cartão eletrônico, reduz os custos de transação. Todos os beneficiários têm telefones celulares adquiridos a baixo custo. A agilidade e velocidade permitidas pelo sistema digital de pagamento por SMS facilita o processo de compra na vila e a circulação de dinheiro, pois quase todas as lojas aceitam o pagamento pelo celular ou até fazem a troca do crédito por papel-moeda.[31]

---

[31] Eduardo Suplicy, *Um jeito de fazer política*, 2021, pp. 145-147.

Ainda de acordo com Suplicy, uma pesquisa realizada pela Universidade de Princeton, em fevereiro de 2019, concluiu que, entre as mulheres que receberam o benefício, a proporção de casos de violência doméstica diminuiu 51%, enquanto a incidência de violência sexual caiu 66%.[32]

Em muitos países, tais como Namíbia, Macau, Índia, Coreia do Sul, Alemanha, Espanha, Japão, entre outros, iniciativas similares estão sendo desenvolvidas no sentido de superar as consequências trágicas do elitismo histórico-cultural e as suas respectivas expressões idiossincráticas em cada época e em cada sociedade.[33]

No Brasil, mais recentemente, o município de Maricá, no Rio de Janeiro, implementou a renda básica de cidadania, incondicional e universal, e um quarto da sua população, cerca de 42,5 mil pessoas, passou a receber o benefício. A universalização da medida no município está prevista para 2024. Suplicy complementa que

> a renda básica de cidadania, incondicional e universal já é lei e, felizmente, o Supremo Tribunal Federal deu parecer favorável e acatou o mandado de injunção que a Defensoria Pública do Rio Grande do Sul impetrou, em nome de um cidadão que estava sem lar em Porto Alegre, chamado Alexandre da Silva Português, de 51 anos, com epilepsia e que vinha recebendo R$ 89 mensais via Bolsa Família, dizendo que esse homem precisava receber a renda básica de cidadania. Assim foi determinado pelo STF ao governo Bolsonaro: desde o começo de 2022, todas as pessoas que estiverem em condição de pobreza absoluta, com uma renda familiar *per capita* de até R$ 210 mensais – ou seja, em uma família na qual tenha o pai, a mãe

---

[32] Entrevista concedida ao autor em 10 de fevereiro de 2022.
[33] Eduardo Suplicy, *Renda cidadania*, 2022.

e três crianças, por exemplo, isso corresponderia a R$ 1.050 por mês – devem receber o benefício. [...] Dessa forma, todo e qualquer presidente que assuma o cargo no futuro deverá obedecer a essa determinação do STF para implementar a renda básica de cidadania, incondicional e universal.[34]

ATIVISMO SOCIAL E DEMOCRACIA PARTICIPATIVA

Anteriormente citado nesta obra, o professor Boaventura de Sousa Santos também classifica as forças contra-hegemônicas globais. Na página 22 da terceira edição do livro *Toward a new legal common sense* (Sobre o novo senso comum legal), o acadêmico introduz uma reflexão sobre a possibilidade de utilizar a regra da lei de forma a emancipar a sociedade sobre a qual esse conjunto normativo é aplicado e questiona: a lei pode ser emancipatória?

Nesse ponto, Santos salienta que a globalização contra-hegemônica "emerge da prática de classes e grupos sociais oprimidos. Lutando contra a opressão, a exclusão, a discriminação e a destruição do meio ambiente, esses grupos recorrem à lei, ou a diferentes formas da lei, como mais um instrumento de resistência".

Esse debate é extremamente amplo e seria impossível abordar todas as suas nuances neste capítulo. Torna-se evidente, contudo, a importância do ativismo social – ou seja, a organização da classe trabalhadora aliada a todas as camadas mais empobrecidas e historicamente usurpadas pelo capital (negros, indígenas, mulheres e comunidade LGBTQIA+, fundamentalmente) – para lutar por emancipação popular de forma genuína (e não meramente representativa), o que, na prática, não significa somente ampliar a representatividade

---

[34] Entrevista concedida ao autor em 10 de fevereiro de 2022.

estético-cultural nas redes de televisão, no cinema e na política institucional, mas, de fato, obter melhores condições materiais de vida para todas as classes historicamente vilipendiadas.

Dessa forma, as lutas antirracistas, feministas, ambientalistas, indígenas e da comunidade LGBTQIA+, por exemplo, devem unir forças e mirar no seu principal algoz: o modo de reprodução do capital, que, organizado pelo elitismo histórico-cultural por via da atual racionalidade neoliberal, cria um modelo de sociabilidade elitista, exacerbadamente competitivo, misógino, machista e disposto a destruir tudo e todos em nome do lucro e da acumulação.

A partir desse ponto, será possível melhorar a qualidade dos nossos processos democráticos para além das falácias que os caracterizam atualmente e fazer a transição do modelo de democracia representativa vigente nos dias atuais para uma forma de democracia efetivamente participativa que deverá vigorar, caso o ativismo social assim exija. Vale questionar: o que é a democracia no Brasil no começo do século XXI?

Conforme explica o professor Boaventura de Sousa Santos,

> a globalização neoliberal é hoje um fator explicativo importante dos processos econômicos, sociais, políticos e culturais das sociedades nacionais. Contudo, apesar de mais importante e hegemônica, esta globalização não é única. Ao mesmo tempo, e em grande medida em reação a ela, está emergindo uma outra globalização, constituída pelas redes e alianças transnacionais entre movimentos, lutas e organizações locais ou nacionais que, nos diferentes cantos do globo, se mobilizam para lutar contra a exclusão social, a precarização do trabalho, o declínio das políticas públicas, a destruição ambiental e da biodiversidade, o desemprego, as violações dos direitos humanos, as pandemias, os ódios interétnicos produzidos direta ou indiretamente pela

globalização neoliberal. Há, assim, uma globalização alternativa, contra-hegemônica, organizada da base para o topo das sociedades. Esta globalização é apenas emergente.[35]

Atualmente, entende-se por democracia o ato de votar uma vez a cada dois anos, nas eleições federais e municipais, para eleger os representantes que exercerão as atividades correlatas à política institucional. Para além disso, a sociedade brasileira é regida pelos parâmetros da democracia burguesa formal e liberal, que preconiza a competição e o individualismo como orientações inexoráveis para a composição e o funcionamento dos arranjos sociais. A fim de simplificar o debate e facilitar a compreensão, o que, em ampla medida, é o objetivo principal desta obra, isso significa que os cidadãos brasileiros entendem que suas responsabilidades junto à coletividade nacional estão circunscritas ao ato de votar. No mais, é cada um por si.

Evidentemente, as lutas emancipatórias conduzidas pelas parcelas que foram histórica e culturalmente usurpadas oferecem a faísca inicial para o processo de transição da democracia formal burguesa para a democracia participativa de forma mais ampla. Contudo, conforme salienta Paulo Bonavides, no seu livro *Teoria constitucional da democracia participativa,* inculcar nos cérebros dos jovens estudantes e universitários o compromisso com a democracia e com o Estado constitucional deve ser a prioridade dos acadêmicos e de todas as pessoas realmente comprometidas com a emancipação popular de forma ampla e legítima, não meramente representativa.

A dimensão acadêmica ganha mais importância na mesma proporção em que as universidades deixam de ser elitistas. Em 2018, pela primeira vez no âmbito do desenvolvimento histórico e cultural dos

---

[35] Entrevista concedida ao autor em 9 de janeiro de 2021. *Ver* Boaventura de Sousa Santos, *Democratizar a democracia*, 2009.

brasileiros, o número de matrículas de estudantes negros e pardos nas universidades e faculdades públicas do país superou o de brancos – negros e pardos representaram 50,3% dos estudantes do ensino superior da rede pública nessa ocasião.[36] Esse resultado é o reflexo da Lei de Cotas Raciais,[37] que completou dez anos de aplicação nas instituições públicas de ensino superior e técnico do país em 2022. Desnecessário, portanto, reafirmar a importância de portarias e mecanismos institucionais dessa ordem capazes de combater a forma como o elitismo histórico-cultural organiza os modelos de sociabilidade no Brasil durante o começo do século XXI para catalisar o processo de desenvolvimento da democracia participativa ao longo das próximas décadas. Guilherme Boulos, professor, escritor, militante do MTST e uma das lideranças políticas mais proeminentes da nova geração nacional, salienta que

> já existiram experiências muito boas de aprofundamento democrático que integraram a gestão pública e a participação popular. Acredito que um bom governo não se faz governando para as pessoas, mas com as pessoas. A democracia não pode se resumir a apertar um botão para votar a cada dois anos. [...] A democracia tem que ser uma prática cotidiana e permanente. Caso eleitos, vamos implementar, em São Paulo, a prática do orçamento participativo. Vamos conduzir um processo ousado de descentralização do poder na cidade, dando poder de

---

[36] Diretoria de Pesquisas, Coordenação de População e Indicadores Sociais (IBGE), *Desigualdades sociais por cor ou raça no Brasil*, 2019.
Embora representem hoje mais da metade dos estudantes nas universidades federais, esse grupo ainda permanece sub-representado, considerando que negros e pardos correspondem a 55,8% da população brasileira.
[37] A Lei nº 12.711 entrou em vigor no país em 2012 e prevê a reserva de 50% das vagas acadêmicas para estudantes oriundos de escolas públicas que se autodeclarem negros (pretos e pardos) ou indígenas.

verdade para as subprefeituras, porque, em uma cidade que tem 12 milhões de habitantes, a administração tem muitas peculiaridades: quem sabe quais são os problemas do Grajaú é quem mora naquela região, quem sabe quais são os problemas de Sapopemba, do Campo Limpo, da Brasilândia e assim por diante são os respectivos moradores dessas localidades. O poder público precisa ter a humildade de escutar essas pessoas e construir um processo legítimo de participação. Por exemplo, caso tenhamos R$ 50 milhões de orçamento, a decisão se vamos investir em uma creche, em uma área de lazer ou na contratação de mais médicos não pode ser somente do prefeito com base em estatísticas ou algo que o secretário lhe encaminhou, mas essa tomada de decisão precisa ser dialogada com a população. Esse é o único caminho para conectar a prática da política institucional com os anseios populares mais sinceros no sentido de caminharmos para uma democracia verdadeiramente participativa.[38]

Cabe ao Estado estimular as práticas participativas e assumir o controle do planejamento[39] que deve impor limites não somente às sanhas mais autoritárias, mas ao ímpeto irrestrito de acumulação que, invariavelmente, guia a "mão invisível do mercado". Caso contrário, resta aos seres humanos conviverem, indefinidamente, com as diferentes expressões do autoritarismo – o populismo (forma político-social), o neoliberalismo (forma político-econômica) e os estados de exceção[40] (formas político-jurídicas) – que caracterizam, em ampla medida, as democracias representativas de cunho liberal burguês.

---

[38] Entrevista concedida ao autor em 14 de outubro de 2020.
[39] *Ver* Gilberto Maringoni, *A volta do estado planejador*, 2022.
[40] Entrevista concedida ao autor em 16 mar. 2022. Cf. Luis Manuel Fonseca Pires, *Estados de exceção*, 2021.

MUDANÇA SOCIAL E NOVAS FORMAS DE PARTICIPAÇÃO ECONÔMICA E SOCIOPOLÍTICA

MÍDIAS HEGEMÔNICAS, MÍDIAS ALTERNATIVAS E COMUNICAÇÃO SOCIAL

Culturalmente, o Brasil é um dos países mais diversos do mundo. Uma miríade de etnias e raças se encontrou ao longo do desenvolvimento histórico e cultural do país para constituir a riqueza da diversidade que caracteriza a população nacional. Infelizmente, essa diversidade não se aplica no que diz respeito à distribuição dos veículos de mídia que, diariamente, comunicam a imensa maioria do povo brasileiro.

No Brasil, os cinco principais grupos de mídia, todos controlados por homens, brancos e heterossexuais (publicamente, pelo menos), concentram uma audiência nacional maciça via veículos de televisão, rádio, mídia impressa e digital, o que, em alguns casos, ultrapassa a casa de 70% de domínio – caso da televisão aberta, meio de comunicação mais consumido no país.

A concentração da audiência, o cruzamento de propriedades, a existência ou não de controles externos e o risco ao pluralismo, por exemplo, indicam um "alerta vermelho" considerando a atuação da mídia hegemônica brasileira. De acordo com um relatório da Media Ownership Monitor Brasil,

> nosso sistema de mídia mostra alta concentração de audiência e de propriedade, alta concentração geográfica, falta de transparência, além de interferências econômicas, políticas e religiosas. [...] Os cinquenta veículos de comunicação analisados pertencem a grupos que possuem interesses econômicos, políticos e/ou religiosos. Entre os interesses econômicos, há grupos com negócios nos setores de educação, saúde, imobiliário, financeiro, de energia e agrário. [...] Os cinquenta meios de comunicação analisados são de propriedade de 26 grupos: nove pertencem ao Grupo Globo, cinco ao Grupo Bandeirantes, cinco à família

Macedo (considerando o Grupo Record e a Igreja Universal do Reino de Deus – IURD, ambos do mesmo proprietário), quatro ao grupo de escala regional RBS e três ao Grupo Folha. Outros grupos aparecem na lista com dois veículos cada: Grupo Estado, Grupo Abril e Grupo Editorial Sempre Editora/Grupo SADA. Os demais grupos possuem apenas um veículo da lista. São eles: Grupo Sílvio Santos, Grupo Jovem Pan, Grupo Jaime Câmara, Diários Associados, Grupo de Comunicação Três, Grupo Almicare Dallevo & Marcelo de Carvalho, Ongoing/Ejesa, BBC – British Broadcasting Corporation, EBC – Empresa Brasil de Comunicação, Publisher Brasil, Consultoria Empiricus, Grupo Alfa, Grupo Mix de Comunicação/Grupo Objetivo, Igreja Renascer em Cristo, Igreja Adventista do Sétimo Dia, Igreja Católica/Rede Católica de Rádio e INBRAC – Instituto Brasileiro de Comunicação Cristã.[41]

A única forma viável de superar a hegemonia midiática vigente no Brasil é por meio do estímulo aos veículos alternativos de comunicação que funcionam via internet. A partir da popularização dos smartphones, entre 2010 e 2013, surgem diversos canais que se orientam de forma mais idônea e corporativista, considerando o trabalho jornalístico sério e de qualidade. A despeito de também possuírem as suas próprias agendas, muitos desses grupos estão organizados de forma mais pluralista e menos reacionária, tendo como objetivo catalisar o processo de emancipação popular.

As novelas, os reality shows e as partidas de futebol seguem sendo as atrações principais que capturam a atenção dos brasileiros, indiscutivelmente. Contudo, desde o surgimento das produções audiovisuais no país durante a metade do século XX, essa é a primeira vez que

---

[41] "Mídia", *Media Ownership Monitor Brasil/Intervozes*, out. 2017.

novas tecnologias são capazes de oferecer instrumentos significativos no sentido de contrapor as narrativas da imprensa corporativa, que, até o começo da década passada, estava livre para avançar as suas proposições de forma uníssona e sem nenhuma contestação. Dessa forma, contrapontos são fundamentais para a organização de um modelo de sociabilidade mais diverso, menos injusto e desigual.

Posfácio

> Existem, certamente, tendências na história (humana). Algumas são poderosas; correntes tão fortes que é muito difícil nadar contra elas (embora sempre pareça haver algumas pessoas que conseguem fazê-lo de qualquer maneira). Mas as únicas "leis" são aquelas que nós mesmos criamos.[1]

Para entender o elitismo que vem permeando a trajetória da nossa espécie é fundamental refletir sobre o aspecto histórico e cultural correlato ao próprio desenvolvimento humano. Conforme enfatizado de forma reiterada nos capítulos anteriores, humanos são seres culturais, que não possuem uma *natureza humana a priori*. Essa natureza resulta da apropriação que se estabelece com base nos processos e instrumentos da cultura. Esse é um ponto fulcral para a compreensão de todas as ideias e reflexões contidas neste livro e, não por acaso, conforma o cerne da abordagem reacionária que anima os principais movimentos sociopolíticos da extrema direita em diferentes partes do mundo no começo do século XXI. Isso equivale a dizer que o elitismo histórico-cultural é a principal força social utilizada pela extrema direita global para seduzir as massas e fazer avançar sua política reacionária.

Principal guru do bolsonarismo, Olavo de Carvalho, por exemplo, valeu-se de um malabarismo semântico afiado, que mistura as ideias

---

[1] David Graeber e David Wengrow, *O despertar de tudo*, 2021, p. 5, tradução minha.

dos filósofos gregos às dos pensadores iluministas, para afirmar que "a natureza humana de cada um dos membros da sociedade não depende da sociedade em que vive, mas é um dado anterior e fixo"[2] e que "nos acostumamos a tomar como uma verdade patente a mentirinha boba segundo a qual 'a Sociedade' é um todo, uma substância real, mais real do que os indivíduos que a compõem, e de que as personalidades individuais nada mais são que um epifenômeno da estrutura social".[3]

Muitos outros ideólogos do caos, ao redor do planeta, fornecem visões reducionistas similares para a elaboração de cosmovisões de mundo que passam a ser compartilhadas pela extrema direita. Essa argumentação, a despeito de ser extremamente simplista no seu conteúdo, é propagada por meio de uma verborragia pomposa, repleta de termos como *zoon politikon* ou *volonté générale*. Apesar da sofisticação no que concerne à forma do discurso, o objetivo precípuo é defender a posição de que existem indivíduos mais fortes e capazes por *natureza*[4], os que devem governar, e seres mais frágeis e menos aptos, os que devem obedecer – o que, em suma, significaria uma linha perene[5], linear e inalterável do progresso humano a ser liderado por homens, brancos e heterossexuais.

Contudo, o desenvolvimento humano, seja no âmbito individual ou coletivo, não é linear ou unidimensional. Ou seja, não caminhamos, invariavelmente, para condições mais humanas e menos desiguais por meio de teorias herméticas e *naturais* que são transmitidas por *intelec-*

---

[2] Olavo de Carvalho, *O jardim das aflições*, 2019, p. 155.
[3] *Ibidem*, p. 157.
[4] Primeiro ministro da Educação do governo bolsonaro, Ricardo Vélez Rodriguez, que foi aluno de Olavo de Carvalho e por ele indicado à posição ministerial, afirmou que o ensino superior "não é para todos", mas "somente para algumas pessoas" e que "as universidades devem ficar reservadas para uma elite intelectual, que não é a mesma elite econômica". Disponível em: https://congressoemfoco.uol.com.br/temas/educacao/universidade-nao-e--para-todos-mas-somente-para-algumas-pessoas-diz-ministro-da-educacao/.
[5] Olavo de Carvalho foi fortemente influenciado por René Guénon, escritor e intelectual esotérico francês, considerado fundador da escola perenialista.

tuais brilhantes capazes de evangelizar ou colonizar as comunidades *inferiores*. Como seres culturais, humanos dependem, diretamente, da complexa relação que existe entre o uso que fazem das suas próprias escolhas e dos respectivos instrumentos e processos da cultura que se formam, dialeticamente, para constituir o que chamam de realidade. Conforme apontado pelo professor Alysson Leandro Mascaro no prefácio desta publicação, contribuir para a superação das leituras lineares, reducionistas, biologistas e parciais do processo de evolução social é o objetivo fulcral contemplado nesta obra.

Ao longo dos milênios, o elitismo histórico-cultural reformula a forma como se expressa e, consequentemente, o modelo de sociabilidade que assim produz. Das sociedades pré-históricas ao sistema escravista no Império Romano, para o feudalismo europeu até o modo de reprodução do capital, que caracteriza as sociedades atuais – trata-se de diferentes expressões que tendem a se tornar mais sutis no uso da violência e da segregação de forma explícita, mas, exatamente por conta dessa dinâmica, também se tornam cada vez mais resilientes e eficientes no sentido de manter o poder (político e econômico, principalmente) concentrado sob o controle de grupos minoritários em detrimento da maior parte da humanidade.

Sobretudo, este livrou tratou de expor a forma como o elitismo histórico-cultural se organizou a partir de dois eventos-chave: o advento do capital enquanto modo de produção e a invasão das monarquias europeias nas Américas, e como esses eventos foram fulcrais para moldar as desigualdades no Brasil atual. Dessa maneira, esse trabalho também argumenta que o Século das Luzes (XVIII), para muito além de incutir o uso da razão na forma como os seres humanos se organizam, iniciou um processo mais agudo de organização social com base no princípio universal da concorrência irrestrita e, consequentemente, da desigualdade sem limites. Ou seja, o que, de fato, o Iluminismo inaugura é uma espécie de razão elitista na forma como o

Ocidente se organiza sociopoliticamente. Apesar disso, esse processo vem sendo revestido com um verniz de racionalidade e civilidade.

Ao longo dos últimos 125 anos, por exemplo, a Lei nº 3.353, de 13 de maio de 1888, extinguiu a escravidão no Brasil; a Lei nº 7.716, de 5 de janeiro de 1989, definiu os crimes resultantes de preconceito de raça ou de cor; a Lei nº 11.995, de 16 de janeiro de 1996, proibiu qualquer forma de discriminação em virtude de raça, sexo, cor, origem, condição social, idade, porte ou presença de deficiência e doença não contagiosa por contato social no acesso aos elevadores dos edifícios; e a Lei nº 17.406, de 15 de setembro de 2021, tornou obrigatória, nos condomínios residenciais e comerciais de todo o estado de São Paulo, por meio de seus síndicos e/ou administradoras, a comunicação à Delegacia Especializada de Atendimento à Mulher (DEAM) da Polícia Civil e aos órgãos de segurança pública as ocorrências ou os indícios de episódios de violência doméstica e familiar contra mulheres, crianças, adolescentes ou idosos. Em seguida, a Lei nº 17.477, de 16 de dezembro de 2021, definiu que ato de maus-tratos a animais de estimação é crime.

Apesar de todos esses avanços legislativos na seara social, os níveis de concentração de riqueza, renda e do próprio controle societário, ou seja, do domínio das áreas política e socioeconômica, seguem atingindo patamares sem precedentes nas mãos de grupos cada vez mais restritos e elitistas.

Somente durante a pandemia da covid-19, entre o começo de 2020 e 2022, os dez homens mais ricos do mundo dobraram suas fortunas (de US$ 700 bilhões para US$ 1,5 trilhão — a uma taxa de US$ 15 mil por segundo ou US$ 1,3 bilhão por dia), enquanto a renda de 99% da humanidade caiu. Na crise, um novo bilionário surgiu a cada 26 horas, enquanto a desigualdade contribuiu para a morte de uma pessoa a cada quatro segundos, durante os primeiros dois anos de uma pandemia que empurrou mais de 160 milhões de pessoas para a pobreza. Esses dez empresários têm hoje seis vezes mais riquezas do que a metade mais empobrecida de todo o planeta (3,1 bilhões de pessoas).[6]

No Brasil, entre 2020 e 2021, 2% da população foi responsável por 20% de todo o consumo nacional. A marca de carros de luxo Porsche registrou recordes de vendas; a espera para adquirir helicópteros particulares chegou a vinte meses; o mercado imobiliário de luxo cresceu 81%; e os investimentos no exterior atingiram patamar histórico. Ao mesmo tempo, mais da metade da população brasileira (116 milhões de pessoas) sofreu com algum grau de insegurança alimentar. Ao menos 19 milhões passaram fome e a população em situação de rua na capital de São Paulo cresceu 31%. No fim de 2021, eram 31.884 pessoas vivendo nas ruas da cidade, enquanto esse número era de 24.344 pessoas em 2019. Enquanto isso, 106 milhões de brasileiros sobreviveram com apenas R$ 13,83 por dia em 2021. Entre 2020 e 2022, o número de brasileiros com fome aumentou em 14 milhões. No quarto ano do governo Jair Bolsonaro, mais da metade da população do país estava em insegurança alimentar. Eram mais de 125 milhões de pessoas que não tinham comida garantida todos os dias.

Conforme apontado por inúmeros pensadores ao longo dos últimos séculos, as crises constituem parte do *modus operandi* do capital, que, em diversas ocasiões, as estimulam de forma deliberada.

Imagine o que pode acontecer quando nos aproximamos da singularidade tecnológica, com sistemas de inteligência artificial sendo aplicados ao mercado de capitais, soluções de realidade virtual à disposição do corporativismo, drones atacando os alvos militares e ferramentas de espionagem e *deepfakes* servindo a movimentos sociopolíticos autocráticos e genocidas, como o bolsonarismo. Precisamos,

---

[6] "Ten richest men double their fortunes in pandemic while incomes of 99 percent of humanity fall", *Oxfam International*, 17 jan 2022.

urgentemente, repensar o elitismo histórico-cultural – os parâmetros elitistas, individualistas e competitivos que organizam os arranjos sociais há pelo menos quinhentos anos – e não simplesmente reformular as formas estéticas de como esse elitismo se expressa. Atualmente, sob a racionalidade neoliberal, o sistema capitalista global reuniu no cerne do capitalismo – entre os Estados Unidos, com 329,5 milhões de habitantes; a Europa Ocidental, com 370 milhões; o Canadá, com 38,1 milhões; o Japão, com 125,8 milhões; a Coreia do Sul, com 51,7 milhões; e a Austrália, com 25,6 milhões – aproximadamente 940,7 milhões de pessoas. Menos de 12,3% da população mundial. Utópico é acreditar que podemos seguir sob a égide do elitismo histórico-cultural por muito mais tempo.

 A principal implicação de não entender o que é e como essa força social funciona se aplica na transformação das lutas emancipatórias, como os embates antirracistas, contra a misoginia, da comunidade LGBTQIA+ e das classes trabalhadoras de forma mais ampla, por exemplo, em instrumentos que aumentam a resiliência dos sistemas baseados nos parâmetros elitistas. Negros, operários, mulheres, indígenas e gays, ou seja, a maior parte da população humana, passam a reforçar os métodos e sistemas que anteriormente os oprimiam como orientação elementar e "inevitável" de desenvolvimento social. Com frequência, essas lideranças, que ascendem na sociedade do capital por meio do elitismo histórico-cultural com base em talentos individuais, afirmam que "a favela venceu". As favelas brasileiras, contudo, seguem inalteradas pela ascensão de alguns dos seus membros. Assim como, no âmbito individual, as pessoas que anteriormente eram massacradas passam a reverenciar, por meio da colaboração, os seus prévios algozes, essa condição também se verifica na dimensão social coletiva: sociedades e nações inteiras que foram invadidas (colonizadas) há alguns séculos assumem uma postura de idolatria e reverência diante de seus antigos agressores.

POSFÁCIO

Em larga medida, o elitismo histórico-cultural é autômato, ou seja, uma vez colocada em movimento, essa força social adquire autonomia e uma espécie de vida própria, com o seu ímpeto e as suas respectivas resoluções. Trata-se de uma dinâmica tão ampla e complexa que, ao ser efetivada por meio do uso que cada indivíduo faz das suas escolhas no âmbito social, concomitantemente, passa a se manifestar de forma independente dos sujeitos atomizados. Exatamente por esse motivo é extremamente difícil alterar a forma como o elitismo histórico-cultural se expressa – e esse processo, invariavelmente, é muito extenso.

Em sua brilhante obra, intitulada *O 18 de Brumário de Luís Bonaparte*, Marx define esse processo afirmando que

> os homens fazem a sua própria história; contudo, não a fazem de livre e espontânea vontade, pois não são eles que escolhem as circunstâncias sob as quais ela é feita, mas estas lhes foram transmitidas assim como se encontram. A tradição de todas as gerações passadas é como um pesadelo que comprime o cérebro dos vivos. E justamente quando parecem estar empenhados em transformar a si mesmos e as coisas, em criar algo nunca antes visto, exatamente nessas épocas de crise revolucionária, eles conjuram temerosamente a ajuda dos espíritos do passado, tomam emprestados os seus nomes, as suas palavras de ordem, o seu figurino, a fim de representar, com essa venerável roupagem tradicional e essa linguagem tomada de empréstimo, as novas cenas da história mundial. [...] Do mesmo modo, uma pessoa que acabou de aprender uma língua nova costuma retraduzi-la o tempo todo para a sua língua materna; ela, porém, só conseguirá apropriar-se do espírito da nova língua e só será capaz de expressar-se livremente com a ajuda dela quando passar a se mover em seu âmbito sem reminiscências do passado e quando, em seu uso, esquecer a sua língua nativa.

Em linhas gerais, durante o começo do século XXI, de muitas maneiras, criaram-se visões deterministas e reducionistas sobre a trajetória de desenvolvimento humano que vêm sendo repetidas indefinidamente. Como se as sociedades pré-europeias fossem primitivamente idílicas e igualitárias, que foram corrompidas pelo modo de produção capitalista, ou simplesmente bárbaras e desumanas, civilizadas pela modernidade ocidental e a ética cristã, a depender do prisma e das teorias que se utilize para fazer determinada análise. Em larga medida, tais abordagens deram origens a visões restritivas, pragmáticas e utilitaristas sobre os seres humanos e suas organizações societárias. A meu ver, a história do desenvolvimento humano é bastante mais complexa e podemos aprender, imensamente, com as sociedades pré-europeias e as suas respectivas sabedorias.

No livro *A vida não é útil*,[7] o pensador indígena Ailton Krenak salienta a urgência de questionar os preceitos que foram consagrados pelo fordismo/taylorismo ao longo do século XX, resultantes das ideias incutidas a ferro e fogo pelos europeus ao restante do mundo durante os séculos anteriores. "Seres humanos participam de uma dança cósmica e suas vidas têm valor por si mesmas. A vida não é útil. Útil é um liquidificador, por exemplo, no qual você coloca abacate, leite e faz uma vitamina",[8] diz Krenak, que é líder indígena, ambientalista, filósofo e escritor.

Um dos principais argumentos apresentados neste livro afirma que, ao contrário do que conta a versão mais salientada da "história" de como os seres humanos chegaram até o presente momento, sobretudo com base no uso da *razão* a partir do Século das Luzes, em virtude dos ideais dos intelectuais europeus, o que de fato vem ocorrendo ao longo dos últimos séculos é a agudização do elitismo

---

[7] Ailton Krenak, *A vida não é útil*, 2020.
[8] Entrevista concedida ao autor em 15 jun. 2022. Ver "Ailton Krenak e as ideias para adiar o fim do mundo", *TV 247*, 19 jun. 2022.

histórico-cultural. Esse *metamodo* de sociabilidade, que é uma força de organização social, encontra-se em um processo constante, porém extremamente lento, de transformação. Essa força é constituída pelo desenvolvimento histórico e cultural dos seres humanos, das suas sociedades e das suas respectivas complexidades. Em linhas gerais, o *metamodo* de sociabilidade comporta diversos tipos de modelos de sociabilidade distintos entre si. Contudo, a partir do período que caracteriza a dominação hegemônica das monarquias europeias em diferentes partes do planeta até a presente data, o metamodo de sociabilidade humano vem sendo organizando com base, fundamentalmente, e em diferentes níveis, nos princípios "universais" da competição, distinção, concentração de recursos (renda e riqueza), violência e, consequentemente, desigualdade e suas expressões – o que, neste livro, classifico como elitismo histórico-cultural.

Agradecimentos

As ideias e reflexões contidas no conceito do elitismo histórico-cultural são frutos de anos de observação empírica e da interação direta com sociólogos, antropólogos, arqueólogos, juristas, psicólogos, economistas, políticos, comunicadores, escritoras, professoras, profissionais e estudiosos de múltiplas disciplinas correlatas à vida social, econômica e política da nação.

Agradeço, imensamente, aos colaboradores que, de alguma forma, contribuíram para a composição deste livro por meio de debates, entrevistas, sugestões de leitura, troca de experiências e processo de revisão do material: Alysson Leandro Barbate Mascaro, Boaventura de Sousa Santos, Fernando Haddad, Sidarta Ribeiro, Eduardo Suplicy, Rafael Valim, Gustavo Marinho, Fernando Pereira, Dilma Rousseff, Guilherme Boulos, Randolfe Rodrigues, Fabiano Contarato, Flávio Dino, Augusto de Arruda Botelho, Livia Vianna, Thadeu Santos, Christian Dunker, Laura Marisa Carnielo Calejon, Guillermo Arias Beatón, Silvio Almeida, Guilherme Howes, Fernando Daflon, Ladislau Dowbor, Jones Manoel, Eduardo Moreira, Luis Manuel Fonseca Pires, Carissa Véliz, Victor Pino, Fábio Pannunzio, Marcela Uliano-Silva, Sálvio Nienkotter, Clemente Ganz Lúcio, Jessé Souza, Tânia Maria de Oliveira, Cristiane Kerches da Silva Leite, Francisco Fonseca, Ailton Krenak, Marco Bezzi, Hélder Maldonado, Leonardo Attuch, Dhayane Santos, Gustavo Conde, Fernando Horta, Paula Cesar da Silva, Luis Nassif, Lilia Schwarcz, Heloisa Murgel Starling, Elias Khalil Jabbour, João Cezar de Castro Rocha, Ive Brussel, André Roncaglia,

ESFARRAPADOS

Jamil Chade, Andrey Korybko, Michael Hudson, David Wengrow, William I. Robinson e todas e todos que, por meio dos seus esforços pessoais, profissionais e acadêmicos, lutam pela catalisação de um modelo de sociabilidade que seja capaz de produzir arranjos sociais menos desiguais e mais humanos.

Referências bibliográficas

ACEMOGLU, Daron; ROBINSON, James A. *Por que as nações fracassam?*. Rio de Janeiro: Elsevier, 2012.

ALMEIDA, Silvio; CÔRTES, Mariana e ANDRADE, Daniel. "Neoliberalismo autoritário no Brasil". *Caderno CRH*, n. 34, 2021. Disponível em: https://www.scielo.br/j/ccrh/a/mZ5TYngTCBpHz8gZ7g9kJPC/

BEATÓN, G. A. *La persona en lo histórico cultural*. São Paulo: Linear B, 2005.

BERNARDES, M. E. M. et al. *Drama humano na sociedade do espetáculo*. São Paulo: Blücher, 2021.

BION, Wilfred R. *Aprender da experiência*. São Paulo: Blücher, 2021.

BONAVIDES, Paulo. *Teoria constitucional da democracia participativa*. São Paulo: Malheiros, 2001.

BOURDIEU, Pierre. *Sociologia geral vol. 3: as formas do capital*. São Paulo: Editora Vozes, 2023.

BREDOW, Sabrina Monique Schenato et al. "A alta nos preços de *commodities* nos anos 2000 contribuiu para as exportações brasileiras de manufaturados? Uma avaliação empírica para parceiros selecionados". *In*: 46º Encontro Nacional de Economia, 46º, 2018, Rio de Janeiro. Anais [...] Rio de Janeiro: ANPEC, 2018. Disponível em: www.anpec.org.br/encontro/2018/submissao/files_I/i7--1b24d6d39b8f1ab1a91d9da070146fec.pdf.

BULL, Hedley. *A sociedade anárquica*. São Paulo: Imprensa Oficial do Estado, 2002.

CALEJON, Cesar. *Tempestade perfeita: o bolsonarismo e a sindemia covid-19 no Brasil*. São Paulo: Contracorrente, 2021.

_____.; VIZONI, Adriano. *A ascensão do bolsonarismo no Brasil do século XXI*. São Paulo: Lura, 2019.

CALEJON, Laura Marisa Carnielo. *Temas contemporâneos em psicologia do desenvolvimento*. São Paulo: Vetor, 2012.

CARVALHO, José Murilo de. "Mandonismo, coronelismo, clientelismo: uma discussão conceitual". *Dados*, v. 4, n. 2, 1997. Disponível em: www.scielo.br/j/dados/a/bTjFzwWgV9cxV8YWnYtMvrz/?lang=pt.

CARVALHO, Olavo de. *O futuro do pensamento brasileiro: estudos sobre o nosso lugar no mundo*. Rio de Janeiro: Faculdade da Cidade, 1997.

CHAN, E. K. F. *et al*. "Human origins in a southern African palaeo-wetland and first migrations". *Nature*, n. 575, p. 185-189, 2019. Disponível em: https://doi.org/10.1038/s41586-019-1714-1.

CORTINA, Adela. *Aporofobia: a aversão ao pobre. Um desafio para a democracia*. São Paulo: Contracorrente, 2020.

DARDOT, Pierre; LAVAL, Christian. "Anatomia del nuevo liberalismo". *Viento sur*, v. 164, p. 5, 2019.

DRUMONT, Mary Pimentel. "Elementos para uma análise do machismo". *Perspectivas*: Revista de Ciências Sociais, v. 3, 1980. Disponível em: http://hdl.handle.net/11449/108171.

ENGELS, Friedrich. *A origem da família, da propriedade privada e do Estado*. São Paulo: Boitempo, 2019.

FARIÑAS, Glória. *A interdisciplinaridade nas ciências sociais· a contribuição da psicologia desde uma perspectiva do pensamento complexo*. São Paulo: Terceira Margem, 2010.

FERREIRA, Hugo Monteiro. *A geração do quarto: quando crianças e adolescentes nos ensinam a amar*. Rio de Janeiro: Record, 2022.

FONSECA, Francisco. "¿No nos representan?: de la indiferencia a la indignación". *In*: BRUGUÉ TORRUELLA, Joaquín; MARTINS, Simone; PINEDA NEBOT, Carmen (coords.). *¿Una nueva democracia para el siglo XXI*. Madrid: CLACSO, 2020, p. 33-47.

FOX, Robin Lane. *Alexander The Great*. Nova York: Penguin, 1973.

FREIRE, Paulo. *Pedagogia do oprimido*. São Paulo: Paz e Terra, 2019.

_____. *Educação como prática da liberdade*. São Paulo, Paz e Terra, 2019.

GHEBREYESUS, Tedros A. "WHO Director-General's opening remarks at the ACT Accelerator Facilitation Council briefing for members and WHO Member States - 6 July 2021". Organização Mundial da Saúde, jul. 2021. Disponível em: https://www.who.int/director-general/speeches/detail/who-director-general-s-opening-remarks-at-the-act-accelerator-facilitation-council-briefing-for-members-and-who-member-states---6-july-202.

GLADWELL, M. *Blink: The Power of Thinking Without Thinking*. Rio de Janeiro: Sextante, 2005.

GOMES, Laurentino. *Escravidão: da corrida do ouro em Minas Gerais até a chegada da corte de dom João ao Brasil*. v. 2. Rio de Janeiro: Editora Globo, 2021.

REFERÊNCIAS BIBLIOGRÁFICAS

_____. *Escravidão: do primeiro leilão de cativos em Portugal até a morte de Zumbi dos Palmares*. v. 1. Rio de Janeiro: Editora Globo, 2018.
GOULD, Stephen Jay. *A falsa medida do homem*. São Paulo: WMF, 2014.
GRAEBER, D.; WENGROW, D. *O despertar de tudo: uma nova história da humanidade*. São Paulo: Companhia das Letras, 2021.
HADDAD, Fernando. *O terceiro excluído: contribuição para uma antropologia dialética*. São Paulo: Zahar, 2022.
HARVEY, David. *Para entender 'O capital – livro 1'*. São Paulo: Boitempo, 2010.
HERRNSTEIN, Richard J.; MURRAY, Charles. *The Bell Curve: Intelligence and Class Structure In American Life*. Nova York: Free Press, 1994.
HONNETH, Axel. *Luta por reconhecimento: a gramática moral dos conflitos sociais*. São Paulo: Editora 34, 2003.
JUDGE, Timothy A; CABLE, Daniel M. "The effect of physical height on workplace success and income: preliminary test of a theoretical model". *Journal of Applied Psychology*, v. 89, n. 3, p. 428-441, 2004. Disponível em: www.psycnet.apa.org/record/2004-95165-004.
KRENAK, Ailton. *A vida não é útil*. São Paulo: Companhia das Letras, 2020.
KURZWEIL, Ray. *The Singularity Is Near: When Humans Transcend Biology*. Nova York: Penguin Books, 2005.
LEWIS, Michael. *Flash Boys: A Wall Street Revolt*. Nova York: WW Norton & Company, 2014.
MARINGONI, Gilberto (org.). *A volta do estado planejador: neoliberalismo em xeque*. São Paulo: Contracorrente, 2022.
MARQUES, Renata da Silva. "O poder das organizações ilegais: por que os encarcerados respeitam e concedem autoridade aos grupos criminosos dentro das prisões?" *In: 5º Seminário Internacional de Pesquisa Padrão*, 2019, São Paulo. *Anais* [...] São Paulo: ANDHEP, 2019. Disponível em: http://www.andhep.org.br/anais/arquivos/prisoes2019/GT14/GT14_Renata%20da%20Silva%20Marques.pdf.
MARQUES, Rosa Maria. "Proteção social e capitalismo: socializando o desenvolvimento". *In*: MARINGONI, Gilberto (org.). *A volta do estado planejador: neoliberalismo em xeque*. São Paulo: Contracorrente, 2022.
MARTÍ, José. "Cuadernos de apuntes". *In*: _____. *Obras completas*. Havana: Centro de Estudios Martianos, 1975. t. 21, p. 67.
_____. *Otras crónicas de Nueva York*. Havana: Editorial de Ciencias Sociales, 1983, p. 136.

_____. "Galería del Senado". *In:* _____. *Obras Completas*. Edición crítica. Havana: Centros de Estudios Martianos, 1985. t. 2, p. 209.

MARTINS, Cristiano Zanin; MARTINS, Valeska Teixeira Zanin; VALIM, Rafael. *Lawfare: uma introdução*. São Paulo: Contracorrente, 2020.

MARX, Karl. *O capital*. São Paulo: Boitempo, 2013.

_____. *Sobre o suicídio*. São Paulo: Boitempo, 2006.

MELLO, L. S.; CABISTANI, L. G. "Capacitismo e lugar de fala: repensando barreiras atitudinais". *Revista da Defensoria Pública do Estado do Rio Grande do Sul*, Porto Alegre, n. 23, p. 118-139, 2019. Disponível em: https://revistadpers.emnuvens.com.br/defensoria/article/view/112.

MERÇON, Marineis. "Imigrantes bolivianos no trabalho escravo contemporâneo: análise do caso Zara a partir das RPGs". *Revista do CEDS: Periódico do Centro de Estudos em Desenvolvimento Sustentável da UNDB*, v. 1, n. 2, mar./jul. 2015. Disponível em: www./sou.undb.edu.br/public/publicacoes/revceds_n_2_imigrantes_bolivianos_e_trabalho_escravo_contemporaneo_caso_zara_marineis_mercon.pdf.

MICHELS, Robert. *Political Parties: A Sociological Study of the Oligarchial Tendencies of Modern Democracy*. Kitchener: Batoche Books, 2001.

MOSCA, Gaetano. *Elementi di scienza política*. Nova York: McGraw-Hill, 1969.

NIETZSCHE, Friedrich Wilhelm. *Beyond Good And Evil*, 2016.

PADOVER, Saul K. *Letters of Karl Marx*, 1983.

PIAGET, Jean e DUCKWORTH, Eleanor. *Genetic Epistemology*, 1971.

PIKETTY, Thomas. *Capital e ideologia*. Rio de Janeiro: Intrínseca, 2020.

PLATÃO. *A república*. Tradução de Carlos Alberto Nunes. Belém: Edufpa, 1988.

REAMES, Jeanne. "An atypical affair? Alexander the Great, Hephaistion Amyntoros and the nature of their relationship". *The Ancient History Bulletin*, v. 13, Issue 3, 1999, pp. 81-96. Disponível em: https://www.academia.edu/2512447/An_atypical_affair_Alexander_the_Great_Hephaistion_Amyntoros_and_the_nature_of_their_relationship.

RENFREW, Colin. "Solving the Sapient Paradox". *BioScience*, v. 38, Issue 2, fev. 2008, pp. 171-172. Disponível em: https://academic.oup.com/bioscience/article/58/2/171/260068

ROBINSON, W. I. "Capital has an Internationale and it is going fascist: time for an international of the global popular classes". *Globalizations*, v. 16, n. 7, 2019. Disponível em: www.tandfonline.com/doi/full/10.1080/14747731.2019.1654706.

ROBINSON, William I. *The global police state*. Londres: Pluto Press, 2019.

REFERÊNCIAS BIBLIOGRÁFICAS

ROCHA, João Cezar de Castro. *Guerra cultural e retórica do ódio: crônicas de um Brasil pós-político*. Rio de Janeiro: Caminhos, 2021.

SANTOS, Boaventura de Sousa. *Democratizar a democracia: os caminhos da democracia participativa*. Rio de Janeiro: Civilização Brasileira, 2009.

_____. *Toward a New Legal Common Sense: Law, Globalisation and Emancipation*. Cambridge: Cambridge University, 2020.

SCHWARCZ, Lilia Moritz. *Sobre o autoritarismo brasileiro*. São Paulo: Companhia das Letras, 2018.

SOUZA, Felipe Alexandre Silva de. "Sultões e banqueiros: a dominação financeira europeia no Império Otomano". *CLIO: Revista de Pesquisa História*, Recife, n. 36, jan./jun, 2018. Disponível em: https://periodicos.ufpe.br/revistas/revistaclio/article/view/25046/29819.

SUPLICY, Eduardo. *Renda cidadania: a saída é pela porta*. São Paulo: Contracorrente, 2022.

SOUZA, Jessé. *Como o racismo criou o Brasil*, 2021. São Paulo: Estação Brasil, 2021.

_____. *A guerra contra o Brasil*. São Paulo: Estação Brasi,l 2020.

SUPLICY, Eduardo. *Um jeito de fazer política*. São Paulo: Contracorrente, 2021.

TESTI, Amanda Eiras. "O trabalho análogo ao de escravo dos bolivianos no Brasil: uma breve análise acerca da ampliação da terceirização como fonte da precarização do trabalho após a lei 13.429/2017". *Revista do Tribunal Regional do Trabalho da 3ª Região*, Belo Horizonte, v. 65, n. 99, p. 165-190, jan./jun. 2019.

TIBURI, M. *Feminismo em comum: para todas, todes e todos*. Rio de Janeiro: Rosa dos Tempos, 2018.

VÉLIS, Carissa. *Privacidade é poder: por que e como você deveria retomar o controle de seus dados*. São Paulo: Contracorrente, 2021.

VOLNER, Ian. "Why Do People Build Walls? The Real Story of Jericho Offers a Surprising Answer". *Time*, 30 maio 2019. Disponível em: https://time.com/5597069/jericho-history/.

WARDE JUNIOR, Walfrido Jorge. *O espetáculo da corrupção: como um sistema corrupto e o modo de combatê-lo estão destruindo o país*. São Paulo: Leya, 2018.

ZOLNERKEVIC, Igor. "Sopa primordial: brasileiros ajudam a analisar fenômenos inexplicados em líquido criado em colisões de partículas". *Pesquisa FAPESP*, n. 13, nov. 2013. Disponível em: https://revistapesquisa.fapesp.br/sopa-primordial/.

*O texto deste livro foi composto em
Sabon LT Std, em corpo 11/15*

*A impressão se deu sobre papel off-white
pelo Sistema Cameron da Divisão Gráfica
da Distribuidora Record.*